ちくま文庫

音楽放浪記 世界之巻

片山杜秀

筑摩書房

音楽放浪記　世界之巻　目次

音楽放浪記　世界之巻

本書はアルテスパブリッシングより刊行された『片山杜秀の本1 音盤考現学』（二〇〇八年二月）『片山杜秀の本2 音盤博物誌』（二〇〇八年五月）に所収の一〇〇篇より五五篇を採録しました。文庫化にあたり再編集しています。

まえがき

『音楽放浪記』の「日本之巻」に続く「世界之巻」である。二冊でセットになる。元は月刊誌『レコード芸術』（音楽之友社）に連載した「傑作⁉ 問題作⁉」だ。二〇〇〇年一月号から二〇〇八年四月号まで、ちょうど一〇〇回。再発物を含むクラシックCDの新譜から、原則一点を私が自由に選んで、そこから広がる何かを読み切りで書く。そういう連載だった。

この一〇〇回が連載の順番どおりに、二冊の単行本になった。刊行は一冊目が連載終了直前。二冊目が連載終了直後。アルテスパブリッシングという、当時出来立てのほやほやだった、音楽書出版社が本にしてくれた。『音盤考現学』と『音盤博物誌』と名付けられた。

その二冊は、私にとって、音楽評論家としての初めての単行本だった。私は昭和の終わり頃から、その畑の仕事をずっとしていた。狭義のクラシック・現代音楽のみならず、映画音楽、あるいは映画について執筆する機会も多く頂いていた。平成初期には、幾つかの出版社から音楽書の書き下ろしの依頼を賜りもした。そのいちばん最初が、実は筑摩書房。映画や映画音楽にとても強い編集者、青木真次さんが目を付けてくれて、映画音楽史についての書き下ろし長編評論を世に問うという話になったのは、もう約四半世紀前のことである。赤坂見附の喫茶店などで話をしながら夢は膨らんだ。ところが、音楽評論家としての新聞や雑誌やCDのライナーノートの仕事、それから他の看板でやっている仕事に追われるばかりで、ずっとできなかった。私の音楽評論家としての最初の本は筑摩書房から出なくてはいけなかったのに。

その頃の私を呪縛していたのは、「フランス六人組」の作曲家、ダリウス・ミヨーの言葉だった。ミヨーは若いころから猛烈な多作家である。にもかかわらず、番号付きの交響曲には壮年期になるまで手を染めなかった。その理由をミヨー自身がこう語っている。

他の曲種はともかく、番号付きの交響曲を、若いうちの作風というか音の語彙が定まらぬうちに書き始めると、あとで並べたときに揺らぎやブレが目立つことに、きっとなる。それは恥ずかしい。だから、自分の音はこれだなという、話法や語法が確立するまで、交響曲第一番や第二番は書かないようにしよう。そう決めていた。

私は、ミヨーの交響曲をおのれの単行本に見立てて、自分で自分によく言い訳をしていた。だが、いつまでもそういうわけにもいかない。そろそろ雑誌の連載を本にまとめてもいいころかもしれない。自分の書くものこんなものと、身の程を弁えられる年ごろにもなってきたし。それで世に出たのが『音盤考現学』と『音盤博物誌』だった。二〇〇八年だから、私は四五歳。ミヨーがシカゴ交響楽団の委嘱に応え、ついに交響曲第一番（作品番号二一〇！）を書いたのは、確か四七歳の年。ミヨーよりは少しだけ早かったぞ。やったあ！　何のこっちゃあ！　世渡りはそんなもんじゃあ！

『音盤考現学』と『音盤博物誌』はセットで、吉田秀和賞とサントリー学芸賞を受け、アルテスパブリッシングから版を重ね、つい最近、電子書籍に移行した。ちょうどその時期に、筑摩書房の永田士郎さんから文庫化のお話を頂戴した。元のままで文庫という手もあったが、連載からだいぶん時間も経ち、毎月の新譜を追うかたちで執筆の時系列で読んで頂くよりも、時をばらして、扱う対象で纏めた方が、今となってはよいかと、構成を改めた。日本の作曲家や演奏家や音楽史を扱う文章と、そうではない文章を、二冊に振り分け、並べ直した。

こうして新編集による文庫版が誕生し、タイトルも変わった。この二冊は私の初の文庫本。それがちくま文庫とは、因果は巡る糸車。御縁のあるみなさまに、ただただ感謝致すのみ。

1　バッハの罪？

バッハにも負性あり？

バッハ没後二五〇年にあわせた多くのCDのなかでも、デンマークのクラシコが出したボストック指揮の《ルカ受難曲》は最も風変わりなものだろう。はて、バッハにそんな作品があったか。あったといえばあった。それにはBWV二四六なる番号が与えられ、旧全集に収録されていた。が、今日、それはバッハの真作でないとされている。本当の作曲者はテレマンとも、バッハ一族の他の誰かとも、推測されてきた。

その《ルカ》をわざわざクラシコはもちだした。しかも用いられた楽譜は旧全集版ではない。それはオルフが一九三〇年代に編曲しながら戦禍で失われた版を、オルフの草稿をもとにチェコの作曲家イラーセクが復元したものなのである。そしてこのオルフ版と称されるべき受難曲の音の中身がまた異様だ。なにしろそれはオーケストラに、大袈裟にグリッサンドするティンパニや鐘、小太鼓、大太鼓、鈴など加え、その打楽器群を積極的に活用して、どうにも非バッハ的な、賑々《にぎにぎ》しい音の饗宴《きょうえん》を繰り広げるのである。

いったいなぜオルフはそんな真似を？　シェーンベルクが敬愛するバッハのオルガン曲を絢爛《けんらん》たる管弦楽に編曲したごとく、音色をふんだんにすることでバッハの音楽世界がより完璧になると思ったか。そうではないだろう。おそらくオルフはそういう編曲によりバッハの罪を訴えたかったのではあるまいか。

バッハの罪？　偉大な「音楽の父」に罪などあるはずなしと怒られる向きもあるかもしれない。しかし「楽聖」ベートーヴェンでさえ、ときには音楽に苦悩の重しを持ちこみ歴史を誤らせた張本人と罵《ののし》られることがある。偉大な存在と称されるものがどんな立場からみてもやはり偉大だなんてことはまずない。バッハも見ようによって罪深く映っ

J・S・バッハ／《ルカ受難曲》（オルフ編曲、イラーセク再構成）ボストック指揮ミュンヘン響、ミュンヘン・オラトリオ合唱団、ボニ・プエリ児童合唱団、クリアー（T）、ザナージ（Bs）、コル（Bs）他［クラシコ　2000年7月］

てもおかしくないし、じっさいバッハになんらかの負性を看取した論者も多い。

たとえばイスラム学者で、「マホメット冒瀆《ぼうとく》の書」とよばれた『悪魔の詩』を邦訳し、そのせいか謎の殺され方をした五十嵐一《ひとし》。彼は著書『音楽の風土』（中公新書）で、バッハの受難曲とはキリストの受難とそのときの神の子の内面のドラマを演者や聴者にみごとなまでに追体験させうるよう作られた、一種の絵解き音楽なのだと説明したのち、こう続ける。

「エホバの神やイエスの生涯をそれほどドラマティックな音楽絵巻に表現してよいのか。神の姿やキリストの受難をそれほどわかりやすく描いてよいのか。受難のキリストの痛みはわれわれの感じる痛みと同じであってよいのか」

ここには、絶対者を奉ずる宗教にとうぜん付随してくるひとつの立場からする、バッハ批判のある典型が示されている。絶対者とは人間からみて次元が違い理解不能であるがゆえ絶対者なのであり、よってその絶対者にたいする人間の祈りの感情ならともかく、神や神の子の内面にまでかかわる絵解き音楽なんて人間が作っては畏《おそ》れ多いだろうというわけだ。かくてバッハはその畏れ多いものを堂々ときわめてしまった一種不敬な人物と糾弾《きゅうだん》されるにいたるのである。

が、そんな論法が許されるなら、そこで告発されるべきはバッハだけであってはならず、彼を生み育てた時代もまた俎上《そじょう》に載せられるべきだろう。なぜなら、バッハの時代とはすなわちライプニッツやスウィフトやベールの時代で、近代ブルジョワ精神の形成期なわけだから。つまり人間サマとは誰しもご立派でお高くとまるべきで、高尚で知的で、何から何までを見通せてあたりまえとの信念が、そのころ、ヨーロッパにじわじわ浸透してきていたのだ。人間サマがキリストの受難を高尚な心持ちで追体験してなにが悪い……。そんな時代の欲求が背景にあってこそバッハの劇的受難曲は成立した。よって五十嵐的論法でゆくと、バッハ批判は近代ブルジョワ精神批判にまで及ぶことになる。では、もしオルフがバッハの批判者なら、その批判は五十嵐の立場とどう関係するのか、それともしないのか。

繰り返せば、バッハを生み育てたブルジョワ精神とは、あくまでお高くとまった精神だった。それは物質的にも精神的にもそれなりに高級なものを求めたし、キリストの内面すら見渡せるほどの高みに立ちたいとさえ願った。バッハの、今にしてなお高邁《こうまい》とも抽象的とも聞こえている音楽は、そうした時代精神の音楽的表現にほかならなかった。ならば、その精神は何にたいしてよりお高くとまろうとしたのか。それはむろん、前時代的民衆にたいしてである。近代未満というか中世的な愚かしい民衆、宇宙や世界について哲学的思惟《しい》をめぐらすことなど考えもつかぬ鈍なる民衆、神や神の子となればただただ人間には想像もつかぬ超越的存在と思って拝跪《はいき》し、捧げ物でも並べ下品な祭りを始めるのが落ちの野蛮な民衆……。そうした存在から少しでも距離をおき、高きに上りたいと願うところに近代ブルジョワ精神の原動力があった。ようするにその精神は、下等なる民衆の土俗的領域を恥ずかしいと切り捨て、いっぽう、常人には手が届かぬと思われてきた上等なる神の領域をバッハの受難曲でお手軽に鑑賞できるまで切り下げることで、人間を自信みなぎる存在と位置づけるのに成功し、そこから人間中心、人間万能の近代世界を切り拓きはじめたのである。

バッハを破壊せよ！

もちろん、それはそれでたいしたことだった。が、その精神の開花によって人間が、絶対者への真の畏怖の感情や、大地にへばりついて生きてきた民衆の素朴な心持ちをどんどん喪失し、奢《おご》りたかぶる存在と化したのも、また一面の事実である。たとえば五十嵐はその奢りの心に、切り下げられた神の領域に着目して異議申し立てをし、そしてオルフはというと、もはやいうまでもなく、切り捨てられた下の民衆的なるものにこだわりつつ挑もうとしたのだ。

その証拠は、オルフが《ルカ》にふんだんに導き入れた打楽器群である。むろん打楽器とは、無知なる民衆の野蛮さを象徴する楽器とされ、きちんと音程の叩けるよう「高級」に改良されたティンパニを除いては、ブルジョワの仕切るクラシックの世界から長らく原則的に排除された。金属職人の息子のハイドンが鉄梃《かなてこ》の「野蛮」な騒音を嫌いクラシック音楽を志したとの挿話は、そのへんの事情をよく物語る。オルフはそんな打楽器を、よりによってお高くとまったものの象徴としてのバッハの受難曲の世界に入れこんだ。それにより彼はバッハを、ひいては近代ブルジョワ精神を、前近代的な民衆の土俗の力によって異化、あるいは破壊しようとしたのだろう。ならばどうせなら、伝バッハの《ルカ》でなく、バッハの真作の《マタイ》か《ヨハネ》でやればよかったような気もするが、そこは一種の遠慮の情が働いたのか。

それにしてもオルフがこの《ルカ》を編曲し、バッハ的なるものに「野蛮」からの挑戦状を叩きつけたのが一九三二年だったとは興味深い。なぜなら、ワイマール共和国の「ブルジョワ的頽廃《たいはい》」に対し、民族の「野蛮」なる土着的エネルギーを頼りに挑戦したナチスが、ついに政権を獲得するのは翌三三年だから。そしてそのナチ政権下でオルフは打楽器叩きまくりのあの代表作《カルミナ・ブラーナ》を発表するのだ。高みにとまるバッハと、地を這《は》いずるオルフ。その二人の出会う所としてのオルフ版《ルカ》。われわれはそこに近代という時代の振幅を体感するだろう。

［二〇〇〇年一二月号］

2 ご先祖様はモーツァルト？

神童は嫌い！ 努力家が好き！

二〇〇六年はモーツァルト生誕二五〇年。どちらを向いてもモーツァルトづくし。大人気である。

しかし、いつもずっとそうだったわけではない。モーツァルトは、かつては今ほどには愛されていなかった。欧米でも日本でも、先の世紀の前半までは、バッハやベートーヴェンに比べると、やや影が薄かった。

そんな馬鹿な、と思われる向きもあるかもしれない。そこで論より証拠である。『本邦洋楽文献目録』（小川昂編）という本で、明治時代から一九五〇年までに日本で出版された、ベートーヴェンの伝記・評論・研究書の類《たぐい》を検索してみると、一九一九年（大正八）の久保正夫『ベートーヴェンの一生』にはじまり、門馬直衛《なおえ》『ベートーフェン』（一九二四）などが続き、積もり積もって六八冊にもなる。

ダラピッコラ／ヴァイオリンと管弦楽のためのディヴェルティメント《タルティーニアーニ》、《ピッコラ・ムジカ・ノットゥルナ》《管弦楽のための変奏曲》他
ノセダ指揮BBCフィルハーモニー管弦楽団［シャンドス　2004年10月］

では、モーツァルトは？　わずか一二冊なのだ。はじめに出たのは一九二六年で、メーリケの小説の翻訳『プラークへの旅路のモーツァルト』。研究書らしい本の最初は、一九三三年刊のシュウリッヒ『モオツァルト』（大田黒元雄訳）である。戦後すぐの小林秀雄『モオツァルト』まで入れ、やっと一ダースだ。ベートーヴェンとは勝負にならない。バッハはもちろん、ショパンやシューベルトにも負けている。

なぜか。神童というイメージが勝ちすぎていたせいだろう。いくらでもあふれるように作曲できる。できあがる音楽も気ままで奔放《ほんぽう》。ああいえばこういう感じで、とめどもない。バッハやベートーヴェンと違い、限られた素材を懸命に彫琢《ちょうたく》している印象がない。ショパンやシューベルトのように、人間として苦労しているようでもない。それが負の評価につながりがちだった。クラシック音楽とは、理論的に緻密《ちみつ》に構築されていればいるほど、芸術家の真剣な苦悩を伝えれば伝えるほど、値打ちの高いものなのに、モーツァルトはそこに嵌《は》まらない。だから親しめない。そういう意見が、けっこう多かった。一例を挙げよう。大正から昭和初期の教養人の座右の書だった田邊尚雄《たなべひさお》『通俗西洋音楽講話』は、こう記している。「モツァルトは幼少の頃より驚くべき天才を発揮した。氏の楽風は真にその天才の発露したものであって、別段研究をしたものでなければ、又改革したものでもない」。なかなか突き放した文章である。

するど、そんなイメージはいつごろから変わりはじめたのか。たとえば一九三〇年代に河上徹太郎は「モツアルト」というエッセイでこう書いた。「モツアルトの音楽は絶えず新しい啓示を含んでいる。時に私はモツアルトを聴いていてかぎりない不安に襲われることがある。すべての音が予測を許さず、じつに多面的な世界を次ぎ次ぎに啓示されるので、こちらの感受性が落ち着く暇がないのである。そういう音楽は全くモツアルトを除いて他にない。これこそ正しい意味で近代的な状態というものではあるまいか」

少なくとも日本では、それまでなかった新しい意見である。いつも揺らいでいて、思いがけない動き方をするモーツァルトの音楽ほど、先の見えない世界に放り出され、不安に駆られて日々を生きるほかない現代人の感性に、敏感に適合するものはないというのである。だから、モーツァルトは「正しい意味で近代的」なのだ。

クラシック音楽が、人間の理性とか進歩とか、あるいはそういうものにいたれない苦悩とかの表象であることを期待されていたときには、ちゃらんぽらんなモーツァルトは、リアリティをもてなかった。ところが、時代が二〇世紀まで下り、恐慌だ戦争だ狂気だ革命だと世界が混乱し、理性や進歩という言葉が信用を失いはじめたとき、モーツァルトは、我らの隣人として微笑みはじめる。理性では見通せない、得体のしれなさが、かえってリアリティをもつ。二〇世紀という不安定な時代が、敬して遠ざけたい存在から身近な存在へと、彼を変えてゆく。そんな道のりの果てに、モーツァルトが当然のように大きな顔をしている今日が来たのか、とも思う。

ドグマは嫌い！　気まぐれが好き！

ところで、河上がモーツァルトの音楽に奉《たてまつ》った、瞬《また》く間に状況が変わり、いかなる理性的予測も無意味になり、すべてが頼りなく思えてきて、不安に駆りたてられるといった形容は、どうもよそでも聞いた気がしないだろうか。そう、これは一般的には表現主義芸術の定義なのだ。

表現主義の嚆矢《こうし》は、絵画ならムンクの『叫び』だろう。人間がなんだかわけがわからなくなって、叫ぶ。脈絡を欠いた世界に投げこまれ、定かなかたちを保てなくなった人間精神のいびつさを、ありのままに表現しようとするのが表現主義だ。それが音楽に来ると、シェーンベルク《月に憑《つ》かれたピエロ》やベルク《ヴォツェック》になる。いずれも、河上がモーツァルトに寄せた形容をそのままあてはめられる曲である。

するとモーツァルトはもしかして表現主義音楽の元祖なのだろうか。表現主義音楽は、不断に先の読めない音作りに徹しようとするから、それを推し進めると、どうしても無調になる。今日、現代音楽とよばれる無調的な音楽は、シェーンベルクら新ウィーン楽派の表現主義に端を発するといってよい。であるなら、モーツァルトは現代音楽全般の原点にもなるのだろうか。

そんな馬鹿な、というなかれ。それが正解だと言った人がいる。イタリアの作曲家、ルイジ・ダラピッコラ（一九〇四―七五）だ。

彼は、モーツァルトに寄せた魅力的な小論で、この大作曲家の音楽が、つかみどころのなさや、予測不能性や、絶えざる不安感を聴く者に喚起するのはなぜなのかと、考えた。音楽なのだから、なんとなくそうなることはない。必ず、しかるべき理由がある。そして発見した。

たとえば《後宮からの逃走》の序曲では、三十二小節の旋律が、八＋六＋八＋十という、いびつきわまるかたちに割られている。普通の音楽に慣れた耳の予測を裏切る、このような独特な区切り方の頻用《ひんよう》が、モーツァルト的不安の一因だ。しかも、こういう仕方は表現主義音楽の特徴でもある。また、モーツァルトの多くの作品での変化音のなみはずれた多用の結果、短いパッセージに九つや十もの相異なる音程が現れ、それがしばしば調性感をおびやかし、聴く者の耳を不安げに揺り動かすのだとも、指摘する。これは、またしても、表現主義音楽の常套《じようとう》手段でもある。

さらに、ダラピッコラが注目するのは、歌劇《ドン・ジョヴァンニ》の第二幕で、ドン・ジョヴァンニを地獄へ引きずりこむ、この世のものならぬ騎士長像の歌のパートである。そこには、もはや調性音楽とは思えない音程が頻出し、その異様な動きは、「答えよ、答えよ」と歌うところの経過音をともなう十度上行をへて、ついに「決心せよ、来るか」と歌う箇所の、ストレートな十度下行にいたる。こんな極端に広い音程を使い、とらえがたい空虚な大穴を音として感じさせるのは、またまた表現主義音楽に欠かせぬやり口である。モーツァルトは騎士長像という異常なものを表そうと、こんな手管を思いついた。それは、二〇世紀の作曲家が現代人の異常な心理を示すべく極端な音程を用いることの、正確な予告になっている。《ドン・ジョヴァンニ》の騎士長の歌こそ現代音楽のおおもとなのだ。

たしかにモーツァルトの音楽は、総体的印象としては、シェーンベルクやベルクとだいぶん違う。しかし、ダラピッコラによれば、その作品の無数の細部は、新ウィーン楽派とそれに連なる現代音楽にまっすぐ通じている。シェーンベルクの大先達は、ワーグナーでもマーラーでもなく、なによりもまずモーツァルトだった！

ただし、モーツァルトと新ウィーン楽派では、違うところがある。モーツァルトは最後の最後まで発想のおもむくままに音符をつづったが、シェーンベルクらはそれに耐えられなくなり、無調音楽を組織化する十二音技法に逃げこんだ。自由に気ままに歌いつづけてこそ、予測不能で不安に満ちた感覚を表現できるのに、十二音技法の厳格な使用はそれをさまたげてしまう。その意味では、モーツァルトの勝ちなのである。モーツァルトのほうが現代にもみずみずしさを保つのである。

ダラピッコラは、シェーンベルクの影響から出発した。しかし、十二音技法を窮屈に感じ、モーツァルトの側につきなおした。《ドン・ジョヴァンニ》の騎士長の歌の続きに、みずからの表現主義音楽を位置づけた。十二音列が出てくることもあるが、出てこなくてもいっこうにかまわない。ダラピッコラは、ドグマにしばられず、気まぐれである。そのようにして、彼は彼なりに、モーツァルトの二〇世紀における続きをやっていた。

たとえば、ヘルマン・シェルヘンに捧げられた《ピッコラ・ムジカ・ノットゥルナ》という、精妙かつ移り気な音楽がある。それは、ドイツ語にすると《アイネ・クライネ・ナハトムジーク》だろう。ポスト・モーツァルトは自分だというさりげない主張が、この題名に入っている。

記念年にあてられすぎて、もしもモーツァルトに食傷した方あれば、ダラピッコラもどうぞ。

［二〇〇六年九月号］

3　踊れ、ベートーヴェン！

運命は戸を叩けるか？

戦争の足音が近づくという言い回しがある。戦争は、人間どうしが殺しあう生々しい現実だから、それじたいが擬人化され、足がついてやってきても、そうおかしくないと思う。しかし運命が戸を叩くはどうだろう？　戸を叩くのはたいてい生身の何かであり、人間か、せいぜい狐《きつね》か狸《たぬき》か悪魔か、あるいは風や雨だろう。ところが運命そのものが戸を叩くというのだ。運命は、戦争や恋愛や犯罪といった生々しい現実を、つねに背後で仕切る摂理《せつり》と観念されるものだろう。それは目に見える世界を操《あやつ》る目に見えない糸だ。その運命が戸を叩くとは、どうもしっくりこない。戸は身体で確認できるが、運命は精神によって推量されるよりほかない。よって運命に戸を叩かせるなら、せめて運命を擬人化しておいてほしい。その種の欲求にこたえる表現が、たとえば運命の女神がほほえむだ。運命に顔はないだろうから、それが笑ったら怖いが、運命の女神なら泣いても怒

ベートーヴェン／交響曲第五番《運命》作品67、同第六番《田園》作品68
ノリントン指揮シュトゥットガルト放送交響楽団［ヘンスラー 2004年10月］

ってもおかしくない。が、そういう手続きをあくまですっ飛ばし、どうしても運命が戸を叩くのだとしたら、その表現はやはり、可視と不可視、実と虚、身体と精神を股《また》にかけた、とても座りの悪い言葉のようにも思われる。もちろん、だからこそ印象深いのだけれど。

運命が戸を叩くとは、いうまでもなくベートーヴェンの名セリフである。彼は交響曲第五番のあの有名な動機をそう説明したという。見える世界と見えない世界、からだとこころ、現実と観念のあいだで引き裂《さ》かれた、その表現。おそらくそれは、交響曲第五番にかぎらないベートーヴェン的なるものの粋《すい》を背負っているだろう。

そう、ベートーヴェンの音楽とはほんらい、じつに座りの悪いものなのだ。彼はなんといっても過渡期の音楽家である。封建領主からブルジョワへ、束縛《そくばく》された人間から解放された人間へ、秩序だった世界から自由で無秩序な世界へ……。フランス革命をいちばんのテコに、世の中はどんどん様変わりする。というか、変わると思えばすぐ揺り返しが来、行きつ戻りつする。事態はつねに動いているが、落としどころはなかなか見えない。それが過渡期というものだ。そういう経過と不即不離に、音楽も過渡期をむかえる。音楽に求められるものも、楽曲の形式も、楽器の性能や材質も、演奏会のプログラム・ビルディングも、みんな落ち着かない。そしてその過渡期は、後世の歴史家によって、古典派からロマン派への転換期と位置づけられることになる。

ではけっきょく、古典派とロマン派とでは、何がいちばん違ったのか。それは、やはり身体が重いか精神が重いかという話になるだろう。

バロックから古典派にかけては、音楽の担《にな》い手は踊りと歌だった。バレエとオペラだった。踊りで手足を動かして外見の身体を鍛練《たんれん》し楽しませ、歌で息を動かして外見にはわからぬ身体の内側をかきむしって悦《よろこ》ばせる。音楽は第一義的に身体のためにある。しかしロマン派は、音楽のことごとくを人間の内面、精神と結びつける。身体は卑下《ひげ》される。それは近代の人間神化の思想とも結びついているのだろう。人間は自由になり万能をめざし、神に代わって世界を支配しようとする。そして神は、老いや病気とは無縁だろう。身体を超越するだろう。なら神になりたい人間は身体を蔑《さげす》むだろう。神と同じく実体の見えぬ精神こそが玉座に祠《まつ》られる。見えるものから見えないものへ、時代は動く。

その動いているさなかを生きたのがベートーヴェンだ。だから彼の音楽は、古典派とロマン派のどっちつかずでしか語りようがないし、よってそこには身体と精神がどちらもどちらを否定しきれず、ともに蠢《うごめ》いている。現実世界と精神世界が、戸と運命が、遠近法を無視した絵画のように奇妙に混じりあい、運命が戸を叩きさえしてしまう。ベートーヴェンの居心地の悪さとはそういうものだ。

新古典主義の復讐

とはいえ、その音楽を演奏するとなると、やはり身体か精神かの片側に回収しないとやりにくいだろう。心とからだを両立させるとか、均衡《きんこう》させるとか、不均衡なら不均衡のままに互いの場所をあらしめるとか、口で言うのはたやすいが、じっさい、それを説得力あるかたちで示すのは、音楽演奏にかぎらず諸事全般の話として難しい。そんなことができるなら、この世から精神病というか心身の相関する病は消え失せるだろう。

するとベートーヴェン演奏は、身体と精神のどちらの側に、まずは回収されたろうか。とうぜん、精神の側だ。だってベートーヴェンのあと、音楽は長くロマン主義に支配されたのだから。身体は忘却され、内面的精神の君臨する見えない王国が出現したのだから。そして、ロマン主義の想定する精神とは、神をも恐れぬ無限の可能性を担保しつつゆらめきつづけ、曖昧模糊《あいまいもこ》と割り切れず、鬱蒼《うっそう》として気まぐれなものだ。それを反映した音楽演奏となると、ぶれや歪《ゆが》みや反《そ》りや揺れやエコーが重視されてくるだろう。ロマン主義的演奏が管や弦にヴィブラートを、ピアノに深いペダリングを求めるのはそれゆえだ。そういう要素が強調されてこそ、音楽はロマン主義のよぶところの精神性を備えられる。ベートーヴェンもそんな具合に演奏され、そのはてに精神の強度を限界まで高め、魂の爆発をうたおうとする極端ロマン主義としての表現主義的演奏が出来《しゅったい》する。たとえばフルトヴェングラー。彼はしばしば指揮棒を下から振り上げる。それはわざわざ重力に逆らいたいとの意思表示だ。そのぶん、人間の強烈な精神エネルギーを多めに感じさせる。しかも下から上がると、とうぜん、オーケストラからは棒の初動点が見えにくい。つまり彼は見えにくい指揮棒によって、見えないがゆえにこそ無限のようにも思われるロマン派好みの精神という奴を表現した人なのだ。

が、音楽もここまで来ると、反動をまねく。音楽全般を精神から身体へ、ベートーヴェン演奏をロマン派以後から古典派以前へとりもどす試みとして、一九二〇年代あたりから新古典主義や新バロック主義とよばれる運動が起きてくる。ところがその運動の志は必ずしもはたされなかった。なぜならそのとき、人間は古典派以前の身体感覚をもう忘れきっていたから。ガヴォットやメヌエットといわれて、素直に踊り出せる二〇世紀人がどこにいる？　ロマン派風のぶれや厚ぼったさを取りのけてみると、あとの音楽演奏に残されたのは、機械じかけの等速進行だけだった。すでにその時代の人間の身体感覚が機械のテンポに同化していたと考えてみてもいい。そもそも人間神化の思想たるロマン主義は、近代文明が人間の可能性を拡張することに賛意を表しつつも、そのいっぽうで科学が高度化し社会が複雑化することへの警戒も怠《おこた》らなかった。もし人間がややこしい社会のたんなる部品として鋳型《いがた》に嵌《は》められてしまっては、人間の無限の可能性が否定されてしまう。ロマン主義の曖昧さへの志向は、鋳型拒否の意思表示でもあった。新古典主義はその曖昧さを嫌ったのだが、それを抹殺したら、あとはほとんど自動的に鋳型へ墜《お》ちた。精神から身体へのつもりが精神から機械へに化けてしまった。かくて冷徹な機械じかけのようなベートーヴェン演奏もいろいろ現れた。

そのあとは長いこと、精神か機械か、ロマン的か即物的か、勝手に揺れるか律義に刻むかの二元論の時代が続いたように思う。が、二〇世紀も終わりになってきて、やっと様子が変わった。古典派以前の身体感覚を、文献や図像や年代ものの楽器から蘇らせ、あるいはそれらしく想像してみせる術《すべ》が発達し、精神的曖昧さか機械的正確さかの二者択一を乗り越える、前近代への身体への復古の道が見えてきた。かつて機械主義や非人間主義とくっついてしまい、空回りした新古典主義や新バロック主義が、こんどは前回の轍《てつ》を踏まぬよう理論武装して、出直してきたわけだ。

そしてその種の試みの、現時点でのベートーヴェン交響曲演奏にかんする最良の成果が、このノリントン盤だろう。それは九曲のどれをとってもみごとに踊りだ。とってもいびつなバロック舞踊だ。ほんの何秒かの単位で緊張と弛緩《しかん》、硬直と脱力をくりかえし、でこぼこし、ぎくしゃくしつづけて、高尚な精神的いとなみなどとは無縁に、ただ身体を刺戟《しげき》し悦ばすバロック舞踊の姿が、ノリントンのベートーヴェンにはミクロなレヴェルで重ね合わされつづけ、リズムはひどくぎくしゃくし、強弱はあまりにでこぼこする。主意的な揺れともイン・テンポの等速進行とも一線を画したベートーヴェンがここにある。

といっても、それが正しいベートーヴェンなのではちっともない。この楽聖の交響曲はあくまで身体と精神の分水嶺《ぶんすいれい》でどちらにも行けず叫んでいるのであり、そのうち精神に引き寄せた演奏はフルトヴェングラーのへんできわまったけれど、身体の側に立つこれはという演奏はノリントンがやっと聴かせてくれたという話だ。その両者の引きあいのなかで、ベートーヴェンは自分の場所の居心地悪さを永遠に訴えつづけるだろう。

［二〇〇四年四月号］

4　フランク沈没

みんな、フランクが好きだった！

ベイヌムの十八番であったフランクの交響詩《プシシェ》の録音が、ひさびさに国内盤のカタログに復活した。清澄に磨かれた名演である。

といっても、音盤の主役はフランクではない。帯の惹句《じゃっく》は「若くして亡くなったベイヌムによる貴重なマーラー演奏！」だ。《プシシェ》は、マーラーの交響曲第四番の添えもの扱いなのだ。

これはフランクにとり屈辱であるにちがいない。少なくとも先の世紀の半ばまでは、欧米でも日本でもマーラーよりはフランクのほうが大作曲家だった。SPレコードでは、マーラーなら交響曲第二番や管弦楽伴奏歌曲がやっと聴けたころに、フランクの主要作はどれも聴き比べできた。交響曲やピアノ五重奏曲や弦楽四重奏曲や《前奏曲、コラールとフーガ》、それにヴァイオリン・ソナタは、至高の名曲と称えられていた。

論より証拠。たとえばあらえびすこと野村長一《おさかず》は『名曲決定盤』（一九三九）で述べている。「フランクのソナタは、古今のヴァイオリン・ピアノ・ソナタ中でも屈指の名作で、最高、至純、至美のものであるといいたいくらいである。美しさと深さと浄《きよ》らかさを兼ね備える点においては、ベートーヴェンもブラームスもフランクの敵ではなかったのである。この曲から味覚する、浄らかな悩みと気高い歓びは、我らの生活に常に新しきものを寄与して已《や》まない」

フランクはところによっては、ベートーヴェンやブラームスにさえ勝っていたのである。

そんなフランクは、じつは日本の近現代の作曲家たちにたいしても、大きな影響をおよぼしていた。

フランク／交響詩《プシシェ》、マーラー／交響曲第四番
ベイヌム指揮アムステルダム・コンセルトヘボウ管弦楽団、リッチー（S）［デッカ　2006年4月］

諸井三郎はこう述懐している。「当時〔大正の半ば〕、中学生であった私は、共益商社の楽譜棚の内に、偶然フランクの《プレリュード・コラール・フーゲ》を発見した。その楽譜を見た瞬間、私は本能的にその音楽にひきつけられた。そしてフランクから深い影響を受け、私自身が彼の影響を少しも認めえないと思っていた作品にたいしてすら、しばしばヨーロッパの友人からフランクの影響の跡を指摘された。フランクは私の敬愛する作曲家の一人である」

諸井といえば、日本作曲界のドイツ派の領袖《りようしゆう》として知られ、ベートーヴェンやブルックナーとの関係をいわれやすい。しかし、諸井の音楽の特徴である、教会旋法風のコラールのようなメロディを半音階的に変型して纏綿《てんめん》といくところや、あるいは循環形式的なものへの志向は、やはりなによりもフランクなのだ。交響曲第三番の終楽章のオルガン付きの祈るような展開など、フランク体験なくして出てこない音楽だろう。

また清瀬保二《やすじ》は、ドイツ音楽と日本伝統の音楽とのあいだに引き裂かれて苦悩していた大正後期に、次のような体験をしたという。「どっさり届いた楽譜を次々弾いているうち、やたら臨時記号の多い演奏困難な楽譜に接した。どこか演奏しやすい所からと終楽章のフーガを弾きはじめた。弾きながら、かってない異様な衝撃を受けた。心中に充満していたわだかまりが漸次《ぜんじ》消えていくのを感じ、自分の手が不思議によく動く。そのうち、あたかも黄金の霧にも似たものに自分がとりまかれていっているのを感じた。終わりまで弾いたときは茫然《ぼうぜん》自失。動けもしないし、口もきけない。「芸術に時代もなく国境もない」という言葉は知っていたが、実感として味わったのはこの日が初めてであった」

一種の神秘体験である。清瀬にこの至福をもたらしたのは、またもフランクの《前奏曲、コラールとフーガ》だった。彼は、その曲の、長短調に必ずしも嵌《は》まらない、古風で教会旋法的で茫洋《ぼうよう》と不思議な音の動き方に、洋の東西の距離を埋めてしまえる音づかいを感じ取り、この行き方にならえば現代の日本人としての音楽を作れると確信したのだ。清瀬は、一般には諸井と正反対の立場の民族派の首領と目されているけれど、同じフランク派でもあったのだ。とくに彼の戦後初期の室内楽曲は、内容においてフランク、もしくはフォーレを連想させるものが多い。清瀬に師事していた武満徹は、そのヴァイオリン・ソナタ第三番を聴いて、「人間の苦闘と不安と生活する希望が感じられる。内に秘めたる発展性ということでは日本では先生のほかにそのようなことを感じうる作家は居ません」と師に書き送っているが、それは、あらえびすの「浄らかな悩みと気高い歓びは我らの生活に常に新しきものを寄与する」というフランクのソナタにたいする印象から、そう遠くないだろう。

それから、橋本國彦もフランクに傾倒したひとりである。彼の交響曲第一番ニ調の、息の長い旋律が滔々《とうとう》と流れてゆく第一楽章には、フランクのイメージがある。歌謡楽章のあいだにスケルツォをはさみこんだ第二楽章は、フランクの交響曲の中間楽章をモデルにしている。第一楽章を支配する動機と終楽章の主題を関連づける仕方は、フランクの循環形式の応用ともみなせる。橋本は弟子たちにもフランクの研究を奨《すす》めた。矢代秋雄の交響曲で第一楽章の主題が終楽章に帰ってくるのも、黛敏郎の《舞楽》で第一部の中心的楽想が第二部の終わりに戻ってくるのも、師の橋本に十代のうちから、フランク、フランクと刷りこまれたせいかもしれない。

もっといえば、早坂文雄も、東洋と西洋の壁を超えるような音楽が書きたくて、清瀬と同じ意味でフランクに惹《ひ》かれてしまった人であり、ピアノ協奏曲の第一楽章にはフランクの影が浮き出している。平尾貴四男《きしお》がダンディに習いたくてパリに行ったのも、とうぜん、ダンディにとっての神、フランクを意識してのことだろう。

みんな、フランクが好きだった。そういう時代がかつてはまちがいなくあったのである。

みんな、フランクが嫌いになった?

ところが今日、フランクの市場価値は大幅に下がった。CDショップの棚を眺めれば、フランクの音盤は、質と量の両面で、プーランクにも負けそうな按配《あんばい》だ。いったい何が起きたのか。

そもそも、かつての日本人が、音楽ファンから名だたる作曲家までフランクにいかれたのには、柔軟で変幻自在な旋律が東西を結ぶ音楽を可能にしてくれそうで親近感がもてたというほかに、循環形式が日本人に特別な意味をもってしまったということがある。乱暴な言い方をすれば、単一民族国家でなあなあをよしとする日本の文化にとっては、複数の主題が葛藤《かっとう》する力ずくの音楽よりも、ひとつの循環動機によって、全体がいつも統一され、なごまされる、和の音楽のほうが合ったのだ。諸井や橋本がフランクにはまったのは、けっきょくはそのせいだろう。そして、もうひとつ、フランクに特有な旋律線のなだらかさがよかったということもある。フランクに音程の跳躍は似合わない。狭い音程でうねうね動きながら、上りつめてはまた下がる、潮の満干《みちひ》のようなメロディが彼流である。それが二度か三度くらいの音程を上がり下がりすることの多い日本の伝統音楽の流儀と妙になじんだ。フランクは日本人の耳に優しかった。

とすれば、日本人の昔ながらの音感が薄れ、耳がより国際的になり、和の精神も弱まると、フランクへの格別な親しみの念は低下せざるをえない。日本でのフランク株の下落は、そういう時の流れから説明できるかもしれない。

だが、その下落はけっして日本だけの現象ではない。フランクの伝記作者、エマニュエル・ビュアンゾが、第二次大戦後の人間にはもうフランクがわからないと嘆じたのは、一九六〇年代のことだ。その理由は何に求めればいいのか。

ここでふたたび諸井三郎である。彼は綴《つづ》っている。「フランクの音楽を聞いて私がもっとも強く感ずるのは、ある精神的な質の全作品内における持続である。ベートーヴェンのように異質的なものの対立から発展が生まれるのではなく、ある精神的な質が非常な高さのうちに持続していくのである。このような精神状態を表現するのに循環という構成方法がとられるのはうなずけることである。すなわち、ひとつあるいは若干の指導的動機が、全楽曲に循環してこれを形成するという方法は、持続の表現にもっとも適するからである」

たとえばマーラーの音楽は多数の主題で多数の精神的な質を表すといえるだろう。一曲中にさまざまなことが起こり、目先が変わって聴きやすい。ブルックナーならば多数の主題でひとつの精神的な質を表す。一途ではあるが、素材は多いから、窮屈《きゆうくつ》一方ではない。対してフランクは、諸井にしたがえば、ほとんどひとつの主題でひとつの精神的な質を表す。しかもその精神とは、あらえびすにならえば「浄らかな悩みと気高い歓び」だけに集中する、大真面目なものなのだ。官能にかかわるはずのプシシェの音楽にさえ、修道女の衣をまとわせるのがフランクだ。聴く者を窮屈にひとところに追いつめて締め上げる。そんな音楽には、疲労や退屈を恐れず、ひたすら一生懸命にはりつめて、精神を気高くしようとする求道的な聴き手でないとつきあえない。かつてはそういう人が多かったから人気があり、近年は減るいっぽうだから不人気になった。単純な話ではなかろうか。
不真面目な時代に、フランクは生きられない。

［二〇〇六年八月号］

5　シェーンベルクと編曲の夢

小さいことはいいことだ！

大編成の音楽を新ウィーン楽派の面々がごくごく小編成に編曲したヴァージョンを、リノス・アンサンブルがやった三枚目である。演奏は精緻でデリカシーにも富み、前二枚同様、とてもいい。はて、このCDのことを世間ではどう言っているのだろう？　それで内外の批評をいくつか読んでみたけれど、そこにはたいてい、今となってはオリジナルで聴ける曲をわざわざ小編成で聴く積極的意味がどこにあるんだろうかとか、編曲当時はこれらの曲をもとの編成で聴く機会は少なかったろうから小編成にする意義もあったかもしれないがとか、書いてある。なるほど、一理あるといえばあるけれど、そういってしまっては元も子もないという気もする。

ドビュッシー／《牧神の午後への前奏曲》（室内楽版：ザックス編）、ヴェーベルン／大管弦楽のための六つの小品（室内楽版：作曲者編）、レーガー／《ロマンティック組曲》（室内楽版：シェーンベルク、コーリッシュ編）、シェーンベルク／六つの管弦楽伴奏付き歌曲より（室内楽版：アイスラー、シュタイン、シェーンベルク編）リノス・アンサンブル、シモーネ・ノルト（S）［カプリッチョ 2003年3月］

当盤に集められた編曲は、シェーンベルクを唯一無二のカリスマ独裁者として、ウィーンに組織された私的演奏協会が、一九一八年から二一年にかけ、のべ百回以上、多いときは週一回ペースで催していたコンサート向けになされたものばかりである。私的演奏協会は、聴衆になかなか理解されにくい現代の音楽を十全な演奏によって、しかもときには同一曲を繰り返しやって、心ゆくまで味わいつくし、内容を嚙みしめつくしてもらうべく立ち上げられた。そういうと、幅広く開かれた啓蒙団体のように思えてくるかもしれないが、じつはそれはきわめて秘教的・閉鎖的に運営された。そこで聴衆になれるのは身元を明かしてきちんと手続きした会員だけで、彼らは写真入りの会員証の携行を義務づけられ、演奏曲目も当日まで秘密で、拍手はしてはならず、何がどのように演奏されたかを非会員に口外することさえ禁じられた。会は、現代の音楽をわかる、あるいはわかろうとする人間たちのための「選民の集い」として行われていたのだ。

なぜ、そんなことをしていたか。ユダヤ人のシェーンベルクはやはり秘密結社作りが好きだったのか。いや、たぶんそうではなくて、シェーンベルクたちはそれまでにもう懲《こ》りていたのだ。ベルクの《初期の七つの歌》の初演時には、来場していたマーラーのうしろでアンチ新ウィーン楽派の男が騒ぎだし、マーラーが注意すると、男は「俺はおまえの曲も嫌いだ」と言ってナイフを抜き、マーラーのボディ・ガードが顔を切られる事件が起きた。同じくベルクの《アルテンベルク歌曲集》初演時には会場で大規模な乱闘が発生し、演奏会は中止され、この騒ぎは刑事事件として裁判沙汰にまでなった。シェーンベルクの愛弟子だったエゴン・ヴェレスはそういうありさまを毎度目のあたりにして無調に行くことに怯《おび》えてしまい、時代はぐっと下って一九三〇年代になり、橋本國彦がウィーンにやって来、「無調、十二音はどうか」と尋ねたときでさえ、まだ「その時に非《あら》ず、やめたほうがいい」と忠告する始末だった。とにかくシェーンベルクたちは第一次大戦前に公開演奏会をやっては辛酸《しんさん》をなめつくし、ついにアンチの入場を禁ずるために一計を案じて私的演奏協会の設立をはかったわけなのだ。

そう、編曲の話だった。そうして生まれた私的演奏協会は、狭い会場での「選民向けコンサート」に終始したから、大編成の作品をオリジナルでやることは事実上不可能だった。そこに小編成へのアレンジの必要も出てくる。そして、それだけの理由で多くの編曲ものが生まれたのなら、やはり原曲どおりで聴けるにこしたことはなく、それらの編曲をいまさら格別ありがたがる必要もないとの結論に落ち着くのだが、シェーンベルクの言い分に従えば、そういう次元だけでは事は片づかない。

大きくなってもいいもんだ！

そもそもシェーンベルクは、私的演奏協会立ち上げ時のマニフェストにもみずからほのめかしているように、自分たちの、あるいは自分たちに大なり小なり影響を与えた先達（たとえばマーラーやブルックナー）の大編成オーケストラ音楽が、作品に備わる旋律や和声の基本構造を、大編成の特性ゆえ過剰ともいえるレヴェルにならざるをえぬ音色や音量によって覆い隠してしまう側面があると考えていたようだ。そして彼は音色や音量よりも旋律や和声により価値を認める、その意味ではきわめて伝統的な思考法に拠って立つ音楽家だった。瞬間的な音色や音量のうつろいは音楽にとりあくまで副次的であって、旋律や和声の一貫した動きこそがいちばん大切なのだ。とすれば、厚塗りの大オーケストラ音楽は、みずからの選んだ巨象のごとき編成によってみずからの本質を厚い脂肪の下に埋没させ、作品の真価をなかなか聴く者に伝えきれないという欠点をも持つということになる。ならばそういう音楽を小編成に改作し、旋律や和声の流れをよりくっきり提示してみせることには作品のために積極的意義があるのだ。そうすることで作品の本質はより明らかにされ、それは作品にとっても喜ぶべきことなのだ。

たしかに、よりピアノに、より弦楽四重奏に、より四管編成大管弦楽に適した楽案というものは存在するだろう。しかしそれがピアノでないと、四重奏でないと、四管でないとどうしても生きぬ楽案とすれば、それはシェーンベルク流の思考に照らし判断するならしょせん値打ちが低い。よい楽案とは旋律や和声の進行をとことん練り上げられ、さまざまな編成や音色に耐え、編曲されることで本質を損なわず、それどころかそのたびに生き生きと輝くものでなくてはならない。そういうときに原曲か編曲かとか、原曲でないとどうもとか言い出すのは、まことに野暮である。

そんなことを思いつつシェーンベルクの仕事を振り返れば、そこには私的演奏協会関係にかぎらぬ、とにかく厖大《ぼうだい》な、自分の曲・他人の曲の、みずからの手になる、あるいはみずから監修して弟子にやらせた編曲の山ができあがっていると気づく。たとえば彼は、もとは十五人編成で書かれた室内交響曲第一番を、弟子のヴェーベルンにピアノと弦楽四重奏に縮約させ、自身では大管弦楽に拡張しているが、これなどは、後期ロマン派の大編成交響曲へのアンチテーゼとして十五人という最低限の室内管弦楽にすることに特別な意味があったはずのこの曲でさえ、普通の室内楽に改めても、なりたちを考えればいかにも避けたくなるような大管弦楽にしてしまっても、ちっともかまわないのであり、よい楽案に支配された作品の本質はいろんな編成に化けてもなにも損なわれはしないという、作曲家のとてつもなき自信の表れと解すべきだろう。手塚治虫の『ふしぎなメルモ』ではないけれど、大きくなったり小さくなったり伸縮自在に振る舞うことへの夢がシェーンベルクを考えるための重要なファクターのひとつなのだと思う。

それから、私的演奏協会の小編成アレンジへのこだわりにとくにかぎって補足すれば、その一連の試みが一九一八年に始まったことはやはり歴史的意味をもつ。なぜならその年はストラヴィンスキーが《兵士の物語》を作曲し、小編成による簡素な表現にこそ音楽の未来があると宣言して、いわゆる新古典主義の時代が開幕した年なのだから。小編成でこそ新しく作曲したくなる新古典主義があるなら、既成の大編成の曲を小編成に改作したくなる新古典主義があったっていいではないか。

いずれにせよリノス・アンサンブルの録音しているレパートリーはそこらの編曲ものと一緒にしてよいものでない。

［二〇〇三年七月号］

6　さよなら、クライスラー

クライスラーはヴィブラートをかける

　ヴィブラートなんて弦楽器には昔はかけなかった。バロックや古典派の真正な演奏はノン・ヴィブラートであるべきだ。そんな録音をたくさん聴かされた。やがて、一九世紀のロマン派の時代にも弦楽奏者はヴィブラートをそうはもちいなかったという話も、よく耳にするようになった。ベルリオーズもシューマンもワーグナーもブルックナーも、チャイコフスキーやリムスキー＝コルサコフでさえも、あまりヴィブラートのないのが真正なのだという。そのうち、ノリントンなどは、初期のSP録音でオーケストラの音を確かめれば、やはりそのころにもヴィブラートはたいしてかけられていなかったようであり、マーラーの交響曲演奏でさえノン・ヴィブラート気味にやるのがよいといいだ

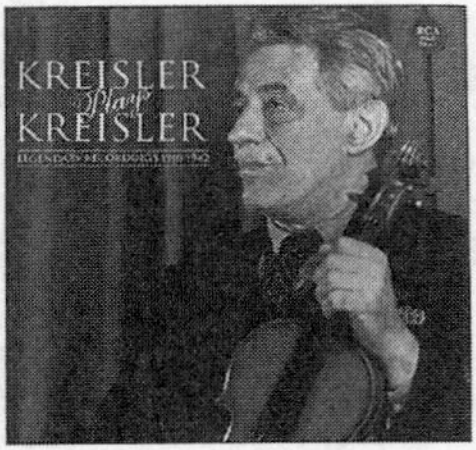

クライスラー／自作自演集
《愛の喜び》《愛の悲しみ》《中国の太鼓》作品3、《ウィーン奇想曲》作品2、《コレッリの主題による変奏曲》《ジプシー奇想曲》《美しきロスマリン》他
クライスラー（vn）、ラムソン（p）、オコンネル指揮ヴィクター交響楽団他［RCA　2007年11月］

した。ついにそこまで時代が下ってきたかと愕然《がくぜん》とした。

もしもそうであるならば、ヴィブラートは西洋音楽史の進展にともない徐々に増大していったというよりも、二〇世紀初頭のどこかで、ヴィブラートをしっかりかけるのがよいのだという新しい常識が急激に爆発的に一般化したのだとでも、考えたくなる。一種の革命が起こり、それはたちまち成就したというわけだ。

すると、その革命の仕掛け人、すなわち弦楽演奏史にとってのマルクスやレーニンは誰か。やはりフリッツ・クライスラーだろう。この巨匠の録音を、一九一〇年代の古いものを含む自作自演集が出なおしたのでひさびさに聴き、そう思った。

彼の音色は、まんべんなく均一にまろみがあって美しい。その理由のいちばんは、やはりしっかりかけつづけられるヴィブラートだろう。

クライスラーより前のヴァイオリンのソリストたちは、ヴィブラートを使うにしても、曲のところによってかけたりかけなかったりだったらしい。ヴィブラートとノン・ヴィブラートを使い分け、どのように音色に凸凹を作るかが、すなわち演奏家の曲の解釈であり、味わいになっていたのだろう。ヴィブラートのかけ方も、指を震わせるのがふつうだった。

対してクライスラーは、音楽の全部に途絶えることなくべったりとたっぷりと、品よく肉づきよく、なにやら金持ちげでもあるヴィブラートをかけた。とにかく絶妙に心地よい。けっして派手すぎたり下品になったりということはない。

しかも、そのヴィブラートのかけ方が新しかった。指でなく手首から震わせたのである。指ごとにかければ、指はそれぞれに太さも強さも異なるから、ヴィブラートにもむらが出やすくなる。しかし、手首から震わせて指に伝わるようにすれば、むらは減る。ヴァイオリンの響きは、一様になだらかに優雅なオーラで覆《おお》われる。

もちろん、クライスラーの革命はヴィブラートだけではない。弓の遣《つか》い方だってそうだ。彼より前のヴァイオリニストたちは、弓をかなり長く遣うのがふつうだったらしい。右手をいっぱいに動かし、その力や速度を加減することで、音の勢いや色を変える。響きのヴァラエティを豊かに幅広くしようと思えば、とうぜんそのやり方で悪くないのだが、弓と腕を長くいっぱいに動かし、上半身全部を大きく使っていると、いろいろなぶれも起きやすい。弦にかける弓の圧力や、弦をこする弓の速度が、不安定にならざるをえない。結果として、音の粒は揃いにくくなる。

対してクライスラーは、響きのヴァラエティを多少は犠牲にしても、歯切れよく恰幅《かっぷく》よく音の粒を揃えることを第一義にした。そのためにどうするか。弓をなるべく短めに遣えばいい。むろん、たんに短いだけではだめで、右手をそれ向きに改造しないといけない。弓を長く遣うなら、肩や上腕部に大きな負担がくるが、弓を短く、力加減もなるたけ自在に遣うとなると、弓を持つ手先から手首に下腕部までが、とりわけよく鍛えられていないといけない。クライスラーはそんな立派な二の腕をもっていた。それで短く弓を遣えば、弓圧や弓速からぶれを追放できる。見た目にも実際にも、小粋《こいき》さや速度感や安定感が出てくる。歯切れも恰幅もよくなるのである。

クライスラーの特徴はまだまだいろいろあるけれど、その芸の魅力の肝《きも》は、均質で豊《ほう》饒《じょう》なヴィブラートを主役とし、むらなくコンスタントで押し出しのいい音の並びを実現する弓遣いを介添《かいぞ》え役にするところにつきてくるだろう。等質とか一様とか破調のなさといった言葉のついてまわるのが、クライスラーのクライスラーたる所以《ゆえん》である。まるで金太郎飴《あめ》のように、どこを切っても金持ちげなクライスラーが、少しも型崩れせずに微笑んでいるのだ。

蓄音機はヴィブラートをひろめる

そんな彼に、二〇世紀初頭からの世界は熱狂しつづけた。日本にもファンが無数にいた。一九二三年に来日し、東京の帝国劇場で五回の連続リサイタルを開いたときには、クライスラーびいきの野村胡堂《こどう》ことあらえびすは、折悪《あ》しく病に倒れ、医者からは外出は命取りとまで宣告された。だが、命よりクライスラーのほうが大事といい、五回全部に通い、それがたたって四カ月も寝たきりになった。しかし、彼はそのことを後悔しなかった。むしろ人生の勲章にした。クライスラーを聴けるなら命も捨てかねない賛美者が、世界にうようよしていたのである。

クライスラー人気はなぜそこまで爆発したのだろう？　それまでのヴァイオリニストにない革命的創意工夫があったからではあるだろう。けれど、工夫すればなんでも喜ばれるとはかぎらない。マルクスやレーニンの革命理論も、現実社会に不満を抱くプロレタリアートが存在してくれねば机上の空論だ。無意味だ。それと同じで、クライスラーの革命的演奏法も、大きな共鳴層を得たのだ。つねに一定の福々しいヴィブラートがかかっていることにこそ喜べたり安心できたりする新しい感性が時代に勃興《ぼっこう》していたのだ。

そういう共鳴層を生んだひとつの遠因は、妙な話だが大都市化だと思う。松尾芭蕉《ばしょう》の「秋深き隣は何をする人ぞ」は旅の宿での詠句だから隣の人を知らずともしかたないが、旅先でなく自分のちゃんと住んでいる隣のことがよくわからないのが近代の大都市である。あまりにあちこちから人口が流入し、周囲は知らない人ばかりで、それぞれがいったい何者かは外観からでも推理するよりほかはない。人々は不特定多数にたいし不断におのれが何者なのかわかりやすく装ってみせなくてはならない。わかりにくさは不安を喚起するから好ましくない。たとえば金持ちなら明快に金ぴかななりでもしていればいい。

そして、そんな世界に対応するヴァイオリン演奏は、ヴィブラートとノン・ヴィブラートを使い分けて複雑な味わいや解釈を示すといった、なにやら面倒くさいものではよろしくない。一様で明快なのがいいのだ。クライスラーの大胆に等質性を追求したヴァイオリンのように。しかも、クライスラーの等質性は快適なヴィブラートの遍在によって担保される。しっかりしたヴィブラートは、音の厚みと広がりが豊かさを連想させることによって、富裕の記号となる。その意味で、間断ないヴィブラートは、みんなの憧れの金ぴかな姿でいつづけることの、音楽的表徴となりうる。クライスラーの人気の出ないはずがない。

しかし、そんな変な遠因を考えずとも、もっと直截《ちよくせつ》的な原因だって推測できるだろう。音響学ではどんな説明になるか知らない。けれど、とにかくよいSPレコードをよい蓄音機でかけたとき、生音・実演以上かという妙音を発し、アウラの暈《かさ》を濃厚にかけるのは、ピアノや管楽器や管弦楽よりもなによりも、ヴィブラートのよくかかった弦楽器や独唱、とくにヴァイオリンなのだ。SP時代の代表的名盤解説書、あらえびすの『名曲決定盤』が、指揮者でもピアニストでもなくヴァイオリニストから始め、そこに厖大《ぼうだい》なページをとるのは、たんにあらえびすがヴァイオリン・ファンということでなく、SPや蓄音機の音の特性からいっても当然至極だろう。

そうした音響特性を最大限に発揮させるべく、艶《つや》やかなヴィブラートを一様にかけつづけ、本物もびっくりというくらいの魅惑的な響きを世界じゅうの蓄音機から発して、音楽ファンを狂喜させたのが、クライスラーのSPなのだ。それに溺《おぼ》れた人々は、音盤のみならず実演にもクライスラー的なものを欲し、ソロも室内楽も交響楽の弦楽セクションも、クライスラーなみに優雅で艶麗《えんれい》とまではゆかずとも、とにかくたっぷりとヴィブラートをかけはじめることになったのではあるまいか。二〇世紀の早い時期に猫も杓子《しゃくし》もヴィブラートへと雪崩《なだれ》をうって、新常識がたちまちにできあがる革命的状況を、そんなふうに説明できないかしらと思う。ようするに二〇世紀の弦楽器演奏のスタンダードな方法と思想は、実演もLPもCDも、長いことSPと蓄音機に特有な鳴りの経験に呪縛されていたという話だ。

それにしても、そんなSP的なるものの呪縛を解きにかかるひとつのきっかけが、ノリントンのような人を狂喜させた、「クライスラー革命」以前のオーケストラの音を記録したSPレコードだったというのは、歴史の皮肉である。

［二〇〇八年二月号］

7　火男《フォイアマン》、がんばる

キレがよければくたびれず

フォイアマンが一九二〇年代末に録《と》ったドヴォルザークの協奏曲を、ひさびさに聴いた。今では名曲中の名曲に数えられる作品の魅力を、はじめて世に弘めたといっていいディスクである。オーパス蔵の生々しい復刻のせいもあろう。昔の印象を一新した。とてもよいものだと思った。

「キレのよい音楽」と、山崎浩太郎氏の帯の惹句《じやつく》にある。言いえて妙である。グイグイと目の醒《さ》めるような早業が続く。聴きながら、短兵急という言葉を、思い出した。寸の詰まった刀や槍《やり》で、すばやく敵に肉薄してゆくのが短兵急だが、フォイアマンの快速調もそんな感じである。とにかく弓速がある。しかも、実際に演奏を見たわけではないのでわからないのだけれど、弓づかいは短めのように思われる。もし長めなら、響きがもっとぶれそうなものだ。フォイアマンの音はピントが狂わない。粒揃いで、どれもよく締まっている。だから、短兵急なのである。

弓をすばやく小さくつかっているならば、右手の動きは、とうぜん、コンパクトということになる。弓を持つ右手を、肩から大きく揺り動かしているわけではない。肘《ひじ》から先というか手先で、小気味よくさばいている。そういう音である。しかも、速いだけではない。弓圧がかなりあるように感じられる。軋《きし》む一歩手前の強い音が出ている。手首がそうとうに強かったのだろう。

というと、スタッカート気味のゴリゴリと厳しい演奏かとも思われそうだけれど、違う。基本はレガートでカンタービレ。あくまで流麗によく歌う。音楽に細かく句読点をつけない。スパッ、スパッと切り刻んでゆくのではない。喉《のど》ごしさわやかな冷たいビールが、息も継がせず、ノリよくドンドンと流れこんでいっているようなものだ。分析よ

ドヴォルザーク／チェロ協奏曲ロ短調 作品104、交響曲第九番ホ短調 作品95《新世界より》（＊）フォイアマン（vc）、タウベ指揮ベルリン国立歌劇場管弦楽団、セル指揮チェコ・フィルハーモニー管弦楽団（＊）［オーパス蔵 2006年8月］

りも勢いで運んでいる。

そこでは、ヴィブラートのうまさがものをいっているだろう。いくら速くて強い音でも、まろみがなくならない。それから、ボウイングである。弓の運びが短兵急といっても、けっしてゼンマイじかけのようにぎくしゃくせず、とても滑らかである。フォイアマンの右手首は強靭《きょうじん》なのだろうが、剛直ではない。柔軟なのである。その柔軟さが短兵急を金釘《かなくぎ》文字や杓子《しゃくし》定規にしない。どこもかしこもよく流れる。ちゃんと歌っている。だから、どんなに速くても強くても、その迫力に気圧され、くたびれてしまうことがない。すべての時間が、わくわくと爽快なのだ。

はて、こんなフォイアマンの流儀は、どこに発しているのだろうか。むろん、彼独自の個性とテクニックに由来しているにはちがいない。が、それだけではないだろう。なにごとにも背景はある。個性はゼロからは出てこない。必ず何かを受け継ぎ、何かに反発して、育つものだ。

そのことを、少し考えてみたくなった。

くたびれなければ徳が出る

フォイアマンは、近代のチェリストとして、二番目に現れた名匠と、よくいわれる。すると、一番目は誰か。もちろん、カザルスである。

カザルスは、チェロの歴史を変えた人だ。彼は楽器の演奏法を革新した。一九世紀流の古い弾き方は、根底から覆《くつがえ》された。カザルス旋風が、二〇世紀初頭の欧州楽壇に吹き荒れた。フォイアマンも、少年のうちに、カザルスの音楽に接することで、弾き方をだいぶん直したらしい。

では、カザルスの革命とは、いったい何だったのか。そもそも、彼が打破した古い奏法とは、いったいどんなものだったのだろう?

じつは、チェリストたちはかつては、両手をからだにくっつけていた。上腕部は胴から離さない。しっかり押さえつける。それで、下腕部だけを動かす。そうやって、左手の先ではチェロの棹《さお》の部分を握る。右手の先では弓を持つ。身をすぼめて、大きな楽器を抱えこむ要領である。それが、チェロ奏者の正統的な姿勢だった。

カザルスはそこに爆弾を落とした。身を小さくするのをやめ、手を胴から解放したのである。

上腕部を楽に動かせるようになれば、弾き方全体が、それまでとはおのずと違ってくる。古い奏法では、右手は弓を短めにしかつかえなかったし、弓の出し方・入れ方も狭い角度の範囲でしか工夫できなかった。弓にかける力の強弱を幅広く変化させるのも難しかった。弦を押さえる左手の移動にも限度があった。派手に上下させるわけにはゆかなかった。肘から上が胴と隙間を作らないというのだから、とうぜんそうなる。

対して、カザルス流はどうか。肩から目いっぱい、手を大胆に使おうというのだ。右手は弓を、さまざまな角度に操れる。力加減も、手先だけよりは容易だ。強弱もメリハリも、広いレンジでつけられる。左手も、棹を押さえる位置を幅広く振って、それまでよりもずっと自由に、弦を押さえる位置、音程の作り方を工夫できる。チェロには難しいと思われていた曲も弾けるようになる。ようするに、楽器の表現力が大きく変わったのだ。カザルスが偉大と称されるゆえんである。

それにしても、なぜ、一九世紀のチェリストたちは、手を胴から解き放たなかったのか。身をぎゅっとすぼめ、チェロを小ぶりに扱うことに執心していたのか。そもそも、図体のある楽器を御して、いろいろやってみようというとき、わざわざ窮屈《きゅうくつ》な姿勢をとるなんて、不思議ではないだろうか。カザルスのやり方が、ごく自然ではないのか。カザルス以前のチェロ弾きたちは、もしかして知恵が足りなかったのか。

まさか、そんなことはあるまい。ものごとの次第には、必ず道理がある。じつは一九世紀末まで、チェロには、あのエンド・ピンが付いていなかったという。丈夫なエンド・ピンは近代工業の産物で、その歴史はあんがいと新しい。それよりも前の時代には、チェロは床に立てられなかった。床から浮かせ、両足ではさむものだった。両膝《ひざ》でしっかりつかまえないと、楽器は安定しない。上体もそれにあわせて締めるのがいい。上腕部を胴につけるのは、自然なことだった。そして、その習慣は、エンド・ピンが普及してからも、すぐは変わらなかった。新しい器具が発明され、楽器の機能が変わりうるからといって、すぐそうしたら、それまで積み上げられてきた表現の伝統は喪《うしな》われる。チェロがチェロらしくなくなるかもしれない。伝統主義者なら、それを恐れる。カザルスが怖いもの知らずで、大胆に先へ踏み出せたのは、やはり一九世紀音楽史においては辺境であったスペインの人だからだと思う。失うものがないから革命ができるのだ。

するとカザルス以前のチェロらしい表現とは、具体的には何だったのか。両の手を胴に密着させることで、どうしても制限されてしまう動きを逆手にとり、弓を手先で流麗にさばいて、押しは弱いが、軽やかに親密に歌い上げていたのである。チェロというと、今日のわれわれは、雄弁さやダイナミズムや深い思索性を、きっと思い浮かべるだろう。だが、少なくとも一九世紀にはそうではなかった。むしろ、逆だった。

そのことは、当時のチェロ音楽の代表曲を思い出してみてもわかる。ラロやサン＝サーンスの協奏曲は、けっして野太く歌う音楽ではない。あの雄弁なヴァイオリン協奏曲を書いたチャイコフスキーが、チェロとなったら、優美な《ロココ変奏曲》だ。ブラームスの二重協奏曲のチェロだって押しは強くない。ヴァイオリンを見守る慈母観音のように、おとなしく、優しい。

それが、チェロ奏者の膝の負担を軽くするエンド・ピンの一般化と、それにみあった弾き方を躊躇《ちゅうちょ》なく考案したカザルスとによって、ひっくり返った。チェロは、大きな身振りで、強弱も幅広く、フレーズをよく分節し、濃厚に語りかける楽器に転生した。しかし、そのせいでチェロは、一九世紀のはぐくんできた、粒の揃ったレガート気味の音で、流暢《りゅうちょう》に小気味よく歌う流儀を見失ったともいえるのではないか。

ここまで来れば、フォイアマンのやり方の歴史的意味は明らかだろう。古い弾き方では、左手を大きく動かせず、ある指から別の指への置き換えもスムーズにいかない場合が往々にして出てくるから、同じ指をとっさにスライドさせ、次の音を鳴らすことも多くなる。つまりポルタメントがかかる。しかし、このフォイアマンのドヴォルザークには、ポルタメントはほとんどない。ということは、左手はカザルス流なのだ。けれども、右手は、最初に触れたように、短兵急な弓づかいで、こまめにスルスルといく。カザルスよりも一九世紀の流儀と、つながっているだろう。ただし、弓速と弓圧で近代性を出している。軽快優美というよりは、爽快強健という感じである。伝統の継承と改良がなされている。

けっきょく、フォイアマンのチェロは、カザルス以前とカザルス以後のハイブリッドなのだ。彼はカザルスに衝撃を受けたが、伝統の弾き方を全面的に捨てはしなかった。そんな役回りだから、カザルスほどには偉大とも創造的とも考えられていないかもしれない。けれども、芸術の滋味とは、たいていは、革命家よりも中葉の徳のある人から、より多く与えられるものではないだろうか。フォイアマンには、その徳があると思う。

8「ミャス六」の謎

［二〇〇六年一〇月号］

「ミャス六」は「マラ六」？

一九二〇年代、新興国家ソ連に遅まきながら炸裂した一九世紀ロシア・シンフォニズムの最後の二発の打ち上げ花火。ある研究者がそうよんだのは、シチェルバチョフの第二番、そしてミャスコフスキーの第六番である。この二曲は、帝政末期にラフマニノフ、リヤプノフなどが花開かせた後期ロマン派大型交響曲の歴史に華々しくケリをつけ、ショスタコーヴィチやポポフら、いわば純ソ連育ちのシンフォニストによる次の時代の到来をもうながしたというわけだ。そのうち「ミャス六」がついに国内盤で登場した。欣《きん》快《かい》至極である。

さて、「ミャス六」の二〇分におよぶ第一楽章はまったく絶望的に始まる。死刑宣告人の大音声みたいな六音のモットーが、金管のどぎつい咆哮《ほうこう》でいきなり轟《とどろ》くのだ。その

ミャスコフスキー／交響曲第六番
N・ヤルヴィ指揮エーテボリ響
［グラモフォン　2002年7月］

六音とは、変ロ、変ト、変ホと下がり、次にいったん変トに戻ると、また変ホ、ロと下がりなおすもので、果てしなき地獄墜ちでも連想させる。しかもこの六音は前後三音ずつに分けられ、その音程関係は、前半が、変ロから変トが半音四つ、変トから変ホが半音三つ、続く後半が、変トから変ホが半音三つ、変ホからロが半音四つだ。つまり、四つ、三つ、三つ、四つというシンメトリーになり、そこに互いが鏡に映りあって出口なしといった閉塞《へいそく》感が醸されてくる。ようするに地獄墜ち的に下降する六音は、音程面では一種の音の牢獄を形作るのだ。地獄墜ちに牢獄！　もう最強じゃないか。

ついでこのモットーを受け、牢獄の中で苦悶《くもん》し絶叫するごとき、ささくれだったアレグロが迸《ほとばし》り出るのだけれど、その主題の先頭に来、いかにも懊悩する身振りを示して印象的な三つの音は、へ、変ホ、変トで、それぞれ最短長の音価に乗る。そしてこの三音の並びには特別な背景があるとのたまったのが浩瀚《こうかん》なソ連音楽史の著者レヴォン・ハコビヤン。彼によると、この三音の原点はベートーヴェンの弦楽四重奏曲第一六番終楽章だ。そこではチェロがト、ホ、変イの三音を最短長の音価でなにやら謎をかけるように奏で、しかもベートーヴェンはその三音の下に「そうでなければならぬのか」なる文句をわざわざ書きこんでいる。ハコビヤンは、この四重奏の出現以来、最短長の音価で弾かれる、半音三つ下がって次に半音四つ上がるか、そのかたちをやや変えるかした三音動機は、ヨーロッパ音楽史において人生や時代への懐疑をあらわす音の決まり文句になったのであり、その流れの果てに、「ミャス六」の、ベートーヴェンより第二音が半音詰まって、そのぶん、いちだんと切迫した、問いかけの動機が現れたと主張する。ミャスコフスキーは「俺は何をやってる？　どうすりゃいいんだ？」とせいいっぱい叫んでいたのか！

この面白すぎる解釈の当否は措《お》くとしても、「ミャス六」の第一楽章がすさまじい焦燥感に支配されているのは本当だ。それゆえこの交響曲は、同じ第六番のせいもあってチャイコフスキーの《悲愴》と比較されもする。が、少なくとも第一楽章にかぎれば「ミャス六」は《悲愴》というより《悲劇的》だ。マーラーの第六番だ。後のショスタコーヴィチやポポフに深く影を落とすマーラーが「ミャス六」にもすでにハッキリいる。短調の音階を勇ましく下降する軍隊ラッパ、とつぜん現れる童歌風の旋律……。もうこれは「マラ六」じゃないか！　かくて「ミャス六」の第一楽章は地獄墜ちモットーと懐疑動機とマーラー的ジェスチャーをドロドロ煮詰めつつ、イライラし、猛り狂い、打ちのめされ、虚脱するのである。

「ミャス七」は《ラ・ヴァルス》？

それにしてもミャスコフスキーは何がそんなに辛いのか。それはやはりロシア帝国の軍人の家に生まれ、みずからも軍隊を志すも中途で音楽に転じ、ロシア後期ロマン派の伝統をよく身に刻み、「反人民的」なロシア・シンボリズムの「観念的美学」にもかぶれ、革命期にはすでに三十代のこの作曲家の、新時代での生き方を見さだめられない辛さなのだろう。「ミャス六」はスケルツォでもアダージョでも第一楽章の路線をひたはしる。そして第四楽章。《悲愴》や《悲劇的》の終楽章のごとくいよいよ絶望が極まるか。いや、とりあえずは否。君子豹変すだ。ここで「ミャス六」は「チャイ六」や「マラ六」から「チャイ四」に転向する。悩み多きインテリゲンチャ、チャイコフスキーは、「チャイ四」の終楽章で民衆の祭りの熱狂に紛れこみ、知識人的苦の世界からかりそめにも解放されたわけだが、ミャスコフスキーもこの終楽章でロシア革命に突進する民衆の怒濤《どとう》の渦巻に身を投げ入れる。音楽は二つのフランス革命歌、《ラ・カルマニョール》と《サ・イラ》の旋律を引用して陽気に沸騰する。が、あとが一筋縄ではいかない。

「チャイ四」的なまま、爆発しっぱなしで終われば話は簡単だけれど、革命の喧騒はやがて収まってしまい、続く静々したフィナーレを司るのは、あの不気味なグレゴリオ聖歌《怒りの日》と、なにやらとても深刻げでもあるロシア民謡の節になる。もちろん、それは革命の英雄的犠牲者への鎮魂歌とみなせもし、だからこそこの大曲はソ連で演奏を重ねられた。だがその終結部の屈託した感じはそんな説明を必ずしも信じさせないし、たとえば《大序曲「一八一二年」》的解釈を持ちこんでみたくもなる。《一八一二年》では前半に活躍するフランスの旋律は悪玉で、結びに鳴り渡るロシアの旋律が善玉。この図式を「ミャス六」の終楽章に重ねれば、フランスの革命家に担われた（そう、ロシアでなくフランスの革命歌なのに注意！）ロシア革命の大騒ぎはしょせん悪で、それにより破壊されつくしたロシアの伝統への善なる者の怒りと悲しみが《怒りの日》とロシア民謡の引用にこめられている、なんて具合になろう。しかし、その解釈が当たりともいえない。第一楽章で提出された作曲家の現実への懐疑は、終楽章の革命歌の熱狂的引用で革命的現実の全肯定に帰結するかにみえるが、《怒りの日》と民謡の曖昧模糊とした出現がすべてをどっちつかずの藪《やぶ》の中に連れ去ってしまう。「ミャス六」は、ショスタコーヴィチの第五番終楽章が真の喜びか、強いられた喜びかといった話と同程度の謎をわれわれにかけつづけるだろう。

ところでミャスコフスキーは第六番とほぼ並行して第七番も作曲している。その「ミャス七」はラヴェルの《ラ・ヴァルス》を換骨奪胎し、あの狂乱のパワーと破局に突き進むドラマを和声的・音力的になぞってみせた怪作。そして《ラ・ヴァルス》が、ヨーロッパの古き良き伝統の戦争と革命による崩壊を暗示する音楽とすれば、「ミャス七」は、「ミャス六」の終楽章が革命による伝統の破壊への怨歌《えんか》なのだという解釈と呼応しもしよう。とにかく第六番と第七番の作曲のころ、ミャスコフスキーは暴力革命の先輩国、フランスを手掛かりとしつつ、すべてを薙《な》ぎ倒す「革命的民衆」のエネルギーについて思いをめぐらせていたのだ。その結果、彼がどこまで革命を肯定し、またしなかったかはやはり謎としても、しかしそこで彼は少なくとも革命の奔流《ほんりゅう》に進んで巻きこまれるしか生きる道はないと深く悟りはした。だからこそ「革命英雄」のステンカ・ラージンを題材にした「ミャス八」から社会主義リアリズムの精華と称えられた「ミャス二七」までが生まれえたのである。

［二〇〇二年一一月号］

9　グルジェフ式ラジオ修繕法

グルジェフ／《聖なる書からの歌》《バヤーティ》《祈り》《ドゥドゥキ》《インターリュードⅠ》、ツァブロプーロス／《ビサンチン聖歌による三つの小品》《舞踏》《聖歌》、グルジェフ／《インターリュードⅡ》《アッシリアの哭き女》《アルメニアの歌》《同第11番》《女の祈禱《きとう》》《聖なる書からの歌、変奏1》
レヒナー（vc）、ツァブロプーロス（p）［ECM　2004年12月］

麻原彰晃は霊界で何を聴いたのか

オウム真理教の麻原彰晃が、カッサパという霊名を与えられた信者の日本人を編曲者として、自作と称する交響曲や交響詩をつぎつぎと発表した時期があった。それらはロシアで編成されたキーレーンという名のオーケストラによって演奏された。教祖みずからが単純な歌にとどまらぬ作品を量産するのは、編曲者は別にいるにしても、日本では珍しい。もしかして麻原とカッサパの仕事は、グルジェフとハルトマンのコンビに迫るかもしれない。そんな興味をもって当時いくつか聴いたけれど、麻原の魂が霊界でじかに学んできたという旋律は、こちらの霊格が低いせいか面白くなく、編曲も退屈で、どれも首をかしげているうち終わってしまった。グルジェフとハルトマンはたいしたものなのだ。そう思っていたら、じきに地下鉄サリン事件が起きた。

さて、グルジェフとハルトマンの話をしたい。グルジェフが教祖で、ハルトマンが編曲者である。教祖がハーモニウムを弾いたりして示した音楽を、ハルトマンが本格的ピアノ曲に直してゆく。そうして積み上がった厖大《ぼうだい》な作品群は、今日もさまざまなピアニストによって演奏され、また別の編成にいじられたりもしている。こんど、ECMから出たチェロとピアノによるグルジェフ・アルバムは、ハルトマンがピアノ用に編曲した譜面を、演奏者がさらに編曲したものだ。このコンビの音楽には、やはりそこまでしてやりたくなる魅力があるのだろう。アジア的とか東方的とか称したくなる旋律が豊饒《ほうじょう》に充溢《じゅういっ》し、どこまでも滔々《とうとう》と流れゆく。といっても東洋の特定のどことでもない。インドかと思えば、西アジアや中央アジアに化け、ついにはグレゴリオ聖歌やビサンチン聖歌にも変ずる。つまりはアジアのみならずヨーロッパにも自在に越境し、ヨーロッパの古層にアジアがあることまで実感させる、まるでユーラシア百面相なのだ。いったいグルジェフとハルトマンは、いかなる背景からそんな音楽を作り出せたのか。

まずトマス・アレクサンドロヴィチ・デ・ハルトマン（一八八五―一九五六）。彼はロシア貴族の家の出で、四歳からピアノを弾き、アレンスキーとタネーエフに作曲を学んだ。そして一九一七年、第一次大戦とロシア革命の渦中にあるサンクトペテルブルグで、グルジェフに出会う。ゲオルギー・イヴァノヴィチ・グルジェフ（伝一八七二―一九四九）の父はギリシア人、母はアルメニア人で、生地はアルメニアのアレクサンドロポールだという。彼はそういうコーカサスの多民族・多言語・多宗教地帯で多文化にもまれて育ち、若いうちに神秘体験もして世界の真理を探求したくなり、長い旅に出、ユーラシア中を経めぐった。一九世紀末から欧米で一世を風靡《ふうび》したブラヴァツキー夫人の神智学の影響も強くこうむった。そして一九一三年、モスクワを拠点にして、みずからの思想を説きはじめる。

その思想とはいかなるものか。前提には神智学がある。それは人間が神の智に達するための学とよべるだろう。キリスト教文明下での人間は神による被造物とされてきた。作った者と作られた者とでは勝負にならない。神と人のあいだにはどこまでも越えられない壁がある。この神と人の厳然とした二元論へのいらだち、人間をもっと立派にして神と人を同格で一元論で語りたいという古くからの欲求が、神智学を生んだ。それからそこに一九世紀の近代文明がもたらした新たな状況もからんでくる。人間は科学を発達させ、神に近づきつつあるようにもみえるが、いっぽうで文明の進展は人間個々を複雑な社会の歯車にしてしまう。人間は集団としては進歩しているのかもしれないが、個人としては退化しているようにもみえるのだ。このありさまはいったい何なのか。個人は文明の重圧に押し潰《つぶ》されるしかないのか。そうした新時代の不安やストレスを克服するには、人間に、俺は神に優るとも劣らぬという自信を与えるのがいちばんだ。そんな欲求が、神智学の流行にひと役かった。

グルジェフはそういう流れの上にみずからの思想を組み立てたのだが、その内容はあくまで独特である。他の神智学系の思想ならたいがい、人間は神との壁を越えられるほどに初めからどこか優れた代物だと強調されるものだけれど、グルジェフは、人間を、放っておけばよそからの電波に踊らされるだけの操り人形にすぎないという。

グルジェフはアジアで何を聴いたのか

彼によれば、そもそも人間が自分こそ意志ある生き物で、地球やその他の星は意志なき死物だと思っているのが大間違いである。じつは意志ある生き物は星々やその上位にある絶対的な神のようなものだけで、人間はその付録の死物にすぎない。グルジェフにしたがえば、意志ある生き物を上位からカテゴライズして並べると、絶対的なもの、全宇宙、全太陽、太陽、全惑星、地球、月の七つになる。そして上位のものはそれぞれの下位のものへと波動を送っている。下位のものは上位からの波動によって支配され、より高い境地へと導かれる。

ところが七つのカテゴリーのあいだには波動の伝わりにくいところがある。その箇所を教えてくれるのは下行長音階だ。七つのカテゴリーは、順にドシラソファミレの七音に対応する。その意味で下行長音階は宇宙の真理を表している。その音階では、ドとシ、ファとミだけが半音で、残りは全音だ。つまり二カ所だけ距離感が違い、波動も狂ったり届かなかったりする。ドとシは絶対的なものと全宇宙、ファとミは全惑星と地球だ。この二カ所での波動の乱れが、この世界の不安定要因にもなる。

そこで意志ある地球はこの難題を克服すべく全惑星からの波動を受信する一種のラジオとして人間を作った。星こそが生き物で人間が死物とはそういうことである。ところが、この人間というラジオには欠陥がある。ゆえに全惑星からの波動があいかわらず地球に正しく伝わらない。地球環境の異常も、人間個々が自分の人生を狂わせたり、病気になったり、戦争したりするのも、すべて受信状態の悪いせいなのである。

ではどうする？　まず人間はみずからの意志で何かをしているという錯覚から醒《さ》め、おのれがただの受信機にすぎぬと知らねばならない。次には受信機の性能を改める努力だ。感度が上がれば全惑星はもとより、最上位の絶対的なものの波動さえ正しく受信できるようになる。そうなれば、波動に操られる存在に変わりはなくとも、神の領域からじかに正しい影響を受けるのだから、ただの受信機でも神同然になれる。ここに来てグルジェフの思想はやっと神智学らしくなるのだ。すると感度はどうすれば上がるか。グルジェフによると、下行長音階に示された真理を体得すればよい。ドとシ、ファとミの二カ所で波動が曲がることを知り、その曲がりを矯正《きょうせい》すべく、半音で進行するところでみずからの受信機としてのテンション、心身のエネルギーを高めてやるようにすればよい。

そのためにグルジェフは、音楽と舞踊を組み合わせた独自の行法を提案する。半音に直面したらテンションを上げ、受信に歪みの生ぜぬよう自己を鍛練するのだ。そこでグルジェフは行法用にみずから作曲し、ハルトマンの助けを借りて繰り返し演奏に耐える音楽をしたてるようになる。その音楽は長音階のなかでの半音の箇所を強く意識させるものとなろう。ドシファミの下行する四音音階か、ミファシドの上行する四音音階が、それなりに基軸となるような音進行だ。そしてこの四音をつまびくなら、それはどうしても東方的に響く。

たとえば、ハルトマンがグルジェフと一緒に革命の混乱を避けてグルジアに長逗留《ながとうりゅう》した一九一〇年代末、その地でハルトマンに作曲を学んだ、同じくサンクト・ペテルブルグからの避難者、アレクサンドル・チェレプニンは、のちにコーカサスの多民族の音楽の五音音階を総合しアジアの精髄を表現する音階として、多数の半音を含む九音音階を創案したが、その運用においては、上行時にはシド、下行時にはファミが重視されることが、ここで思い出されてもよい。ドシファミないしミファシドにはアジアが漂《ただよ》うのだ。とにかく、その四音の東方的な感触は、若き日にグルジェフがチベットやシルクロード沿いを旅して回った経験の反映でもあるのだが、その音感は長音階中の半音程を強く意識せよという哲学に増幅される。そしてその四音音階にいろいろな音が付加して、五音音階や六音音階や原型の七音長音階に融通無礙《ゆうずうむげ》に化けてゆくことで、アジアのどこも、はたまたビザンチンともグレゴリオともつかぬ、汎ユーラシア的グルジェフ節が紡《つむ》がれてゆく。そのような音楽、そしてそれとは切っても切れない理屈でできた神秘思想が、ギリシアやアルメニアやロシアといった欧亜の境界上の人々によってはぐくまれ、その周辺に、汎アジア的美学を日本作曲界へと持ちこむことになるチェレプニンまでいた構図は、いかにも音楽史の裏街道の恐るべき一章だ。

麻原やカッサパも、せめて彼らの爪の垢《あか》でも煎《せん》じて飲めば、ロシア人のオーケストラを使うにふさわしい、少しましなものがやれたろうに。

［二〇〇五年四月号］

10　ドビュッシーの前にひざまずくヒンデミット

ダルな親父は緻密さに泣く

アンゲルブレシュトのドビュッシーは、作曲家の時代の息吹を伝える別格の演奏だという人がいる。たしかにそれは、とても柔軟で、よくぼかしのかかった耳ざわりをもっ

ヒンデミット／ウェーバーの主題による交響的変容、主題と変奏曲《四つの気質》、交響曲《画家マチィス》
サロネン指揮ロスアンジェルス・フィルハーモニー管弦楽団、アックス（p）［ソニークラシカル 2005年10月］

ている。ドビュッシーの音楽は象徴主義や印象派とよばれる。象徴主義とは、対象を直《ちょく》截《せつ》に生のままにではなく、何かに象徴化して描こうとする態度だろう。印象派はというと、ギラついていない光やふわふわした大気や靄《もや》や霧など、かたちの定かでなく、重力から解放されて浮遊しているようなものに関心をよせる芸術運動だった。ようするにドビュッシーは、生々しくなく、軽やかである。そういう音楽に対応する演奏ができた人が、ぼかしをかけるのが上手なアンゲルブレシュトだというのは、なるほどもっとものようにも思える。

しかし、アンゲルブレシュトはドビュッシーをまったくわかっていないと、非難した同時代人もいる。たとえばケクランである。ドビュッシーの朦朧《もうろう》さは、あたりまえだが、なんとなく鳴らせばなんとなく朦朧とするといったものではない。作曲家は、微に入り細をうがって、朦朧さを構築しているのだ。そのドビュッシーの思考と実践が、理想的に正確に精妙に演奏されてこそ、朦朧とした音楽ははじめて真価をあらわす。ところが、アンゲルブレシュトは、ケクランによれば、たんなる気分屋である。細部に無頓着《むとんちゃく》で、ダルで、雰囲気で幻惑するのが、アンゲルブレシュトだというのだ。スコアを精緻《せいち》にリアライズしてこそ理想の朦朧さを得られるはずのドビュッシーを、もやもやと感覚的にやっては、朦朧の二乗となって、たんにわけがわからなくなるだけだ。

すると、ドビュッシーの意図する朦朧さを正確に理想的に実現する演奏とは、どういうものなのか。精緻に磨けばいいのなら、象徴主義や印象派の音楽は、シューリヒトやセルのような新古典的アプローチで演奏すれば大丈夫なのか。いや、話はそう単純には収まらないだろう。なぜなら、ドビュッシーの音楽は、《牧神の午後への前奏曲》が登場した一八九〇年代の段階ですでに、西洋近代音楽の伝統を根底からひっくりかえすほどに新しかったからである。その新しさをよく理解しなくては、ドビュッシーにふさわしい演奏様式も出てこられないだろう。となれば、それをすぐ理解し、いきなりよい演奏をするのは意外に難しい。そして、その新しさの理解には、思いのほか時間がかかったようなのである。

ドビュッシーの新しさとは、当節流行の言葉をもちいれば、西洋近代音楽に常識破りの「経済設計」を持ちこんだところにあるだろう。西洋近代音楽の歴史は、頑健な基礎作りの歴史だった。調性が定められ、そこに生まれる主音と属音と下属音との重力関係がガッチリとした秩序の枠組みを作った。そして、主音を土台とする和声の体系が編まれ、それは西洋近代の美意識にしたがったというべきなのか、多く低音に配分された。バロック音楽の通奏低音しかり、ピアノの左手しかり、近代オーケストラの充実した低音部しかりである。そこから音楽と建築のアナロジーも生まれる。みなぎった低音に支えられてこそ高音が屹立《きつりつ》するという音楽のありようが、確かな基礎の上に築かれる石造りか鉄骨の建物を思わせるのだ。この発想はやはり特殊西洋的だろう。日本の三味線音楽をいくら聴いても、音楽と建築は容易に結びつかないだろう。とにかく、低音を基礎とし、重心を低くした西洋近代音楽の姿は、建築とは凍った音楽であり、音楽とは動く建築であるという連想を、説得力あるものにした。

ドビュッシーは、音楽とは頑健な基礎の上に定位されるべきだという、こうした考え方に異を唱えた。そもそも、曖昧さや重量感のなさとつなげられる彼の音楽的想念は、堅固な土台とあいいれない。ゆえに、主音が強い重力を発揮する型の音楽からの脱却がめざされる。《牧神の午後》の冒頭のフルート独奏からして、主音はぼかされつづけ、しっかりした土台の形成はさまたげられる。が、そうした話だけなら、リストやワーグナーの例もあるし、ドビュッシーよりもはるかに極端に主音のない音楽を探求した新ウィーン楽派の面々もいる。とりたててドビュッシーをほめそやす必要もないかもしれない。

ごつい親父は「経済設計」に泣く

ならば、ここでさらにもうひと押し、ドビュッシーを際立たせるものは何か。それは、非西洋音楽からの影響をよく消化したことだと思われる。たとえば、日本の雅楽には、和声的動きはあるが、その主たる担い手は高音楽器の笙《しょう》である。旋律が動くのと同じか、もっと上の高さで、コードが鳴っている。よって、重心は高く感じられる。アジアにはそういう音楽が多い。土台が脆《もろ》いと建物なら倒れる心配がある。しかし、音楽ならなりたつ。そこからは、西洋近代音楽には望みにくい、浮遊感や無重力感が生じてくる。ドビュッシーは、そういうアジアに学んだのだろう。彼は主音の呪縛《じゅばく》からだけでなく、低い重心からも逃れた。といって彼は、低音を捨てたのではない。ドビュッシーは、低音に基礎をおくヨーロッパと、高音から吊り下がるアジアを和解させようとしたのかもしれない。彼は「経済設計」の腕を磨き、低音に支えられて高音があるのではなく、低音も高音も対等にあり、均衡しあうような響きを編み出した。そのようにしてドビュッシーは、西洋近代音楽を革新した。

ドビュッシーをそういうものと捉えられるなら、それにみあう演奏をするのは、やはりひと苦労だろう。演奏家はまず、低音に拘束され、腰を低く構えがちな西洋近代の耳から解放されねばならない。そのためには、パリ万博でアジアの音楽を聴いたドビュッシーのように、非西洋の音楽に触れ、西洋近代を相対化する知恵を身につけなくてはならないだろう。それから、主音と属音と下属音の重力関係から音楽のフォルムを探し、ドラマを見きわめてゆく演奏慣習からも自由にならねばならない。無重力状態のなかをスイスイとひっかかりなく漕《こ》ぎ渡るような音作りを体得しなくてはならない。そのためには、ドビュッシーのみならず、新ウィーン楽派以後の無調音楽に親しむ必要があるだろう。

けっきょく、そんな演奏家は、ブーレーズまで現れなかったように思う。ブーレーズは新ウィーン楽派以後の音楽の演奏経験を重ね、作曲家としても、ドビュッシーやヴェーベルンやアジアの音楽の影響のもと、《主のない槌《つち》》などを創作した。そういう演奏家を得て、ドビュッシーはようやく、なんとなく朦朧なのではなく、精緻に朦朧に響くようになった。そのときには作曲家の没後、半世紀以上は経っていた。新しい音楽をそれなりに理想的に演奏できるようになるには、そのくらいの時間が必要なのかもしれない。

それからさらに何十年かたち、ドビュッシーや新ウィーン楽派以後を、はじめから主たるレパートリーとし、ブーレーズのように無重力的に明晰《めいせき》にスイスイとやれる演奏家が増えてきた。指揮者サロネンも、そのひとりだろう。そして、そうした演奏法は、ドビュッシーなどにだけ、適用されるわけでもない。何を振っても、フルトヴェングラーはデフォルメがきつくなり、アンゲルブレシュトは気分を出し、セルは雑巾を絞ってしまう。演奏家は曲によって、それほど大胆に演奏様式を使い分けられるものでもない。だからレパートリーの設定が重要になる。

たとえば、ブーレーズは、ドビュッシーや新ウィーン楽派、およびそれに関連する音楽を振りたがっても、ヒンデミットをやらない。なぜなら、ヒンデミットは、主音や根音あってこそ音楽、重心低く建築のアナロジーになってこそ音楽だと唱えつづけた、いわば「抵抗勢力」の代表だったから。無重力的アプローチは、ヒンデミットにはほんらい、不向きのはずなのである。

ところが、サロネンの世代になると、そのあたりにもう頓着しない。ヨコの動きもタテの響きも、全部が滑らかにスルスルと均衡する音作りが、ドビュッシーや新ウィーン楽派以後にかぎらず、幅広く有効と信じている。それは、ベートーヴェンやブラームスよりも、ドビュッシーやシェーンベルクを身近に感じ、世界の音楽に耳を開いて育った、当世の音楽家の自然な感覚なのかもしれない。それから、現代の資本主義的社会が民主化や情報公開や流動化に価値をおいていることとも響きあっているような気がする。今の世の中も人間も、なにごともすみずみまで明晰に均等に滑らかに見渡せるのが好きなのである。

そうして誕生したサロネンのヒンデミットは、従来の演奏よりも、低音はよりめだたなくされ、日陰にいがちだったパートはより浮き立たされて、結果、諸声部、諸音域のすべすべした均衡が達せられている。これはもう本来のこの作曲家の姿ではないかもしれない。まるでドビュッシーの前にひざまずき、改心を誓ったヒンデミットである。ごつくてなんぼの彼が、痩身《そうしん》の洒落《しやれ》者になってしまった。が、その姿はとても新鮮ではあるのだ。「抵抗勢力」も、このように宗旨替えすれば、二一世紀に生き残っていけるのか。

喜べ、そして悲しめ、ヒンデミットのために！

［二〇〇六年一月号］

11　鉄道の落魄

乗る阿房・聴く阿房・震える阿房

内田百閒《ひやつけん》に「阿房《あほう》列車もの」とよばれる一連の散文がある。阿房とは踊る阿呆の阿呆に近い。踊る阿呆は踊るだけでそれ以外になんの目的もないから阿呆だが、「阿房列車」

の阿房もただ列車に乗るだけの阿房である。列車に乗ったら普通は目的地があるが、「阿房列車」の阿房は列車に乗っていればいいので、行く先はかまわない。つまり列車に乗れば満足という阿房で、そういう阿房の乗る列車はみな阿房列車なのである。しかし列車の何が人を阿房にさせる？　踊る阿呆は踊りで身体を悦ばせ、一種のトランス状態に入るのだろうが、列車の阿房は何に悦ぶ？　車窓を移ろう風景だろうか。が、暗くなれば外はよく見えない。にもかかわらず阿房が朝も夜も列車に乗りたがるとすれば、視覚の他の悦べる何かがあるのだろう。

ここで《鉄道唱歌》を想い起こそう。それは「窓より近く品川の」とか、東海道沿いの叙景にこだわるようだけれど、第一番の冒頭にかぎれば「汽笛一声」である。目に先んじて耳なのだ。外の景色が見えぬことがあっても、騒音に加えて振動が列車から除外

ハリー・パーチ／《U・S・ハイボール（スリムの大陸横断放浪の旅を巡る音楽物語）》（ジョンストン・編）
クロノス・クァルテット、デイヴィッド・バロン（vo）［ノンサッチ　2003年10月］

できるときはない。列車の阿房は踊る代わりに騒音と振動でトランス状態に入るのではあるまいか。そのつもりで百閒の一連の文章を読めば、そこには音や振動の描写が度外れて多いと気づく。本当の鉄道好きは目より耳を働かすものか。

ところで、そういう列車の騒音や振動は、鉄道に乗る経験において、けっして気まぐれにはやってこない。シュシュポポでもガタンコガタンコでもよい。必ず繰り返しと結びついている。列車の阿房を魅惑するのは、たんなる騒音や振動ではなく、あくまでその反復である。

たとえば本居長世《ながよ》はそのことをよく知っていた。彼の作詞作曲した童謡《汽車ポッポ》は「機関車と機関車」「なんだ坂こんな坂」「トンネル鉄橋トンネル鉄橋」などなど、言葉を執拗に繰り返し畳みかけ、誰にも反復の魔を気づかせることによって、風景に偏った《鉄道唱歌》とは段違いの迫力で、鉄道の肝腎かなめに肉薄している。

しかしその肝腎かなめは音楽の肝腎かなめとなんとよく似ていることか。そもそも《鉄道唱歌》や《汽車ポッポ》の存在が鉄道と音楽の相性のよさを端的に物語っているし、鉄道好きと音楽好きがしばしば重複していて、百閒からして宮城道雄に箏を習うほどの大の好楽家であったことも、ここで気に留めておきたいけれど、とにかくそのように鉄道と呼び交わしあう音楽の肝腎かなめといったら、やはり反復である。《鉄道唱歌》の、歌詞が何十番も続き旋律が繰り返されていつ果てぬありさまも、壮大な反復に違いなければ、音楽技法としてのオスティナート、楽曲形式としてのカノン、フーガ、パッサカリア、シャコンヌと、これらはみな繰り返しであり、赤裸々な反復を嫌い楽案の展開に腐心するソナタ形式とて、展開部を主題の反復・変容ととらえられるなら、提示部と再現部というのは反復に充ち満ちるものだから、繰り返しの眷属《けんぞく》ともいえる。アジアやアフリカの民族音楽もまたしかりである。

だいたい音楽は鳴ればすぐ消える音を聴く者に覚えさせつつ脈絡をつけていこうとする面倒なもので、その覚えには反復による刷りこみが手っ取り早い。別の言い方をすれば、繰り返しの嫌いな人は音楽好きになれぬだろうし、鉄道にただ乗っているのもうんざりだろう。音楽の阿呆と鉄道の阿房は反復嗜好《しこう》症という共通の病をもっている。そういえば、枕木に仕切られながら延びてゆく二本の鉄路のヴィジョンは、小節線で区切られながら連なってゆく五線譜と似ているようにも感じられる。

シュシュポポ・ガタゴト・ビュワーン

ここで鉄道の歴史を振り返れば、蒸気機関車の発明は一八〇四年、イギリスに鉄道が走ったのは二五年、アメリカでは三〇年、フランスでは三二年、ドイツでは三五年、そして五〇年頃までには欧州主要国にのきなみ鉄路が敷かれた。

この時期に「文明国人」は鉄道の反復的性格を身に沁みわたらせ、ただならぬ騒音や振動を体験し、それに適応していったのだろうが、ちょうど同じころに、ベルリオーズやワーグナーが管弦楽編成を膨脹《ぼうちょう》させ、刺激的大音量を追求し、音楽史を革新したのは、やはり偶然とも思われない。彼らの繰り広げた大音響を、鉄道という新文明と過度に結びつけるのは奇妙としても、鉄道に工場や大砲の響きが込みになった近代的にやかましい音の体験が、彼らとまったく無縁ということもあるまい。

たとえばワーグナーの〈ワルキューレの騎行〉は、表向き天翔ける戦士の音楽であるけれど、実際にその響きの拠ってきたるところとなれば、まだ見ぬ未来の飛行機より、重低音のリズム反復に支えられつつ地上を驀進《ばくしん》する機関車であったろう。そのへんを端緒にすれば、鉄道から音楽史に一瞥《いちべつ》をくれもできるだろう。音楽の肝腎かなめたる繰り返しは、一九世紀以来、鉄道と手を結んで強度を増し、鉄道の騒音や震動にみあうものとして音の厚さや大きさも追求され、その果てにストラヴィンスキーの反復と大音響を結婚させた原始主義や、工業的騒音をそのまま音楽とみなしたいマリネッティ流の未来派や、大管弦楽と鉄道の響きの直截なる出会いを謳《うた》い上げるオネゲルの《機関車パシフィック２３１》にも出るといった具合に。

このような鉄道と音楽の裏に表にの協調は、音楽が一般的に反復に頼り、地面を走る鉄道が存在するかぎりは、いちおう絶えはせぬだろう。が、とくに西洋クラシック音楽の流れに絞るなら、音楽と鉄道の蜜月、その黄金の日々はとうの昔に終わっているのかもしれない。

たとえば山中恒《ひさし》作詞、湯浅譲二作曲の《走れ超特急》では、超特急はもはや「シュシュポポ」ではなく「ビュワーンビュワーン」と走るからものすごいというだけではもはや子供を説得できず、「とんでく」ように走るからたいしたものだと落ちをつけられる。飛んでくのはむろん、飛行機である。飛行機がイメージの上位にあるのだ。このように鉄道は二〇世紀後半の童謡のなかでさえもう落魄《らくはく》している。

そして、近代特有の病にとりつかれ、つねに最先端の何かを想像力の原基に活用せねば気のすまなくなっていた西洋クラシック音楽史は、《走れ超特急》にはるかに先んじる世紀の前半のうちに飛行機への乗り換えを模索しだしていた。たとえばマルケヴィッチの《イカロスの飛行》（一九三二）におけるイカロスが飛ぶ音楽は、もはや〈ワルキューレの騎行〉のような重厚な機関車突進型ではなく、現実の飛行機に即した、薄く軽やかなテクスチュアを志している。そこにはリズミックな反復もなお在るが、それは肉厚なバスとは無縁で、東南アジアのガムランの甲高い響きを真似て軽やかな高音に偏している。

が、音の質感を変えたところで、反復にこだわっていては飛行機時代の音楽として物足らぬともいえる。プロペラの回転はたしかに反復だが、それは速すぎてもはやガタゴトの範囲ではとらえられぬし、ジェット・エンジンやロケット・エンジンとなったらますます反復からかけ離れる。となるとそれにみあう響きは、明確なリズムや音型の繰り返しを排した、つかみどころのないエネルギーの引き延ばしのようなものになるだろう。そしてじっさい、いわゆる「現代音楽」はその方向にも傾いていった。鉄道の落魄と「現代音楽」の誕生には少々の関係があるようにも思われる。

では落魄してしまった鉄道はどうなったのか。たとえばアメリカの作曲家ハリー・パーチによって引き取られたのである。パーチは近代世界から落ちこぼれたものを拾い集めいじり回す、ガラクタ市のような作曲家で、その姿勢は、平均律半音体系から外れた純正律や微分音程を用いるとか、近代における音楽の主流とはみなされない世界各地の民俗的・民衆的音楽で用いられる楽器をモデルに新楽器を創作してみせるとかに表れたのだが、《U・S・ハイボール》でも、あぶれ者を束にするというパーチらしさが如実に示される。すなわちこの作品は、貨物列車の屋根の上に乗って北米大陸を移動する一種の棄民たちがその列車上で交わす地口や洒落《しやれ》の言葉とイントネーションを正確に微分音も用いて記譜し、それを語り歌う声に、くたびれた汽車のリズムの繰り返しをたっぷり模した器楽を付けたものなのだ。そこでは、落魄した人間としての棄民と、落魄した交通機関としてのボロ汽車と、落魄した音程としての微分音という、三重の落魄が引き受けられる。この曲が、今後は飛行機の時代ということを世界に強く印象づけた第二次大戦のさなかに作られたとは、あまりに当を得ている。

これら落魄したもののうち、微分音は今日、やや復権しているが、棄民はますます世界を覆い、鉄道はいぜん大事ではあるけれど、時代の夢を担えはしない。リニアモーターカーの時代になればまた変わるかもしれないが、肝腎かなめの騒音と振動の反復がだいぶ減るから、鉄道に乗る経験はまったく別物になるだろう。そのとき鉄道と音楽の伝統的関係にもついに終止符が打たれる。

［二〇〇四年一月号］

12　ショスタコーヴィチと日本の恋愛

ショスタコーヴィチ式恋愛術・ブルジョワ篇

「どうもご隠居、おひさしぶりでございます」

「熊さんかい。最近は何を聴いているんだい」

「モーツァルト・イヤーというのでケッヘル何番ばかりでしたが、ショスタコーヴィチ・イヤーとも聞き、その道にも励んでおります」

「二〇〇六年九月二五日で、生誕百年だからねえ」

ショスタコーヴィチ／ヴァイオリン協奏曲第一番イ短調　作品99、プロコフィエフ／ヴァイオリン協奏曲第一番ニ長調　作品19
サラ・チャン（vn）、サイモン・ラトル指揮ベルリン・フィルハーモニー管弦楽団［EMI　2006年3月］

「難しい音楽と決めつけておりましたが、聴きますと、楽しく元気になる曲も多いような。サラ・チャンとラトルのヴァイオリン協奏曲第一番など、生気潑剌《はつらつ》、鼻血が噴き出るほどで」

「熊さんの齢だと最初からヴォルコフ編の『ショスタコーヴィチの証言』の価値観で育ったろうから、ややこしく思ったのも無理ないね」

「二重言語とか、ダブル・ミーニングとか。喜んでいるときはじつは悲しんでいて、悲しんでいるときはじつはその逆。なかなか腹の割れない作曲家というんでしょ。わけがわかりませんや」

「昔はもっとまっすぐな音楽として聴いたものだったよ。ヴァイオリン協奏曲第一番で真っ正直に恋愛する映画まであったくらいだから」

「へえ、そりゃ何ですかい」

「石原裕次郎が日活で売り出したころ、『陽のあたる坂道』という文芸映画に主演してね。石坂洋次郎の小説を、人物を丹念に造形することで定評のあった田坂具隆《ともたか》という名匠が監督した。彼の演技指導はショスタコーヴィチの動機労作くらいしつこくたっぷりとしていて、おかげで裕次郎も芝居の腕が上がったといわれたものさ」

「その映画にショスタコーヴィチが？」

「そうじゃない。それが大当たりしたので、日活は、同じ石坂原作、田坂監督、石原主演で、第二作を撮った。『若い川の流れ』という、一九五九年の正月映画でね。裕次郎と、のちの裕次郎夫人の北原三枝、現藤竜也夫人の芦川いづみ、まじめな二枚目の小高雄二、それから、新劇界の重鎮で、関東大震災のときに千駄ヶ谷で〝不逞《ふてい》朝鮮人〟と間違えられ、あやうく自警団に殺されかけ、つくづく日本を酷《ひど》い国と思い、その記憶を忘れぬため千駄ヶ谷のコリアンをもじって芸名にした、千田是也《これや》などが出ている」

「強烈なネーミングですねえ」

「裕次郎は大企業のサラリーマン。彼を同僚の三枝が慕《した》う。が、三枝は重役の千田と不倫しかかった経験があり、その贖罪《しょくざい》意識から、千田にその娘のいづみの婿《むこ》候補として、自分の愛する裕次郎を推薦してしまう。それで裕次郎といづみは急接近するが、いづみはクラシック音楽ファンで、そちらの趣味のあう、裕次郎の大学時代の友人、小高のほうを、内心は気に入る」

「ずいぶんごちゃごちゃしますね」

「なにしろ若い川の流れだから、あちこちにずれていってしまうのさ。裕次郎も三枝もいづみも小高も、それぞれに遠慮があって、自分の気持ちに正直になれない。その流れをまっとうに整理するのが、じつはショスタコーヴィチだ」

「いったい、どういうことですかい」

「ある晩、千田の屋敷で、いづみの誕生パーティが開かれ、主要登場人物が一堂に会する。はじめのうちはジャズで享楽的《きようらく》に皆で踊る。ところが一段落すると、いづみが思い切って小高を自室に誘う。その文句がすごい。ねえ、二、三日前に、ショスタコーヴィチの新しいLPを手に入れたのよ、片面だけでも聴いてみてよ！」

「クラヲタを泣かせる台詞《せりふ》ですねえ」

「それで、二人が聴き出すのがヴァイオリン協奏曲第一番の第二楽章のスケルツォだ」

「そいつは、誰の演奏ですか」

「さあ、『レコード芸術』五八年八月号の推薦盤にもなっている、オイストラフとムラヴィンスキーではないかしらん。とにかく、この曲が始まり、ジャズをけちらすと、映画の雰囲気は一変する。魂の真剣勝負になる。いづみと小高はひたすら聴く。それをBGMに、庭では裕次郎と三枝が愛を囁《ささや》く。居間では、千田と山根寿子《ひさこ》扮するその妻までが、長年のわだかまりを解こうと、語り出す」

「スケルツォの迫力に乗せられるわけですか」

「というか、ここでのショスタコーヴィチは、あくまで人間を真っ正直にするストレートな音楽の象徴なんだよ。その逆のかりそめのとり繕《つくろ》いや嘘の演技の象徴になるのがジャズだ。ジャズがショスタコーヴィチに切り替わったとたん、それぞれの本音が湧きだしてくる。そしてスケルツォが終わって、いづみがLPをB面に返そうとするとき、彼女は小高への恋心で上気して思わず手が滑り、LPを床に落とす」

「あらまあ、なんてこった い！」

「いづみも小高もLPを慌てて拾おうとする。二人の手が重なり、抱擁《ほうよう》へ。そのとき、いづみの軸足はLPを踏み、接吻《せっぷん》で力んでバリッと割れる。それが愛の成就の響きなんだね」

ショスタコーヴィチ式恋愛術・左翼学生篇

「LPが可哀相ですねえ」

「大作曲家を踏み台に恋が実るのだ。ショスタコーヴィチも本望だろう。いづみの部屋にはベートーヴェンの小さな胸像が置いてあり、それが二人を祝福し、〈歓喜の歌〉も流れてくる」

「とつぜん守護神交替ですか。なにか安直なような」

「いや、そうでもないさ。少なくとも戦後しばらくの日本では、ショスタコーヴィチは現代のベートーヴェンという意見がけっこう支持されていた。人間の前向きな感情を直截《ちよくせつ》に赤裸々に表現する点で、二人は時代を超えて同じものというわけだ。だからこそ、ショスタコーヴィチを聴いて皆が自己の本心に誠実になる『若い川の流れ』のシチュエーションも成立したのだよ」

「すると、いつからそうでなくなったので」

「じつは『若い川の流れ』のころが、裏表のないストレートなショスタコーヴィチ像を多くの人が素直に信じられた末期なのかもしれないねえ。というのも、翌六〇年の一〇月、安保騒動がすんで四カ月後には、同じ作曲家をまったく別の観点からとらえた松竹映画が封切られているから」

「そいつは何という?」

「大島渚《なぎさ》監督の『日本の夜と霧』だよ。これは戦後日本左翼学生運動史のような映画でね。非共産党員だが、左翼的民主主義に希望を見出し、運動にも参加する、相思相愛の渡辺文雄と小山明子が出てくる。特定の政治組織の道具にされたくはないが、自由に前向きに主体的に、明るい未来を考え、そのときどき好きなように運動したいという、純情なカップルだね。この二人に目をつけ、オルグしようとするのが、共産党系学生組織の指導者、吉沢京夫《たかお》だ。彼はカップルを自分のアパートに誘い、LPを聴かす」

「またショスタコーヴィチですかい」

「交響曲第五番《革命》の第一楽章だ。そしてこう言う。ショスタコーヴィチってえのはだなあ、社会主義リアリズムの音楽における最高の成果なんだ、アメリカでもそうとう人気があるらしいよ、才能と実力さえあれば、イデオロギーの違いを飛び越えて、人を惹きつけるんだな」

「まるで判で押したように実のない台詞ですね」

「ところが小山明子は参ってしまう。『ソ連共産党史』なんて書名の見える本棚を背に、いっちゃった目をして《革命》に聴き惚《ほ》れ、心変わりする。ナイーヴな自由人の渡辺よりも、教条主義を笠に着た吉沢に惹かれ、ついに結婚する」

「またもショスタコーヴィチで愛ですかい」

「吉沢と小山の式には、この映画の音楽担当者、真鍋《まなべ》理一郎による、ショスタコーヴィチを模した仰々《ぎようぎよう》しい音楽が流れ、おまけに、意味深長というべきか、仲人の左翼大学教授を演じるのは、日本にショスタコーヴィチを紹介した代表者のひとり、芥川也寸志の兄、比呂志《ひろし》なんだな」

「凝《こ》ったしかけというわけですか」

「そのようにして大島は、個人の自由でストレートな感情を圧殺し、組織の論理の型に嵌《は》める点では、自民党政府も日本共産党も、ソ連もアメリカも同じだと批判したのであり、《革命》はそういう堅苦しさの象徴にされるんだね」

「たしかにこいつは、作曲家像の逆転だ」

「ヒューマンな熱気をストレートに伝える作曲家から、大袈裟なばかりの作曲家へ。やはりソ連の看板を背負っているから、スターリン時代の真相がさらされ、ハンガリー動乱もあってとなると、『日本の夜と霧』的な解釈が勝ってゆく」

「それを崩したのがヴォルコフの本ですか」

「権威主義に凝り固まりすぎた作曲家像をご破算にするには、とても有効だったね。どんな作品にもじつはウラがあるというのだから」

「しかし、あんまり一筋縄ではいかないというので、とっつきが悪くなった面もありますねえ。おまけに、ほとんど偽書というのでしょう」

「でも、それで教条主義的堅苦しさがとれたことは大きいよ。だからこそ、音楽そのものをあらためてストレートに楽しもうという昨今もあるのだろう。最近のヒラリー・ハーンやハンナ・チャンやサラ・チャンの演奏は、いわば『若い川の流れ』のころに戻ってきている気がするね。一途で情熱的な恋愛の応援歌にもなりそうな」

「なるほど。ご隠居、おいらもやりますよ。ショスタコーヴィチで、必ず幸せになります」

「まあ、せいぜいしっかり、おやりなさい」

［二〇〇六年七月号］

13　ニーノ・ロータにはまだ名盤がない

「この作品が広大な人類に対し働きかける日」はいつ来るのか

二〇〇〇年一月、東京で飯守泰次郎が新響を指揮し、諸井三郎の交響曲第三番をやった。私はその演奏解釈に驚いた。こんな諸井がありなのか？

諸井は日本近代を代表するシンフォニスト。交響曲の数は五つで、一九四四年の第三番はなかでも最上だろう。第二次大戦の前後、日本に住んだドイツの鍵盤奏者、ハーリヒ＝シュナイダーは、「この作品が広大な人類に対し働きかける日の来ることを望んでやまない」（吉田秀和訳）とまで称えている。つまり世界的名曲の列に加わって当然というわけだ。ところがこの曲は二〇〇一年現在までわずか五回しか演奏されていない。五〇年に山田一雄が二回、七八年にふたたび山田が一回、九六年に本名徹次が一回、そして飯守である。レコード録音もない。私は七八年の山田の演奏で作品に初めて接し、次の本名も聴いた。

その交響曲は、おのおの「精神の誕生と発展」「諧謔《かいぎゃく》について」「死に関する諸観念」と作者のよんだ三楽章からなる。それらの標題を作曲年代が戦争末期であることや具体的曲想と結びつけてみれば、誰しもすぐ次のごとき物語を描けよう。すなわち人間か国家が力強く成長するが、戦争スケルツォに死へと追い立てられ、ついに悟りの境地へ……。たとえば八分の五拍子のスケルツォは四分の二拍子＋八分の一拍子で演奏するよう指示され、そこにこだわって最後の一拍をきつく立てれば、いかにも戦争的に辛《つら》げな音楽になるし、終楽章の中ほどを占める半音階的部分はもたもたやれば、まさに死を前にしての混迷を表すようで、続く変ロ長調でいっぱいに鳴るコーダは、低音を厚くやれば、まったく死への諦念、黄昏《たそがれ》の大日本帝国への壮大な挽歌としか聞こえない。そして

ニーノ・ロータ／ピアノ協奏曲ハ長調、同ホ短調《小さな古代世界》
トマッシ（p）、ムーティ指揮ミラノ・スカラ座管弦楽団［EMIクラシックス　2000年5月］

じっさい、山田や本名はそのように演奏した。が、飯守はそんな演奏の伝統をみごとひっくり返した。彼はスケルツォをリズムに角を立てず、じつに軽く楽天的に演奏した。さらに彼は終楽章もなんの悲劇性も感じさせず、ひたすら即物的に磨き上げ、コーダもオケ・バランスをござっぱりと、まるで能天気に鳴らした。音楽から戦争も死もすっ飛んだ。

はて、こんな諸井の三番があっていいのか？　むろんいいのだ。たとえばショスタコーヴィチの交響曲が時代精神から切り離され、それにより曲の別の魅力が開示された演奏例をわれわれは知っている。同じストラヴィンスキーが土俗的だったり都会的だったりする例などいくらもある。そして当然ながら、名曲とよばれるに値するはずの音楽が現実に名曲たらしめられてゆくには、相異なる志向のさまざまな演奏の蓄積により曲の可能性の洗われる過程が不可欠なのだ。諸井の三番の場合は、あまりに不遇だったので、ハーリヒ＝シュナイダーが予言した名曲化への道を歩むのに必要な演奏史の最低限の蓄えを築くのにさえ、曲の完成以来、五六年もかかったというわけ。まったく気の遠くなる話だ。

アレグロ・トランクイロが正しく演奏される日はいつ来るのか

さて、本題の、トマッシとムーティによるロータの協奏曲集のことである。この演奏を聴き、私は飯守の諸井に接したのと似た経験をした。つまりそれは、知っていた曲の姿とあまりにかけ離れていた。こんなロータがありなのか？

もっとも知っていたといってもたった一枚のCDによってにすぎない。シャンドスからバルンボの独奏とボニの指揮で九八年に出た、今回のEMI盤と同じ曲目のものがそれ。ハ調、ホ調の協奏曲ともそれが世界初録音だった。

では両者の演奏はどう違う？　ホ調の協奏曲の第一楽章冒頭でも聴き比べよう。まずシャンドス盤。曲はピアノ独奏のみで始まるが、その部分には映画『ゴッドファーザー』のためのロータのスコアを彷彿とさせる、いかにも感傷的に演奏されたがっているふうな動機がちりばめられる。そこをバルンボは期待にこたえ、深い霧の中をさまようごとく、遅く弱くおセンチに弾く。彼はその序奏にけっきょく九〇秒かける。次いで管弦楽の出となるが、ボニの指揮もピアノに呼応し、はかない響きを作るのに全力を傾ける。かくてここに現れるのはアンダンテ・トランクイロ（静かなアンダンテ）というくらいの世界だ。

が、この世界初録音盤の主張した演奏スタイルをEMI盤は覆《くつがえ》す。その内容はシャンドス盤とまるで正反対で、同じ曲と認知することさえ困難だ。具体的にしよう。バルンボが九〇秒かけた序奏をトマッシはなんと四〇秒で弾く。打鍵も強靭《きょうじん》で音は凛々《りり》しく、感傷は排除される。このピアノにまたムーティが呼応する。オケは金管やティンパニを押し立て、刺激的に鳴る。かくてそこに立ち現れるのはどう聴いてもアレグロ・ヴィヴァーチェなのである。

はて、この極端な差は何なのか？　どちらのロータがより正当なのか？　そこを推論するにはロータの作曲家としての位置を確認しておく要があろう。

彼は一九一一年、ミラノに生まれ、はじめ同地でピッツェッティに、次いでローマでカゼッラに師事した。そしてこの二人の師が、ロータの音楽に決定的な影響をおよぼしている。まずピッツェッティは音楽の本質とはリズムでもハーモニーでもなくメロディにあると喝破《かっぱ》した作曲家だ。しかもそのメロディは、あくまで雅《みやび》にゆったり静々と慎重に紡《つむ》がれてゆかねばならない。ピッツェッティはそういう立場から内向的な歌ごころに満ちた傑作を多く作った。いっぽう、カゼッラは明澄な新古典的美学に到達した作曲家。音は情念の湿り気とかとは無縁に、ドライに押し出しよく祝祭的に動き回らねばならない。そんなカゼッラは「イタリアのストラヴィンスキー」ともよばれた。

となればシャンドス盤とEMI盤の対照的な演奏のそれぞれ立脚するところはもう明白だ。つまりアンダンテ・トランクイロな前者はロータのピッツェッティ的資質を、アレグロ・ヴィヴァーチェな後者はロータのカゼッラ的資質を極大化している。その意味ではどちらのロータもあってよいのだ。

が、またどちらの演奏も、それが極端すぎるものであるゆえ、作曲家が作品に求めた最適の名演とは距離がありそうともいえる。じつはホ調の協奏曲の第一楽章にロータ本人が与えた速度・発想標語は、アンダンテ・トランクイロでもアレグロ・ヴィヴァーチェでもなくアレグロ・トランクイロだ。ようするに速いのに静かなのだ。

ロータはたしかに二人の対照的な師に影響された。しかし、といって、時と場合に応じ二人の作風を使い分けるなんて下手なエピゴーネンではけっしてなかった。彼は二人の師の様式を自分なりに止揚《しよう》しようとした。アレグロ・トランクイロとは、そんなロータの志を端的に象徴する言葉である。ピッツェッティ的な静謐な響きがカゼッラ的にスピーディに連鎖する。そんなタイプの名演が出てこそ、ロータの協奏曲も真に名曲の列に加えられ、安心立命することになろう。

とにかくシャンドス盤とそれに次ぐＥＭＩ盤の登場により、不遇だったロータの協奏曲も、ようやく曲の可能性を洗うための演奏史の最低限の蓄えを築け、名曲化へのとば口に立てたわけだろう。ロータのハ調は六〇年、ホ調は七八年の曲で、ＥＭＩ盤の世界初出は九九年ゆえ、そこまでいくのにかたや三十九年、かたや二十一年かかったことになる。諸井の五十六年よりましだが、やはり名曲への道は果てしなく遠い。

［二〇〇一年八月号］

14　ヴァントと大聖堂

ヴァントはケルンだ！

ケルン・ギュルツェニヒ管弦楽団の演奏をたった一度だけ、生で聴いている。

あれは一九八五年の春だった。大学生だった私は北欧・中欧をうろうろし、ケルンには一週間弱滞留した。いちばんの目あてはデュッセルドルフでの若杉弘指揮によるアレクサンダー・ゲールのオペラだったが、しかしその街はホテルが満杯。ならばと隣のケルンの安宿に居着き、そこでコンサートに通い、またケルンからデュッセルドルフやボンに出かけていた。そんななか、ギュルツェニヒ管の演奏会広告も目にとまった。かつてヴァントの率いたオーケストラではないか。聴かなくては！

オケの由緒ある本拠地、ギュルツェニヒでの当日のメイン・プロは、ストラヴィンスキーの《妖精の口づけ》。ギュルツェニヒ管はムジディスクのレコードで接していたヴァント時代よりずっと近代化され、メンバーも国際化し、といってとりたてて上手ではない、ようするに目隠しされて聴いたら、アメリカのB級オケと思いかねぬものに成り代わっていたけれど、ユーリ・アーロノヴィチの指揮はきわめて明快で、しかもこの人らしく妙に慌てていて、それがとくに《妖精の口づけ》にはよく、しばしばたるくしか演奏されないこの作品が、歯切れのいい新古典主義的バレエ曲としての本領を珍しく発揮していた。ヴァントもこのオケとこの会場でストラヴィンスキーを数多くやったはずだが、キビキビ度だけを比較すればきっとこんなだったろう。そう思うと、ヴァントの幻影を追って来たこの演奏会に急に心底から満足感がわき、ヴァントのあれこれを考えながらギュルツェニヒの外に出ると、夜のライト・アップされたケルン大聖堂、その高さ一五〇メートルにもおよぶヨーロッパ最大級のゴシック建築がいやでも眼前に迫ってくる。ギュルツェニヒと大聖堂は目と鼻の先だ。そのときふと確信した。ヴァントが音

ベートーヴェン／《ミサ・ソレムニス》、交響曲第三番《英雄》ヴァント指揮ケルン・ギュルツェニヒ管、キルシュシュタイン(S)、ドルーベ（A)、シュライアー（T)、モルバッハ（Bs)［テスタメント　2003年1月］

楽家としての後まで変わらぬ根幹をもうすっかり築いたといっていいギュルツェニヒ時代に、演奏会場のそばにいつもこの大聖堂が聳《そび》えていたのは絶対意味のあることだったのだ。より赤裸々にいえば、ヴァントのとりわけブルックナー演奏は、この燻《いぶ》し銀の大聖堂が演奏家の精神に投影された結果だったのだ。建物が演奏様式を決定づけるという奇妙な事態が、ケルンの音楽家ヴァントには起こった!

ミサ・ソレはプレ・ブルだ!

ヴァントはおおかたの評判どおり、いの一番にはブルックナー振りだったとやはり思う。私がその実演に初めて接し感きわまった、一九七九年一一月一六日のNHK交響楽団定期演奏会の曲目も、ブルックナーの交響曲第五番だった。

そのころ、高校生だった私には、ブルックナーは現代音楽より難解だった。朝比奈隆や山田一雄の指揮で実演に接し、フルトヴェングラーやらの録音も聴いていたが、そのたびに神経がもたなくなる。長さと見通しの悪さばかりが印象づけられ、重苦しい情趣が胸にのしかかる。朝比奈の雄大でロマンティックなアプローチも、山田やフルトヴェングラーの、もっと表現主義的な破調を含んだ熱演も、いたずらに空転するばかりとしか少なくとも小僧っ子の私には思われなかった。当時、朝比奈はその音楽をよく特大ステーキにたとえていたと記憶するが、こちらはいつもそれを消化できず食卓で果てる心境だった。

が、ヴァントのブルックナーはまったく違った。彼がまるでTVアニメ『ガンバの大冒険』に出てくる白イタチのノロイのような後ろ姿でタクトを操りはじめると、そこに、それまで私の接していた血の滴《したた》る巨大な肉塊か鬱蒼《うっそう》たる大森林のような形の定かならぬ音楽でない、未知のものが現れた。ヴァントはけっしてブルックナーをロマンティックに生動させなかった。彼はまことに冷徹な建築師か煉瓦《れんが》工か石工であり、情の入る隙のない堅牢ではりつめたリズムの上に、ひとフレーズひとフレーズを微視的に完結させてゆく。レンガや石が決まったかたちに切り出されるごとく、小さな世界がひとつずつできあがり、それが淡々と積まれゆくだけなのだ。指揮というものをカリグラフィか積木細工かにたとえてみれば、そのときのヴァントは典型的に後者だった。全体をいっきにデッサンしようと前のめりになるところがほとんどない。ただ黙々と小部分を積み上げてゆく。いろんな部品を磨いてはめてゆく。すると、果てにとてつもなく高く巨大なものが曇りなくあっぱれに立ち現れる。なるほど、ブルックナーとはこうやられるべきなのか。私は初めてこの作曲家に感嘆し、ヴァントを尊敬した。

ブルックナーの音楽がかく演奏できるのなら、もはやそれを退屈とはいっていられない。すぐ私は、ヴァントがケルン放送交響楽団と録音していたブルックナーの交響曲の音盤を買い集め、他の録音もいくつか入手してみた。そしてヴァントの石積み的演奏様式がケルン放送響に先んじるギュルツェニヒ管時代にすでに確立され、その様式はやはりブルックナーにとくに有効らしいと感じた。なぜならブルックナーの交響曲は楽句の機械的反復に満ちていてそれが石積みスタイルによくあうし、またその交響曲群の主題・動機の扱いは、いわゆるベートーヴェン的にごく限られた材料がモトーリッシュに情熱的に発展させられるというより、多すぎる材料がとっかえひっかえただ並立し、あるいは同時に重なるといったありさまを繰り返すばかりだから。ベートーヴェンが硬直した建築物へのアナロジーを拒否する粘土状の音楽なら、ブルックナーはいろんなかたちの石や煉瓦を気の遠くなるような数はめこんでいって、ついに最後に屹立《きつりつ》する、まさにゴシック大聖堂のアナロジーとしての音楽になっているのだ。その交響曲をゴシックの権化、ケルン大聖堂を朝な夕なに眺めたヴァントが上手にやれるようになったのはもっとも至極だろう。

そんなヴァントが新古典期のストラヴィンスキーや後期のヴェーベルンに名盤を遺しているのもここから納得できる。なぜなら両者ともその主題・動機の扱いは極めて並列的だからである。

もちろんこの論法でゆくと、ヴァントのベートーヴェンは硬すぎてその音楽にふさわしくないということにもなる。なるほどそうかもしれない。ただし、最晩年のやはり聴力も体力も多少は鈍り、代わりによく老いた者ならではのカリスマ性を得、結果的にやや石や煉瓦の角がとれ、多少粘土っぽい音楽をやるようになった時代の演奏と、それからギュルツェニヒ管と録った《ミサ・ソレムニス》は別だ。なぜならこの宗教曲はソナタや交響曲でのベートーヴェンのモトーリッシュな姿とまるで違い、むしろプレ・ブルックナー的性格を呈しているから。つまり《ミサ・ソレムニス》は主題・動機群をぐんぐん発展させるどころか、アドルノの言葉を借りるなら、発展させず無変化にし、同じものを繰り返しひたすら堆積《たいせき》させるのだ。前進でなく積み上げなのである。ベートーヴェンはおそらく、キリスト教の精神を音化するには音符を天へと積み上げるほかないとよく知っていたのだろう。多くの指揮者はそんな《ミサ・ソレムニス》を交響曲のように前進させようとして大しくじりする。しかし積み上げの秘術に通じたヴァントなら大丈夫。かくてこの録音はたぐいまれな名演となり、それを聴く私の眼前には、またもケルン大聖堂が聳えたつ。

［二〇〇三年四月号］

15　レイボヴィッツと悪魔

神の負ける《はげ山》！

この録音をLPでなんど聴いたろう！《はげ山の一夜》といったら一にレイボヴィッツだった。とにかく面白い！　友人知己への宣伝も怠りなかったはずで、レイボヴィッツ、シェルヘン、ロスバウト、ブール、ギーレンが指揮の五聖人とかいってはよく触れ回ったものだ。そういえば許光俊氏がレイボヴィッツを聴きたいというだけの理由で珍しく我が家にやって来たこともあったっけ。あのとき彼はやはり《はげ山》を気に入り、その場ですぐうちにあるレイボヴィッツ全部を彼に貸し出した。昔の学生時分の話である。

その《はげ山》が《展覧会の絵》とのオリジナル・カップリングのまま、この不景気

ムソルグスキー／交響詩《はげ山の一夜》（リムスキー＝コルサコフ＆レイボヴィッツ編）、組曲《展覧会の絵》
ルネ・レイボヴィッツ指揮ロイヤル・フィル［RCA　2002年4月］

なご時世に国内盤としてきちんと手間をかけ再発されるとは（芳岡正樹氏の懇切丁寧《ていねい》でじつによい新稿のライナー・ノート付き）、まさか思わなかった。これが日本におけるレイボヴィッツ復権の狼煙《のろし》になるだろうか。

えっ、彼の振る《はげ山》の何がそんなに面白いかって？　いや、それが驚天動地なのだ。冒頭のヴァイオリンが細かに波打つ部分からもう解像度の高すぎるレントゲン写真の按配《あんばい》！　レイボヴィッツは冴《さ》え渡った細密画家として《はげ山》を料理する。われわれはルーペと双眼鏡を携え、はげ山探検行に駆り出される。ふだんは埋もれがちなパートも手に取るように聞こえる。これほど精緻《せいち》な《はげ山》が他にあろうか。

が、この録音の魅力はそんな特徴的演奏解釈にばかりあるわけでない。レイボヴィッツは《はげ山》のスコアに満足しきれぬのか、指揮者の職分を踏み越え、それを懸命にいじり出す。その演奏はいちおう馴染み深いリムスキー＝コルサコフ版にもとづいているものの、打楽器が華々しく追加されたり、ファゴットがコントラファゴットに化けたりと、無数の改変がほどこされる。しかもそのいちいちがツボにはまるのだ。そしてついには山上に強風が吹き荒れる。レイボヴィッツの創意によるウィンド・マシーンの派手な使用によって！

けれど、ここまでならまだ編曲の次元にとどまるかもしれない。ストコフスキーだってやるかもしれない。そこで、そうは問屋が卸さぬと、レイボヴィッツは最後に大芝居をうつ。《はげ山》は悪魔が山上で饗宴を繰り広げるも朝には退散させられるという筋書きに拠っている。R＝コルサコフ版ではきちんと神の正義を告げ知らせる朝の鐘が鳴るし、原典版でも悪魔が逃げ出すかっこうで結ばれる。ところがこのレイボヴィッツ版で悪魔は終結部になっても帰らない。それどころか正々堂々と居残り、オーケストラはほとんど茶番じみた悪魔への頌歌《オード》を絢爛《けんらん》と奏でるのだ。これはもう編曲ではなく作曲だ。コーダの完全な書き替えだ。しかしなぜレイボヴィッツは悪魔を勝たせてしまったのか。いや、そもそも彼は何者なのか。

弟子に負ける師匠！

レイボヴィッツはもしかして一九六〇年代から七〇年代の日本の家庭でじつは最も広く親しまれた指揮者のひとりかもしれない。その時代のこの国では、おそらく米国の対日文化戦略の一環でもあったのだろう、米国のビジネスマン向け教養雑誌『リーダーズ・ダイジェスト』の日本語版が大部数を誇っていた。この雑誌は定期購読者向けに独自に制作されたクラシック音楽レコードの通販も行い、そこでの実質的メイン指揮者として多くを録音していたのがレイボヴィッツだった。かくいう私の家にも、父親が『リーダーズ・ダイジェスト』の熱心な読者だった関係上、レイボヴィッツの録音がたくさん転がっていた。《春の祭典》も《ライン》も《ボレロ》も《魔法使いの弟子》もベートーヴェンの九つの交響曲も、私はみんなレイボヴィッツで知った。その演奏はムラもあったけれど基本的には《はげ山》同様、精密さを第一義とした脱情緒的・反ロマン的なものといってよかった。それらはまぎれもなくブーレーズに先んじるブーレーズ的演奏だった。またベートーヴェンの全集は、作曲家のメトロノーム表示にこだわりぬいた即物的かつ変速ギア切り替え的演奏の極致で、ブーレーズやギーレンにはるかに先んじる「未来の表現」を達成していた。G・グールドなみの衝撃を世に与えてもよいできばえだった。しかし『リーダーズ・ダイジェスト』の通販品ということで軽く見られたのか、床の間に飾るばかりでまじめに通針してみる人があまりに少なかったのか、とにかくレイボヴィッツの同時代的評価は少なくとも日本では低かった。それでも通人はいるもので、たとえばブーレーズが指揮者としてレコード業界で売り出されたとき、若杉弘はその演奏をレイボヴィッツの系譜に連なると喝破していた。が、そんな認識は、ブーレーズ自身がその先駆者としてシェルヘン、ロスバウト、あとデゾルミエールの名を挙げはしても、けっしてレイボヴィッツに言及しなかったせいもあり、なかなか広まらなかった。

ではブーレーズはなぜレイボヴィッツを黙殺したか。知らなかったから？　否！　だって二人は師弟の間柄だもの。

レイボヴィッツは一九一三年、ワルシャワに生まれ、シェーンベルクとヴェーベルンに師事し、いちはやく十二音音楽のしくみを理解したごく限られた人間のひとりとなり、三〇年代からはパリに定住し、作曲・指揮・教育・評論の四足の草鞋《わらじ》を履いて、とりわけ十二音音楽の紹介に情熱を注いだ。ブーレーズが十二音を知ったのもレイボヴィッツの指揮するシェーンベルクの演奏会を大戦中に聴いてのことなのだ。それでただちに彼はレイボヴィッツの門下となった。が、この生意気な弟子はじきに師匠の音楽観に不満を表した。レイボヴィッツはシェーンベルク同様、伝統も重んじる革新家であったから、音楽はあくまでまず音高の動きを土台に着想すべしと教えていた。ベートーヴェンがあの四つの音高の動きをまず考え、それにさまざまなリズムや強度を与え交響曲第五番を作ったように、十二音音楽も初めに十二の音高ありきで、その展開に応じ適切なリズムや強度が有機的に与えられるのが筋というわけである。しかるにブーレーズは戦後前衛音楽はもっと急進的に創造されるべきであり、リズムや強度も音高と対等の領域として音高と切り離し探求され、それらのたまたまの組み合わせとしてもっと無機的でバラバラな音楽ができてもよいと考えた。これがけっきょく、総音列主義に帰結し、そこにこそ音楽の未来があると確信したブーレーズは師を「糞《くそ》ったれ野郎！」と罵《ののし》り、「シェーンベルクは死んだ！」「レイボヴィッツも死んだ！」と宣言するにいたる。こうしてレイボヴィッツは第二次大戦後の音楽界の本舞台を早くも五〇年代前半のうちに追われ、以後、ブーレーズという彼にとってまぎれもない悪魔の君臨する世界を冷ややかに眺めながら、もっぱら裏街道で『リーダーズ・ダイジェスト』などへの録音をこなしつつ生きてゆくことになる。
その彼が《はげ山》を悪魔の勝利する音楽に書き替え録音したのは、まさにブーレーズ流前衛音楽全盛の六二年のことなのだった。それはやはり戦後なるはげ山で勝利を謳歌するブーレーズに捧げられたカリカチュア？　いくらなんでも想像力をたくましくしすぎかもしれない。しかしレイボヴィッツの時代への屈折した思いが、この奇妙な《はげ山》にまったく反映していないとも思われない。彼は一九七二年八月二九日に死んだ。だから当盤は没後三十年記念盤でもある。

［二〇〇二年七月号］

16　ルトスワフスキのドラマツルギー

右も左も真っ暗闇だ

昔の東映のやくざ映画をけっこう観る。もちろんそれにはさまざまなパターンがあるけれど、その正統的なものといったら、まあ次のような筋立てだろう。

鶴田浩二か高倉健のやくざがいる。その属する組の組長か、無宿者なら昔の恩人か、とにかく志村喬《たかし》や佐々木孝丸の善玉が、悪玉の奸計《かんけい》にかかり殺される。しかし鶴田か高倉はゆえあって手出しできない。すると次は若山富三郎とかの兄弟分や桜町弘子とかのヒロインにも魔手が及ぶ。が、そこでも依然、鶴田か高倉はしつこく忍耐していて、観る側にストレスがたまってくる。

そしてそのまま耐えて終わりなら歌舞伎の辛抱立役《しんぼうたちやく》の世界、耐えきれず内向して憤死すれば韓国的な「恨《ハン》」の世界だが、それではやくざ映画にならぬ。むろん、観客へのじらしももう限界というところで、ヒーローは蹶起《けつき》するのだ。そして内田朝雄や安部徹の悪玉のもとに殴りこみ、相手方全員を叩き斬る。そのあとヒーローはその行いに無情を感じ、どこかへ去ってゆき、結びとなる。

ルトスワフスキ／交響曲第三番、ピアノ協奏曲
ルトスワフスキ指揮ポーランド国立放送響、ポブウォッカ（p）
［CD アコード　2000 年 3 月］

つまり、正統派やくざ映画なるものを支えるのは、いらだちやためらいの織りなすアンチ・カタルシスの世界と、蹶起し炸裂《さくれつ》するカタルシスの世界との、明快な二元論である。それは劇らしい劇を構築するための最も原初的な形態だろう。なにしろそこでは、小学校の理科の、ゴムかなにかを使った作用・反作用の実験のような単純さがすべてを支配するのだ。そしてやくざ映画はその単純さを美的にきわめぬいてなりたつ。

さて、ルトスワフスキのことだ。その交響曲第三番とはまるでその正統派やくざ映画ではないだろうか。曲は二楽章からなる。まず第一楽章は弱音でうじうじしまくる。奥歯にものの挟まったような低徊《ていかい》と停滞がひたすら続く。まさに鶴田も高倉もビックリの辛抱一色の世界。イライラしちゃう！　が、それでいいのだ。作曲者のメモに従えば、この楽章は「なかなか大切なことをはじめず、聴き手をいらだたせる」との使命を帯びているのだから。

そして、聴き手の忍耐がおそらく限界にさしかかるころ、音楽は一転する。我慢を重ねた音楽は、第二楽章の開始とともに一挙にはじける。金管は咆哮《ほうこう》しまくり、木管は囀《さえず》りまくり、弦は血潮も流れよと歌いまくる。これはもうやくざ映画の出入り場面そのものだ。斬って斬って斬りまくり、圧倒的なカタルシスがもたらされる。かくて頂点をきわめたのち、音楽は余韻を湛《たた》えて減衰し、最後に短いフォルテが付いて結ぶ。まるで悪玉を退治したヒーローが静かに画面奥に消えてゆき、ジャーンという派手な音楽とともにエンド・マークが出るようだ。ここまで交響曲がやくざ映画であってよいものか。

この交響曲第三番は一九八一―八三年の作曲だが、じつはこれが「イライラから爆発へ」なるやくざ映画的二楽章形式を採った彼の最初の交響曲ではない。すでに第二番（一九六七）がそうだった。それはおのおの「ためらいがちに」と「決然と」と題された二楽章からなり、第一楽章は蚊がブンブン飛ぶようなイライラする響きを連ねて聴き手の鬱屈《うっくつ》を高め、続く第二楽章はマグマの奔流《ほんりゅう》のごとく高潮して、鬱屈をド派手に開放する。それからこの作曲家の最後の交響曲になる第四番（一九九二）も、「ためらい」系の前半と、「決然」系の後半とに、ハッキリ割れている。

さらに交響曲以外でも、弦楽四重奏曲、チェロ協奏曲、《前奏曲とフーガ》などの主要作に、やはり同種の二楽章構造が読み取れる。ルトスワフスキとはやくざ映画的音楽作りに生涯を捧げた作曲家だったとさえいえそうだ。

するとそんな構成に彼はなぜ執着したのか。ルトスワフスキはあるインタヴューでこんな具合に述べている。

「古典派の交響曲では第一楽章に最も豊かな内容が盛られ、終楽章はたいてい付け足しだった。前が重く後ろが軽かった。が、ベートーヴェン以後、交響曲は最初と最後に重い楽章をもつことになった。これは聴いていて疲れる。重い楽章はひとつでいい。しかしそれを前にしては古典派と同じになる。そこで後ろの重い二楽章制を考えた」共産国の人らしく、用心深くてなかなか核心を語らなかった彼のこと。この発言も額面どおりに受け取ってよいものかどうか。他のおりには「ベートーヴェンの交響曲が好き」とも言っているし……。とはいえ、重い楽章の二つある四楽章仕立てという一九世紀的な交響曲のかたちに、ルトスワフスキが二〇世紀の人間としてリアリティを感じていなかったのは確かなのだろう。そしてそれはある意味で当然の認識だった。

どうせ傷だらけの人生でございます

そもそもベートーヴェン以後、交響曲が概して大仰な四楽章に落ち着いたのは、四なる数字の象徴的意味によるところも大きかろう。なにしろ四は四元素や四季に通じ、この世の全体、森羅万象を表す数字と古来されてきたから。そこに「芸術家は世界のすべてを見通し、担わねばならぬ」なんてロマン派的誇大妄想が加われば、「作曲家は四楽章の交響曲により世界を語りつくすべし」と話が飛躍してゆくのは当然だ。

けれど、二〇世紀に入り社会がマス化すると、ロマン派的観念は時代遅れになった。芸術家の個の重みは消え失せ、世界を担うもヘチマもなくなり、ベートーヴェン以来の四楽章の交響曲もリアリティを失い形骸化した。そして形骸の上に開き直る新古典主義や社会主義リアリズムの交響曲が量産され、いっぽう、前衛と称された作曲家の多くは交響曲なる分野じたいを捨てた。

が、そこで、形骸化した四楽章制には与《くみ》せぬものの、交響曲なる器を捨てもせず、二〇世紀の人間にとりリアリティを保てる新たな交響曲のかたちを探すべく、敢然《かんぜん》と踏み止まったのがルトスワフスキだったのだ。そして彼は「イライラから爆発へ」の二楽章形式にたどり着いた。ではその形式に、いったいどんな種類のリアリティが宿る？　それはおそらく、なによりもまず作曲家本人の生のリアリティにほかならぬだろう。彼は一九一三年、ポーランドに生まれ、三九年のナチ侵攻から八九年の「民主化」までの半世紀、ナチかソ連かポーランド共産党かに頭をおさえつけられ、閉塞《へいそく》して暮らした。そんな彼に切実でリアルなのは、ただ抑圧され、キレたくなるという、原初的感情のみだったろう。だからその交響曲はやくざ映画的二楽章に帰結するのだ。

そしてそういう二楽章のリアリティは、スターリニズムやらばかりに保証されるわけではない。今日の日本でもどこでも、現代人はやはり国家、社会、組織、あるいは周囲の人間関係に、日々不条理な圧迫を受け、ボロボロになり、ストレスをため、それを爆発させたいと切に願っているのではないか。

ようするに、世界と正々堂々と向きあうベートーヴェン的人間像から、世界の中に埋没し、閉塞感にさいなまれる現代的人間像へと人が退化するにつれ、交響曲も四楽章から二楽章へ退化するのがほどよく、その道筋を実際にきわめたのがルトスワフスキというわけなのだ。彼は、形骸化した四楽章の上で皮肉な笑いを浮かべたショスタコーヴィチやらよりも二〇世紀の真のシンフォニストとして顕彰されるべきだ。

それにしても、やくざ映画を生み出せた二〇世紀の日本から、ルトスワフスキに匹敵する二楽章の交響曲作家がなぜ生まれなかったのか。残念！

［二〇〇〇年六月号］

17 翁になったフルネ

明晰ならざるものはフルネに非ず

東京は五反田の簡易保険ホールで、フランス作曲界の「保守派」の重鎮であり、ブーレーズと、思想の面でも文化政治の場でも、繰り返し角を突きあわせたことでも知られたマルセル・ランドウスキの、オーケストラ作品などを集めた演奏会が開かれたことがあった。一九八〇年代の半ばだった。

休憩時間、ロビーに出ようとすると、客席の通路に、背の高い白髪の西洋人が立っている。誰だろうと思ってよく見たら、ジャン・フルネだった。とにかく姿勢がいい。背筋がしっかり伸びて、どこにも崩れがない。誰か背の低い日本人を紹介されているところで、首を少し前に傾《かし》げているのだが、その角度も素敵にダンディである。ステージ以外でフルネを見るのは、はじめてだったから、なんだか浮き浮きして、しばし立ち止まり、耳をそばだててしまった。

「私はジャン・フルネと申します」とか、通りいっぺんのことしか喋っていなかった。けれど、そのフランス語の発音が、そつなくキリリと引き締まり、耳をしゃんとさせてくれた。やはりフルネはフルネだった。うれしくなった。

音楽家の日常の姿は、その人の音楽を反映するものだと思う。たとえば、私の見かけた、若き日のエリアフ・インバルは、食堂の人目につくテーブルで、お膳《ぜん》の前にフル・スコアを立て、肉を頰《ほお》ばりながらページを捲《めく》っている、いささか怪しげな人物だった。

ショーソン／交響曲変ロ長調　作品20、ラヴェル／《マ・メール・ロワ》組曲、スペイン狂詩曲
フルネ指揮東京都交響楽団［フォンテック　2005年12月］

チャールズ・グローヴズ卿は、喫茶店でウエイトレスに、膝《ひざ》に水をこぼされても、別に怒るわけでもなく、あくまで好々爺《こうこうや》然としていた。そうした光景が、そのまま彼らの音楽だろうと、今でも思っている。

その意味で、五反田でのフルネの立ち居ふるまいも、彼の音楽にほかならなかった。ほとんど垂直な立ち姿と、よどみなく凛《りん》とした発語。彼ほどフランス的なフランス人は珍しい。そのとき、強く、そう感じた。

ここでいうフランスとは、ミュンシュの情熱にも、クリュイタンスの洗練にも、ボドの粗野にも、デュトワのせわしさにも、代表されない。フランス革命の五年前、アントワーヌ・ド・リヴァロルは、「明晰ならざるものはフランス語に非ず」という名言を吐いた。フランス語は、その厳密な文法によっていつも意味を明瞭とし、よってフランス語で表現される思想・文化・芸術もつねに明瞭である、というわけだ。

フルネのフランスはそれである。ドイツ風に鬱蒼《うつそう》と粘着した弁証法的論理ではなく、あくまでキレよくさばけた数式のような、透視図法的な論理によって、対象のすみずみにまで光を投げかけ、すべてを明確に見通そうとする。そんな精神の弛《ゆる》まざる運動を、音楽で実現していたのが、少なくとも一九九〇年代しばらくまでの、あの素晴らしいフルネだった。

そう書くと、もしかしてフルネがブーレーズの仲間のように、思われてしまうかもしれない。たしかに、「明断ならざるもの」を拒むフランスの指揮者の一人ではある。が、フルネは、「反ブーレーズ」のランドウスキのほうに、より好意をもっている音楽家にはちがいない。両者のあいだには、やはり、美意識の断絶があるだろう。

乱暴にいってしまえば、ブーレーズの求める明断さは、無調的明断さなのだ。無調的とは、主音がないということだ。芯や柱をたてず、地に足を着かせない。ブーレーズは、無調音楽だろうが調性音楽だろうが、振る曲すべてを、無重力的に宙吊りにしようとする。シェーンベルクは、主音をなくしてすべての音を対等にしたうえで、それらをバラバラにいがみあわせるのではなく、アポロ的な秩序と均整を与え、星座のように浮いたまま、美しく留めおくことを、無調音楽作曲の理想とした。その理想を、ブーレーズは指揮でやる。それに対し、フルネの求める明断さは、調性的明断さだ。彼の音楽には、芯も柱も重心もある。地に足がついている。ブーレーズが解像度の高いホログラフだとすれば、フルネは、あくまで実体があり、風通しのよく、輪郭のくっきりした建物である。

私は、そういうフルネの明断に造形された音楽を、とくに八〇年代の東京で、ずいぶんと聴いた。あれは黄金時代だった。なかでも印象深いのは、東京文化会館での都響の定期演奏会で、ルドルフ・フィルクスニーとやった、ラフマニノフ《パガニーニの主題による狂詩曲》である。

あのときの都響は、鋼《はがね》のように頑丈で絹糸のようにしなやかだった。明晰といっても、けっして均等拍的な硬直した演奏ではない。小フレーズごとに強いテンションがかかり、ストレッタが作られるといってはおおげさか。フルネは、荒海にもおじけづかず、筋骨隆々と櫓《ろ》を漕《こ》ぎつづける老漁師のように、背筋を伸ばして甘い旋律を剛直にのし、些細《ささい》な一音符までを、はっきり示そうとする。感傷の代名詞の、あの第一八変奏が、ロマン派サロン音楽以来の情緒的小細工の手管をいっさいぬきにし、あれほど力強くはっきりと発語された例を、いまだほかに知らない。

明晰なるものは翁に非ず

そのフルネの櫓の扱いが、九〇年代が下るにつれ、徐々に崩れてきた。私には、それは辛《つら》いことだった。演奏会に出向くのが、億劫《おっくう》になっていった。けれども、世間では、むしろそのころから、評価が上がったように思う。老巨匠が高みに上りはじめたというのである。

フルネはほんとうに円熟したのだろうか。ついにおとずれた引退のときを記念して出た、ショーソンとラヴェルの最近のライヴ盤を聴いて、まず感じるのは、ここには、私の好きな厳格なフルネはいないということだ。音楽は、いたるところで間延びしている。しかし、聴いていて気持ちがいい。嬉々《きき》として、晴れやかなのである。いったい何が起きているのか。

オーケストラ音楽を聴く快楽とは、指揮者の個性や能力を味わう快楽とイコールにされていると、一般的にはいってしまってもいいと思う。オーケストラが指揮者にいかに対応し、また対応できないかも重要だが、そういう関心は、多くの場合、脇役にとどまる。チェリビダッケは崇拝《すうはい》されても、ミュンヘン・フィルが崇拝されることは、めったにない。

しかし、そうした体裁の快楽は、ただちにオーケストラを聴く不快にもつながるだろう。高橋悠治流にいえば、オーケストラ音楽は、専制主義的政治体制のメタファーにほかならない。オーケストラとは、指揮者という独裁者のもと、各パートが無機的分業に励《はげ》み、こき使われ、生き生きとした全体性を失った、奴隷《どれい》工場のようなものなのだ。オーケストラという人間集団が、指揮者の要求にこたえる道具にすぎないと意識しはじめると、聴くほうも人間として、なにか居心地の悪さを感じてくるだろう。

この快／不快の構図を突破する試みとして、たとえば指揮者なしのオーケストラがある。楽員の自発性がアンサンブルを生む。集団はもはや奴隷ではない。なるほど、理屈ではそうだ。しかし、どうも頭部のとれた人体彫像を見ているようで、落ち着かない感じもする。

するとと、他に考えられるのは、指揮者がいるのに、じつは指揮者なしの状態に近いという、かたちだろう。能力がじゅうぶんでなく、オーケストラを独裁しきれない指揮者の内心を慮《おもんぱか》るかたちで、個々の楽員が自発性を発揮する。結果、指揮者の支配力は弱まり、オーケストラの自発性は高まる。シェーンベルクの無調音楽の理想ではないが、皆が相和し、均衡して、めでたしめでたしということになる。

そういう演奏がよいものになるためには、オーケストラの側に、指揮者を一生懸命に慮ろうとする気持ちが不可欠になる。ということは、指揮者がオーケストラから尊敬されていなくてはならない。もし、若い指揮者がオーケストラに慮ってもらわねばならないなら、それはたんに無能なのだから、尊敬されるはずがない。すると、誰ならいいのか。やはり老人指揮者だろう。

そもそも、日本には翁童《おうどう》信仰というものがある。つまり、翁《おきな》と童《わらべ》とその複合的なイメージを信仰するのだが、その理屈は、鎌田東二によれば、人間はあの世に近いほど神々しいからである。魂はあの世から来、また帰る。子供は生まれてきたばかりで、年寄りは間もなく逝《ゆ》く。だから、翁と童が神々しい。子供の姿に心が洗われ、年寄りの姿に手を合わせたくなるのである。

老人指揮者を礼賛する気持ちには、老人個々の音楽性やキャリアにたいする尊敬が、もちろん大きくものをいっているだろう。が、それ以上に、楽員と観客の翁信仰が強く作用している気がする。老人指揮者への関心がとくに日本で高いのが、そのなによりの証しではあるまいか。

このショーソンとラヴェルの音盤には、近代的な意味での指揮者、組織の統率者としての指揮者が消滅しかかっている。ここにフルネはいない。いるのは翁である。その神々しさにあてられて、オーケストラは晴れやかで伸びやか。音楽とは、ほんらい、これでよいのかもしれない。

〔二〇〇六年四月号〕

18　守護聖人バーンスタイン

クラシックとジャズの結婚

二一世紀のクラシック音楽のあるべき姿をにらんだ意欲的なＣＤが、一九九九年の下半期に二枚、現れたように思う。

その一はソニーから出たヨーヨー・マの無伴奏チェロ曲アルバム。日本の評者の多くは、そこに収録されたコダーイの無伴奏ソナタの名演に目を奪われたようだけれど、それでは木を見て森を見ずだ。

バーンスタイン／《ワンダフル・タウン》
ラトル指揮バーミンガム・コンテンポラリー・ミュージック・グループ他［EMI ジャパン　1999 年 10 月］

むろん、そのディスクでのコダーイは、主役格に違いない。が、と同時にそれは客寄せパンダでもある。つまりマは、ヨーロッパに食いこんだアジア民族、マジャール人のコダーイの有名曲を水先案内役とし、それに、ヨーロッパの中のもうひとつのアジア、旧ユーゴにちなむワイルドの《サラエヴォのチェリスト》と、すでに七十年も前に「ヨーロッパはゆきづまった」と宣して上海に向かったチェレプニンの無伴奏組曲、さらに中国人シェンの《中国で聞いた七つの歌》を連ね、アジアへのベクトルを明確にしているのだ。

二一世紀はアジアの時代！　かつて連呼されたこのスローガンは、政経の領域ではずいぶん色褪《あ》せたが、クラシック音楽産業にとってはなおリアリティをもつ。旧態依然としがちなこの分野に、アジアやアジアがらみの作曲家、演奏家でどれだけ新味を付加できるか。欧米や日本の市場がすでに飽和した今、日本以外のアジア市場をどこまで開拓できるか。そのへんに、次世紀、クラシックが生き残れるか否かの大きな鍵のひとつがあるのであり、マのアルバムはまさにそこに測鉛《そくえん》を下ろしている。

そしてマに続くCDその二は、EMIの出したラトルの指揮するバーンスタインのミュージカル《ワンダフル・タウン》。ラトルは「この作品の指揮はマーラーを振るのと同等に大変だ」とかコメントしたそうな。そこで「いや、たとえどんな小曲でも、本気で振ったら大変だわさ」なんてチャチャを入れるなかれ。ラトルの発言の含みは、「楽しいミュージカルだからといって、軽いノリでやっているわけではないんだ。マーラーなみに力こぶを入れているんだ。そしてそういうレパートリーが、クラシック音楽にとり、マーラーの交響曲なみに意味をもってくるんだ」といったことだろう。

しかし、ベルリン・フィルの次期シェフとして指揮界の頂点に立とうとするラトルが、なぜミュージカル相手にそこまで力みかえるのか。それはこの一枚が、ラトルの考える二一世紀のクラシック音楽のあるべき姿を実現するための大切な布石だからだろう。そして、そのあるべき姿とは、ジャズとクラシックが正式に結婚し、クラシックの作曲と演奏の両面に新しい血が導入され、この分野を活性化するといったヴィジョンにつきてくるのだろう。マーラーの交響曲が一九七〇年代以後のオーケストラ界のドル箱になったように、ジャズ的なものが二〇〇〇年以後のクラシックに生気を吹きこめるというわけだ。その意味でマーラーの交響曲とバーンスタインのミュージカルは等価なのである。

さて、二〇世紀はクラシックというよりポピュラー音楽の世紀だった。そのポピュラーのなかでもクラシックに最も近接してきたのがジャズだ。その証拠にジャズの連中はクラシックにやすやすと越境してくる。デューク・エリントンは管弦楽曲を作り、ベニー・グッドマンはモーツァルトやストラヴィンスキーを吹き、キース・ジャレットはバッハを弾き、チック・コリアは室内楽曲を、ウィントン・マルサリスは協奏曲を書いているではないか。

では、ジャズとクラシックの相性のよいわけは？　ジャズがクラシックにすり合わせ可能な音階と和声とリズムの体系をもっているのも理由のひとつだろう。それから、ジャズが個人的表現にこだわる点も大きかろう。たとえばロックとくれば集団的だ。それはバンドを基本形態にし、一体的なドロドロ感を探求する。ところがジャズは、トリオやクァルテットのかたちをとる場合でも、一体性を追わず、個人の名技性を前に立てる。ジャズ・オーケストラの場合でも、重視されるのはリーダーの個性だ。クラシックにおける室内楽や指揮者本位のオーケストラのありようとよく似ている。

そしてじっさい、クラシックの作曲家たちがジャズとの蜜月を楽しんだ長き日々があった。ドビュッシー、ラヴェル、ストラヴィンスキー、ミヨー、ヒンデミット、ヴァイル、シュールホフ、ブラッハー……。今世紀前半のとくに新古典主義の時代、クラシックとジャズはきわめて仲良しで、五四年にはロルフ・リーバーマンが《ジャズ・オーケストラとシンフォニー・オーケストラの協奏曲》を書き、十二音技法とジャズもぴったんこの相性と証明した。クラシックとジャズの結婚は世紀の後半、いよいよ成るかにみえた。

クラシックとジャズの復縁

が、そこに水を差した奴がいる。戦後前衛音楽がそれだ。その主導者のシュトックハウゼンやブーレーズにとり、来たるべき音楽は古めかしく俗っぽいあらゆる意匠と無縁でなければならず、ジャズとクラシックの提携など論外だった。そうした戦後的価値観によって、ジャズ的クラシックやクラシック的ジャズは傍流に追いやられた。

それから歳月が経ち、七〇年代、八〇年代と前衛も衰弱した。その時期に出現した指揮界の新星がラトル。彼はいよいよ老化したクラシックに活を入れるべく「外部」との提携を考えた。その「外部」はたとえば中国人のマにとってはアジアだが、西洋人でジャズ・ミュージシャンを父にもつラトルにとってはとうぜんジャズになる。かつて未完に終わったジャズとクラシックの結婚をあらためて成就させ、ポピュラー音楽の力をクラシックに導入しなおすこと。それによりラトルは二一世紀のクラシックを救おうというのだ。もっとも、おおよそ元気なポピュラー音楽のなかでも例外的に、どうもすでに低迷期に入ったのがジャズともいえ、そのジャズとクラシックの合従連衡《がっしょうれんこう》は、日本映画没落期にいちばんガタのきていた大映と日活が提携し、すぐぽしゃった出来事などを想起させなくもないが……。

それはともかく、なにごとにも守護聖人が、結婚には媒酌人が必要だ。ラトルは、クラシックとジャズを効果的に媒介してくれる人物として、マイルス・デイヴィスを神と仰ぐターネージのような「現代音楽作曲家」を称揚《しょうよう》する。が、世間に広くアピールするには、彼の音楽では新しすぎる。ならガーシュインはどうだろう。が、クラシックとジャズの現代における生き生きとした出会いを演出するには彼では古すぎる。その没年は一九三七年の昔なのだ。

そこで浮上するのが世代的にターネージとガーシュインのあいだにはさまるバーンスタイン。彼は大巨匠指揮者だったが、作曲家としては指揮同様の格で扱われなかった。なぜなら、前衛音楽のしきる二〇世紀後半になってもジャズの匂いなどふんぷんとさせた彼の作曲は、あまりに不純で安っぽく、交響曲よりミュージカルが似合いとみなされたから。なら、ポピュラー音楽の領分でのその評価はというと、こんどは変拍子や不協和音が多すぎ、難しすぎるというのである。彼はミュージカルより交響曲が似合いとみなされた。

このどっちつかずが、まさに今、ふさわしい。彼こそ前衛の嵐の吹き荒れる二〇世紀後半に二一世紀のクラシックとジャズのハイブリッドを用意していた偉大な先覚者とみなせるのだ。ラトルはバーンスタインを来たるべき時代の守護聖人に祭り上げようとする。その大切な布石が、九八年六月録音のこのバーンスタインのミュージカルなわけだ。しかもラトルがそこで、同じミュージカルでも演奏会用に編作されてクラシック・ファンにも有名な《オン・ザ・タウン》や《ウェスト・サイド・ストーリー》でなく、「無名作」の《ワンダフル・タウン》をもってきた。しかしその音楽の充実ぶりはどうだろう。とくに〈コンカリング・ニューヨーク〉や〈音の狂ったラグ・タイム〉なんてナンバーの、ストラヴィンスキーやバルトークを通過しての錯綜《さくそう》したリズムとポップなノリのみごとな結合は、クラシックとジャズの結婚というにふさわしい。「無名作」においてすらこの調子！　いわんや「有名作」においてをや。バーンスタインを媒酌人にしてのクラシックとジャズのあらためての結婚というラトルの企《くわだ》ては、快調なスタートを切ったかにみえる。

が、ジャズ重視を打ち出しベルリン・フィルに乗りこもうとするラトルに、かつてジャズを屠《ほふ》った「前衛の闘士」シュトックハウゼンあたりは早くも怒りを表明しているらしい。

二一世紀のクラシック。そこで覇を唱えるのは「ジャズ派」か「アジア派」か。「前衛」はどこまで反撃できるか。抗争のドラマに期待せよ。

［二〇〇〇年二月号］

19 クセナキス・確率論・戦争

頬肉の殺げた男だぜ!

シュトックハウゼンやブーレーズのトータル・セリーの音楽が、大戦争への思想的反省と密接にかかわりつつ、戦争とつながりうるあれもこれもを慎重に切り離そうとして生まれた面があるとすれば、クセナキスのトーン・クラスター的な、あまりに混沌とざわめく音楽は、戦争のトラウマをそのまま引きずって、ほとんど戦争そのものの音楽として立ち現れてしまったといえるだろう。

えっ、戦争の反省? 戦争のトラウマ? いや、まず反省について。トータル・セリーの音楽は、戦時の国民、軍隊、群衆……、あらゆる諸集団の熱狂を嫌悪するところより始まったともみなせる。だからその音楽は、英雄的な、悲愴な、歓喜に満ちた……、とにかく容易に感情移入できて聴く者の心をひとつに結びつけるようなロマンティックな旋律や和声のうねりを廃した。それから、原始主義、民族主義、新古典主義が手を携え展開した、軍隊や戦争や集会の記憶、あるいは冷静な理性の働きを停止させる享楽的なものの思い出とたやすく手を結ぶリズム反復を拒否した。その結果、モデルとすべき音楽史の先達として残ったのは後期ヴェーベルンだけになった。その一個一個の音を極端に孤立させた峻厳《しゅんげん》な音楽は、まさに集団的につながることの一切合切と手を切れと勧めているともみえた。そこから個々の音にたいし、伝統的な耳に前後の音との有機的連関をつとめて感じさせぬように、音の高さ、長さ、強さなどをいちいち割り振ってゆく、トータル・セリーの音楽の基本型が生まれたのである。そこにできあがる、一音ずつがあたかもバラバラに切断され宙に浮いているかのような、よって各音の独立自尊が保たれているかのような音の様態は、もう誰とも安直につるまないぞ、動員されないぞ、俺はいつも冷静に孤独に世を見通してやるぞといった信念に従おうとする諸個人の暗喩《あんゆ》な

クセナキス／管弦楽作品集Ⅲ（大管弦楽のための作品集）
《シナファイ》《ホロス》《エリダノス》《キアニア》
大井浩明〔p〕、タマヨ指揮ルクセンブルク・フィル［東京エムプラス　2002年10月］

のだ。こういう音楽が戦争の反省の所産でなくて何だろう?

これに対し、クセナキスはトータル・セリーの連中のように戦争と距離をとれなかった。なぜなら彼はあまりに痛切に戦争の現場にいすぎたから。ギリシアのパルチザンとしてナチや英国と戦い、ギリシア人どうしの悲惨な内戦もやりつくしたこの作曲家の心の内には、頭が飛び腕がちぎれる戦争の生々しい記憶が、すっかりトラウマとなり巣食ってしまったのだ。いや、心にだけではない。その記憶は身体にもはりついていた。なにしろ彼の片頬《ほお》は肉が吹っ飛んで、その傷痕が彼の面相を生涯、きつげなものにしていたから。そんなわけで彼は、群衆のデモ、群衆と正規軍の市街戦、敵味方入り乱れての騒乱状態の視覚的記憶、それからもちろんそれに伴う怒号や銃声や爆発音の聴覚的記憶のエコーとしての、混沌流動音楽の書き手となってしまったのである。

この世はもはや戦場だ!

そうした戦争のトラウマとしてのクセナキスの音楽は、また戦争のお古を貰《もら》い下げられていたともいえる。じっさい、戦後の音楽一般のありようは多くの戦争のお古によって特徴づけられていた。たとえば戦後の音楽の現場に欠かせなくなった磁気録音テープは振動する軍艦や軍用機の中でも作戦遂行に必要な音資料を再生するために開発されたのだし、同じくステレオ音響装置は爆撃機の爆弾投下の照準合わせのために飛躍的に進歩をとげたのだった。

ではクセナキスの場合は？　彼も戦争遂行に貢献したものを作曲に持ちこんだ。それは数学のなかの確率論や統計学の技術と思想である。軍需生産における不良品発生率、さまざまなタイプの戦場での兵士の死亡・負傷率や武器の損傷率……。戦争のあらゆる局面であまりに活用された、しかしおそらく音楽にはそれまで持ちこまれはしなかったろうこの種の数学を、クセナキスは作曲に引きずり入れた。彼は、たとえば焼夷弾《しょうい》がある高度からある気象条件のもと投下されたとき地上にそれがいかに振りまかれるかを計算するのと同様のやり方で、ある時間内で音がカオス的に聞こえるためにはどう音の数や高さや強さを設定し散らせばいいかを割り出した。そこにクセナキスの、じつは徹底的に計算ずくというのでもないのだけれど、しかしたしかに計算の助けを借りて作られはした、あの壮烈にグジャグジャな音楽が誕生したのである。

もちろん、その計算されたグジャグジャは五線譜上にリアライズすればとてつもなく複雑になるし、それが生身の演奏家用の曲である場合、その譜面の完璧な演奏はほぼ不可能ということも起こる。たとえばこんど、大井浩明をソリストに録音されたピアノと管弦楽のための《シナファイ》では、独奏パートの譜面が両手の指の数と同じ十段にまでおよび、そこに絨毯《じゅうたん》爆撃的な数の音符が散らされる。これではソリストはいくら努力しても近似値しか弾けぬだろう。

するど近似値しか音が出ないから、その演奏はふじゅうぶんか。それとも近似値でしか音の出ない楽譜を書く作曲家がどうかしているのか。むろん、そんな話ではまったくないのだ。クセナキスの音楽は繰り返せば群衆の流動であり戦場の混乱である。大筋の動きさえ追えればもうけもので、ごくごく細部なんか懸命に把握してもしかたない。デモ隊やゲリラが百人千人攻め寄せるとき、二、三人転ぼうが右を向こうが左を向こうが、十人逃げだそうがよそ者が五人闖入《ちんにゅう》しようが、大勢に影響はないのだ。そのくらいの誤差や不確定や欠損は、じゅうぶん曲のうちである。

それにしても音楽をそんないい加減なものにしていいのかい！　ブーレーズがクセナキスをいちおう調べもし指揮もするけれどけっきょくは尊敬していないのは、このいい加減さに耐えられないせいだ。トータル・セリー的態度からすれば、仮にどんなに複雑な楽曲でも、何が起きているかがぜんぶ厳密にお見通しでなくてはいけない。ひとつひとつの音がみな自立した確固たるものとして存在を確認できなくてはいけない。機関砲の弾幕か爆弾炸裂に伴う土煙にでも阻まれあちこちよく見えぬなんて代物が現代の音楽であってはならない！　それゆえにこそ、クセナキスは戦後音楽の大物ではあったけれど、本流に立つ人とまではみなされなかった。やはり異端扱いだった。

が、このところ空気はだいぶ変わってきた。テロや戦争がふたたび生々しく迫ってきたせいもあるかもしれない。けれど、それ以上に、こと日本にかんすれば、たとえば学歴社会、終身雇用、利率の保証された定期預金などなど、見通し可能な諸々が片っ端から崩れてしまい、それらに、ベンチャー・ビジネスだの、いい加減な確率論くらいでしか考えられない投機的な資産運用術だの、とにかくハイ・リスクのものどもが取って代わり、そんな時代の転換に伴って、合理的に見通し可能な音楽や、きちんとした起承転結、論理的脈絡が察知される類の音楽が、少なくとも同時代的リアリティを保ちえぬ、なにか嘘くさいものに感じられてきたということもあるだろう。とにかくわれわれは確固たる見通しを失い、日常は一寸先は闇の擬似戦場と化しつつある。体験されるのは唐突に襲いかかる瞬間瞬間のテンションと、どこまでいっても不分明なうごめきばかりだ。もはや現実がクセナキスの音像そのもの、危うい確率上の綱渡りになっている。クセナキスの時代がついに来てしまったのである。

［二〇〇三年一月号］

20　ノーノと革命

やれるならやりたいものよ勝ち戦

ノーノの《愛に満ちた偉大なる太陽に向かって》(一九七五)を聴いていると、私にはどうしてもそれより百十年ほど古いベートーヴェンの《フィデリオ》が想起されてくる。なぜって、どちらのオペラも、主役は女で主題は革命ではないか。また、二つの作品は、響きのみてくれや作曲技法にのみこだわると、時代の差相応にかけ離れて感じられるだろうが、スコアのすみずみまでゴリゴリと強靭《きょうじん》な前のめりの意志の力がゆきわたっている点に気づけば、その音楽じたいの印象も、時の隔てを越えて、とても近しく思われてもくる。

とはいえ、《愛に満ちた……》を二〇世紀の《フィデリオ》だとまで言い切るつもりはない。たしかにどちらも女と革命をめぐる強靭なオペラではあるけれど、その先はけっこうちがう。

相違の第一点は革命のドラマの行き着くところである。早い話、革命が成功するか失敗するかだ。

まず《フィデリオ》。それは政治犯として地底の牢獄に囚われている革命家フロレスタンを妻のレオノーレが救出しにゆく物語で、妻が夫に貞節をつくすといういかにも陳腐で類型的でオペラらしい筋書きのなかに、革命家が地下から解放される、それすなわち地上の変革のときとの含みが、塗りこめられている。むろんその含みは、フランス革命の派手なトピックたるバスティーユ監獄の解放と結びついている。そうそう、夫への愛が政治犯全般への愛にまでふくらんでゆくレオノーレと、自由な世界の実現を夢見るフロレスタンと、あともうひとり、終幕で万人の平等を保証し、革命家をとりたてて分け隔てるべからずと宣言するドン・フェルナンドと三人並べれば、これはもうフランス

ノーノ／《愛に満ちた偉大な太陽に向かって》──二幕の舞台行為　ツァグロセク指揮シュトゥットガルト州立管、シュトゥットガルト州立歌劇場合唱団、バラインスキー（S）、ポウルセン（A）、カイリンガー（Br）他［テルデック 2001年7月］

革命の掲げた友愛、自由、平等の三原則の揃い踏みにもなるではないか。そしてもちろん、《フィデリオ》においてこの三人は圧倒的に勝利する。このオペラはフランス革命の当初の成功の喜びをなぞるのだ。

では《愛に満ちた……》は？　この二部からなる作品は、《フィデリオ》や他の多くのオペラのごとく、ひとつの筋をきちんと追ってゆくようにはできていない。いくつものエピソード、しかも全部が革命にまつわるものが並行し重層して進む。とはいえいちおう、あるていど、タテ系になる要素はある。第一部ではフランスの、第二部ではロシアの革命にかんする物語がそれだ。しかし間違えるなかれ。ノーノがここで取り上げるのは、フランスといっても《フィデリオ》が下敷きにしたろう一七八九年の大革命でなく、わずか三カ月半で弾圧された一八七一年のパリ・コミューンであり、ロシアといっても、ソヴィエト国家樹立にいたった一九一七年の革命でなく、それに先んじツァーの権力に抑えられた一九〇五年の革命なのである。つまりどちらも「負けいくさ」だ。

はて、なぜ、ノーノは負けにこだわった？　《フィデリオ》が賛えたフランス革命もけっきょくはじきに挫折しナポレオン政権に取って代わられたわけで、そんな結果の持続しない革命を褒《ほ》めてもしかたなく、それより敗北した革命の姿を生々しく回顧して臥《が》薪嘗胆《しんしょうたん》し、次なる蜂起のときに備えようということか。それもあるかもしれない。が、ことはおそらくそう単純ではない。ここでわれわれはノーノがイタリア共産党の有力なメンバーだった事実を思い出そう。

勝てぬなら明日は勝とう負け戦

イタリア共産党は第二次大戦後、ソ連や中国の共産党と一線を画し、西側世界にふさわしい独自の革命運動のかたちを模索した。その理論的基礎を用意したのは、ムッソリーニ時代に捕えられ、長く獄中で過ごし、といってレオノーレみたいに助けに来る者もなく、そのまま獄死したグラムシである。

彼は革命戦を機動戦と陣地戦に分けた。機動戦とはつまりは民衆蜂起による暴力革命で、フランス大革命もパリ・コミューンもロシアの一九〇五年と一七年の革命も皆これである。しかしグラムシは、この戦術は権力の専制度が高く市民社会の成熟が阻まれている状況では有効だが、逆の状況では今ひとつと考えた。ようするに、権力がソフトになり、市民がそこそこ豊かにそれなりの自由を与えられ多様な価値観を許されて暮らし、現状の体制の延長線上にもまだまだより満足を求められそうなときに、いきなり真の理想社会のため蹶起《けっき》しようと暴力に訴えても参加者は少数派にとどまり、結果は失敗に終わりがちというのである。では、市民社会の成熟が認められる諸国家での革命運動はいかに執り行われるべきか。ここに登場するのが陣地戦の概念である。

機動戦が政治と軍事に訴え短期決戦をはかるなら、陣地戦は文化に訴え持久戦でいこうとする。つまりあらゆる手段を用いて、現状でそれなりに満足している市民に真の幸福をもたらす別個の社会があると教育するのである。そしてその成果が上がり、市民の多数がそういう新たな価値観をもったとき、革命はおのずと成就するだろう。暴力による軍事革命から非暴力による文化革命へ。このグラムシ流の思想がイタリア共産党やノーノへ受け継がれ、《愛に満ちた……》も生まれたのだ。

ならば、そのオペラが暴力革命の成功例でなく失敗例ばかりをわざわざ題材に選ぶ理由も見えてくるだろう。ノーノはこの作品を通じ、未成に終わった暴力革命に斃《たお》れた革命家や民衆を激しく追悼し哀惜《あいせき》しながらも、もはや現代の西側に生きるわれわれにとっては暴力革命なる一挙変革の方法は失敗にいたるほかないのだと、観る者を諭しているのである。《フィデリオ》が機動戦への誘惑のオペラなら、《愛に満ちた……》は機動戦への告別のオペラなのだ。

それからこれに関連して、ベートーヴェンとノーノの作品の第二の相違点、主役の女の性格についてもふれておかねばならない。まず《フィデリオ》のレオノーレは、革命戦士として地底の牢獄に潜入するとき男装する。これはけっきょく、短期決戦で暴力に訴える機動戦の場合、もっとも必要とされるのは男性的・男根的・射精的な瞬間のパワーであって、その種の革命に女性が積極的に参画するには、彼女もまた男性化せねばならないとの事情を反映しているのだろう。対して《愛に満ちた……》に登場する、パリ・コミューンに参加した女性教師や、一九〇五年革命で息子を失うロシアの母は、別に男装もせずに最初から最後まで女性のまんまで、機動戦に敗れた痛みを抱えつつ、新たな革命を夢見て生き延びる。けっきょく、彼女たちは機動戦の非を悟り、陣地戦的な革命像に向かってゆくはずで、そうした新たな革命運動に求められるのは、女性的・女陰的・「感じつづけるんです」的な、執拗に持続するパワーである。《フィデリオ》が短期戦に向いた男性を礼賛するオペラなら、《愛に満ちた……》は長期戦に向いた女性への期待を表明してやまないオペラなのだ。

では最後に、文化の力に訴え、市民の多数が社会の現状の誤りに目覚め、非暴力でおのずと革命が成るとは、具体的にはいかなるかたちで現出しうるのか。少なくともノーノの立場からすれば、それは簡単にイメージできる。皆が革命思想を伝える彼の音楽に共感し、それまで聴いてきた「陳腐な音楽」を捨て、《愛に満ちた……》のCDがミリオン・セラーになればよいのだ。そのとき本当におのずと世は変わるだろう。

しかしその日はいつに？　陣地戦革命の夜明けは遠い！

［二〇〇一年一〇月号］

21　ベリオのデタント

南は貧しく北は肥る

南北問題という言葉がある。

イタリアの南部は経済的に貧しく、その国家の富は北部に偏在し、北部は南部の面倒をみるのはもうこりごりと、よく駄々をこねる。これは南北問題だ。

日本の南部には沖縄諸島があり、そこは長年、経済的に辛い状況にあって、しかも沖縄本島には米軍基地が集中し、日米安保体制によって生じる負担を一手に引き受けている感がある。その沖縄に比べれば、北側の日本本土は豊かであり、米軍基地も沖縄に比べれば少ない。これも南北問題だろう。

地球の南半球には貧しい国々、換言すれば安い価格で天然資源や労働力を提供する国々が集中し、北半球には豊かな国々、つまりは南半球からさまざまな物品・サーヴィスを安く買い、それに付加価値を乗せ、また南半球に輸出しては儲《もう》ける国々が多く集まっている。北半球が南半球を搾取しているともいえるだろう。これまた南北問題である。

さて、音楽にも南北問題があると主張した人がいた。彼の名は間宮芳生《みちお》。日本の作曲家である。もっとも彼の説く音楽の南北問題の南北とは、南半球が北半球に搾取されているというマルクス主義経済学的物語によりかかってのもののたとえであって、具体的に南北の方角が生きてくる話ではない。

では間宮のいう「南」とは何か。それは世界各地の民衆によって長い歳月はぐくまれてきた民俗文化の世界だ。対して「北」とは何か。それは専門家、職業的芸術家によってしきられる都市文化の世界だ。むろん、「南」には民謡や祭り囃子《ばやし》があり、「北」には作曲家なんて輩《やから》がいる。そして両者は「北」が「南」を一方的に搾取するばかりの関係を続けてきたと、間宮は述べる。

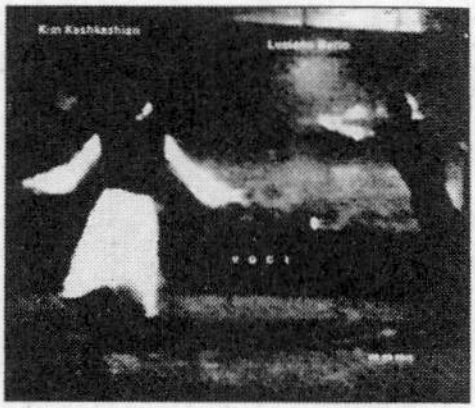
ベリオ／《ナトゥラーレ「自然」》（シチリアのメロディ）、《ヴォーチ「声」》（フォーク・ソングズⅡ）、《シチリア民謡集》より　カシュカシャン（va）、R・デイヴィス指揮ウィーン放送響［ECM 2002年3月］

たとえばバルトークである。彼は祖国ハンガリーや近隣のルーマニアなど、さらにはトルコや北アフリカの民俗音楽を調査研究し、それを糧《かて》に自身の旋律法やリズム法を鍛え上げて、多くの自作に結実させた。つまり「北」の人、バルトークは「南」からいただけるだけいただいた。なら彼は「南」にお返しをしたか。いや、なにもしていない。民謡の恵みでバルトークの音楽は豊かになったが、バルトークのおかげで民謡は栄えはしなかった。早い話、両者の関係は一方的収奪だ。しかも「南」は「北」にいくら搾取されてもストックはつきぬというわけではない。「北」の文化、都市文化の発達と全面化は、「南」の文化、農村や漁村の共同体文化を破壊するのが常だ。そうなれば民謡も民俗芸能も生きたかたちでの伝承はどんどん止まり、「南」は痩《や》せ細り死んでゆく。そのかたわらでバルトークのごときハゲタカ作曲家は自分の芸術のため民謡を利用しつくそうとするのだ。これは南半球と北半球の南北問題、あるいは環境破壊問題にも似たたちの悪い事態ではないか。間宮はそう憂えるのである。

間宮といえばバルトークを敬愛し、日本の民謡を採集してはピアノ伴奏独唱曲《日本民謡集》や《合唱のためのコンポジション》シリーズを書き、ガボンのまじない歌を使ってチェロ協奏曲を仕立てた人だ。そういう立場の作曲家が自省をせまられ、思わず口にしたのが音楽の南北問題というわけだ。

南と北は仲良くできるか？

しかしするとどうすればいいのか。「南」の民俗文化とは無名・匿名の文化であり、仮に作曲家個人がそこに入っていって、より豊かな民謡作りに励もうなどと旗を振ってみたところでおそらくなんの意味もない。あくまで「北」の一員にすぎぬ作曲家ができることといえば、自分の芸術のためには民俗音楽を素材としてどう利用してもかまわないといった奢《おご》りの心を捨て、もっと民謡やらなにやらのありのままの姿を尊重した創作がありえないかと、謙虚に模索してみるくらいだろう。そこでたとえば間宮は、民俗芸能そのものと自分の作曲部分が交互に出てくる作品（菅江真澄の旅行記にもとづくシアター・ピース）を作ってみたりしているが、これはやはりどうも水と油でうまくない。ところがここにその難題をもっと上手にさばく作曲家が現れた。イタリアの作曲家ベリオがその人である。

ベリオはもちろん、シュトックハウゼン、ブーレーズ、ノーノらに続く大物として戦後前衛音楽を担ってきた。しかし彼はその出発の当初から、戦後前衛が西洋近代芸術一般のありようからきちんと継承し墨守していたある理念にたいして懐疑的な姿勢も示していた。

はて、その理念とは？　ずばりオリジナリティの問題である。西洋近代芸術はなによりもまず作品にたいする芸術家の主体的創意の貫徹を第一義としてきた。バルトークが民謡を素材に作曲するなら、そのとき彼は民謡を主体的創意によってねじ伏せ、あくまで自分のものとして消化せねばならない。そこからこそ近代の芸術家にふさわしい創作が開始されるのである。その価値観はシュトックハウゼンらによっても尊重された。彼らが前衛作曲家としてめざしたのはおのれの独自の創意・着想によって完璧に支配され、よその何かと似た痕跡はつとめて排除されるような、真に新しい音楽作品の創造なのだった。

けれどもベリオはそんな態度に従えなかった。彼の音楽はたとえば伊藤仁斎や本居宣長の学問にも似ている。デカルトでもカントでも、西洋近代では哲学者個々が独自の体系を仕立ててこそ初めて学問という姿勢が基本なのに対し、仁斎や宣長の学問は本当にいいものはすでに過去にあり、われわれのなすべきはそれをどう解釈するかだけという認識から出発する。そして彼らは儒教の古典、あるいは『古事記』を一生懸命引用してはそこに注釈をつけ、それをもって自身の学とするのである。

ベリオも彼らと同じところがある。その代表作《シンフォニア》はマーラーやドヴュッシーやR・シュトラウスら、多くの先人の音楽をつとめて原形を損なわずにコラージュしたみごとな楽章をもっているし、その他にも彼はボッケリーニ、シューベルト、ブラームス、ファリャなどなどの曲を注釈を加えるようにいじった音楽を作っている。ベリオはもちろん、オリジナルな創意に満ちた曲を書きたがる近代人でもあるのだが、それ以上にすでにあるものに敬意を表し、その注釈付けの作業に大いなる喜びを見出す非近代人でもあるのだ。

そういうベリオの民謡にたいするいかにも彼らしい究極の選択を示したのが《ナトゥラーレ》（一九八五）と思う。ここでベリオはバルトークみたいに民謡をおのれの芸術に徹底的に同化させるべき素材として扱いはしない。あくまで民謡は「南」の文化、民俗文化に培われた生の姿のまま尊重される。えっ、どういうことかって？　じつは《ナトゥラーレ》ではシチリアの民謡歌手が歌った本物の民謡の録音が作品にはめこまれるのだ。その録音をただそのまま聴かせるのだったら、民俗芸能をまるまる引っぱってくる間宮芳生の場合と同じになるが、ベリオはむろん、その録音にヴィオラと打楽器により得意の注釈を加えてゆく。かくて本物の民謡の録音に、その本来の姿を傷つけぬよう注意深く器楽の音が織りこまれるというなかなか新しい創作のかたちがここに現出するのだ。これは「北」が「南」に示しうる最大限の敬意だろう。

「南」は「北」に収奪されるだけ。そんな殺伐《さつばつ》とした世はもう終わりにしよう。《ナトゥラーレ》には「南北」のデタント（緊張緩和）への夢がある。

［二〇〇二年六月号］

22　ブーレーズの〝スピード〟

三島由紀夫はスピード狂である

三島由紀夫、石原慎太郎、黛《まゆずみ》敏郎、福田恆存《つねあり》。この四人の共通点は何だろうか。戦後を代表する保守主義者？　たしかに世間は彼らにそうレッテルを貼ってきた。が、それだけではない。彼らはみなスピード狂でもあるのだ。

まず三島。彼は自衛隊のジェット戦闘機に志願して乗り組み、音速を体験し、あの華麗な『Ｆ１０４』を書いた。

「Ｆ１０４、この銀いろの鋭利な男根は、勃起の角度で大空をつきやぶる。その中で一匹の精虫のように私は仕込まれている。私は射精の瞬間に精虫がどう感じるかを知るだろう」――戦闘機の急上昇は射精時の弾ける感覚と重ねられ、三島はスピードに酔い痴れる。

次に石原。彼はスピーディなボクシング小説やジャズ小説の書き手だった。また彼は、

ブーレーズ／《シュル・アンシーズ》《メサジェスキス》《アンセム 2》ブーレーズ指揮アンサンブル・アンテルコンタンポランのメンバー、ケラス（vc）、パリ・チェロ・アンサンブル、カン・ヘスン（vn）、ゲルツォ（電子音響編曲）［グラモフォン　2000 年 10 月］

川島雄三監督の、団令子と宝田明が速射砲のごとくに喋りまくり自動車で疾走し、あげくに衝突事故を起こすというスピードの権化のような映画『接吻《せっぷん》泥棒』の原作者でもある。

そして、その『接吻泥棒』に急テンポのジャズ音楽を付していた作曲家、黛の魅力的なスコアといえば、それはつねに雄々しくたくましい速度感と結びついていた。《饗宴》、《舞楽》、《金閣寺》のフィナーレ……。成仏なるスタティックな境地を表現するはずの《涅槃《ねはん》交響曲》でさえ、はばをきかせるのはやはりダイナミックなアレグロである。

それから福田。『私の國語教室』を著し、「歴史的仮名遣《かなづか》ひ」を擁護《ようご》した彼のイメージからはスピードなんて言葉は連想しにくいかもしれない。が、福田は芝居の演出家としてはまぎれもなくスピード狂だった。彼は舞台で俳優に、まるで『接吻泥棒』みたいに素早く台詞を喋らせたがった。速度の追求によってこそ、俳優も観客も、よけいなことを考える間もなく、ただ台詞を喋り聴くとの一事に集中でき、結果、演劇はよりピュアになると信じていたらしい。

それにしても、名だたる保守主義者が揃いもそろってスピード狂とは奇妙ではないか。だいたい保守とは現状の変更を望まず、動きたがらないから保守のはずで、そこからスピード一般への嫌悪感も育ってくるのが常だろう。現状の一気呵成《かせい》な改造を求める革新主義者がスピード狂ならわかるけれど……。まあ、そんな意見も出るかもしれない。

が、そういう整理はじつはおかしい。三島らは保守主義者ではあるのだろう。しかし復古主義者というわけではない。たとえば日本を近代文明国から古《いにしえ》の農の国に戻そうと主張するような復古主義者なら、彼は動かず土を掘り下げるだけで法悦できようから、スピード嫌いでもうなずける。これに対し三島らは日本を守るべきだと主張したのであり、その守るべき日本とはむろん、天皇のいる日本でもあるが、また自由主義・資本主義の日本、情報や商品が加速度的に流通し、日々絶え間なく変容してゆくスピーディな日本でもある。なら、保守主義者がスピード狂でもいいだろう。

いっぽう、革新主義者は、現状の急激な変更を求めるのだからいかにもスピード好きにみえるが、その変革のヴィジョンはというと、搾取《さくしゅ》なき労働者の協同体とか、静的で固定したものになりがちである。とにかくそういう停止したヴィジョンにしばしば法悦する点では、革新主義者は復古主義者と同じスピード嫌いであっておかしくないのだ。

かくてここに、現代においては保守主義者がスピード狂で、革新主義者がスピード嫌いとの一種の逆説がなりたつ。じっさい、三島、石原、黛、福田のおのおの逆サイドの文化人として、大江健三郎、井上ひさし、武満徹、丸山眞男とでも並べてみれば、彼らはみな本質的にスピードと縁が薄そうとわかるだろう。

ブーレーズもスピード狂である

さて、この逆説的構図は、たとえば戦後西欧前衛音楽をリードしたいわゆる「ダルムシュタット三羽烏《さんばがらす》」の、ノーノ、シュトックハウゼン、ブーレーズの思想と音楽の傾向を考えるさいにも、少しは役立つかもしれない。

まずノーノ。彼は革新主義者で左翼ユートピアンだった。彼は真の人間の解放なるものを、決定的変革を夢見た。その音楽はそんな彼の思想信条によく奉仕するもので、多くの作品が革命を待望する異様なハイ・テンションを保持していた。たとえば《断ち切られた歌》《力と光の波のように》など。が、それらはめくるめくスピードとはあまり縁がなく、あくまでいっきに世の中をひっくりかえすような瞬間瞬間の絶叫調の衝迫力に賭けるものだった。そしてやがて時代が下り、現実における革命の夢が遠ざかると、ノーノの音楽は絶叫をやめ、《進むべき道はない、だが進まねばならない》《プロメテオ》といった曲で、秘教的な瞑想の領域へ入っていった。それはあたかも日々高速で流動する資本主義世界をやりすごしつつ、遠くなったユートピアをじっと見つめんとする音楽だった。彼はますますスピードから遠ざかった。

次にシュトックハウゼン。彼は左翼ではないが、第三次大戦後に自分の音楽を世界中の人間がありがたがって聴きつづける静かな世界ができると長く信じていたのだから、やはりユートピアンではあった。そしてその音楽は《モメンテ》《シュティムンク》《イノリ》《光》と時代が下るにつれ、瞬間瞬間のきらめきが連鎖する派手なものから、瞑想的なもの、さらにいかにも未来のユートピアで永遠に鳴りつづけていそうなだらだらした長大なものへと推移していった。彼もまたスピード狂とはおそらく違う人種と思われる。

それからブーレーズ。彼はノーノやシュトックハウゼンと異なり未来に現在を超越したユートピアの誕生を期待しはしなかった。むしろ彼は資本主義的競争社会とそれがもたらす富の増大やテクノロジーの進歩を礼賛してきた。その意味でブーレーズは現実を肯定し、歴史のあるがままの推移にそれなりに満足してきた保守主義者とよべるだろう。そしてそんなブーレーズの音楽は、やはりめくるめくスピードと密接にかかわりそうだ。すでに若き日のピアノ・ソナタ第二番は暴力的に驀進《ばくしん》する奔流のごとき音楽をめざしていたし、そうした音イメージは《フィギュール‐ドゥーブル‐プリズム》や《エクラ・

ミュルティプル》を経、七〇年代後半の《メサジェスキス》あたりからより明確化し、ついにその果てに九八年の《シュル・アンシーズ》が現れてくるのだろう。

この曲では三台ずつのピアノとハープと鍵盤打楽器がすさまじい名人芸を発揮し、濃密で豊饒で猛烈にぶち切れた音の高速運動を作り出す。その前では、ちょうど福田恆存の理想の舞台のように、演奏家も聴衆も立ち止まってよけいな懐疑やらを差しはさむ暇などおよそありそうもなく、ただ圧倒的にスピーディで饒舌な音の流れに没入し、それを全肯定して法悦することを迫られる。そしてその経験は、高度資本主義下の加速度社会に生き、情報と商品の過剰な奔流のただなかで快感を味わってしまい、いまさらこの快感になり代わる静的ユートピアなど構想しうるのか、さあ諦めて、ひたすらこの奔流に身を委ねなさいと、誘惑され決断を迫られる経験と似ている。かくてブーレーズで法悦するかしないかは、今の文明のかたちを受け入れるか受け入れないかにつながるのだ。

あなたはブーレーズのスピードに身を委ねるのか、それともノーノやらの停滞に踏み止まるのか。

［二〇〇一年三月号］

23　博徒ブーレーズ？

丁半コマ揃いやした！　入ります

ブーレーズのピアノ・ソナタ第三番（一九五七年）は、同時期に発表されたシュトックハウゼンの《ピアノ曲第一一番》とともに、「管理された偶然性」という新しい音楽の領分を開いたとされる。どちらも、楽譜はバラバラな断片になっていて、各断片を弾く順番は、その並べ方に多少の決まりがあるにせよ、基本的には演奏者に任される。つまり、音楽がどんな全体像になるかの決定を、作曲家は最低限の制約をもうけつつも、かなりまでみずからのあずかり知らぬ偶然の外部の意志に任せてしまうのだ。しかし、そんな音楽がなぜ現れたのか。そこには、第二次大戦後の前衛音楽史なんて小さな枠組みを超えた、大きな歴史の差配があるだろう。そのへんを考える鍵概念になるのは、とりあえず賭博《とばく》と労働である。

まず、賭博を賭博たらしめるゆえんのもの。それは前の積み重ねが次の勝負にたいし意味をもたないということだ。一回一回がつねにゼロからはじまる。そこに作用するのは偶然のみで、前後とは脈絡がない。そんな賭博は労働の反対語になる。なぜなら労働では積み重ねがものをいうから。それはつねに完成に向けての過程であり、労働者はその過程のどこまで来たかを確認することができるし、また確認できなくては労働の継続が不可能になる。それまでやってきた作業の積み重ねという過去の重圧が、労働者を必然的に未来に押し出すのだ。しかし賭博には過去もなければ未来もない。賭博者にあるのはゼロとそこからたちまち決まる勝敗だけだ。そうした瞬間的偶然を生きることで賭博者は、過去の重圧とそこから合理的に類推される未来への期待から、解放される。だから労働者は余暇のつかのまに、しばしば賭博者に変身したがる。そうして必然から偶然へと逃れ出るのである。

ブーレーズ／ピアノ・ソナタ第一番、同第二番、同第三番
ユンパネン（p）［グラモフォン 2005年2月］

といった論法で賭博と労働を対にしてみせたのは、フランスの哲学者、アランだった。この整理はいっけん、鮮やかである。なるほど、日常の労働と非日常の賭博は互いからいちばん遠いところにあるようにもみえる。だからこそマラルメは、「賽《さい》のひと振り」とかいって、日常俗世間からもっとも離れていたい純粋なる詩語の選択に、賭博的偶然性を導入したがったのではなかったか。

とはいえ、アランの説は、労働についての前提が、近代の現実とずれているかもしれない。たしかに労働は多くの場合において積み重ねであり、そこでは前に終えたことが生きて継続する。手工業的物作りも農作業も会社や役所の厖大《ぼうだい》な書類作りも、その範《はん》疇《ちゅう》に入るだろう。こつこつ何かを作り育てている仕事は、それが肉体労働だろうが知的労働だろうが、アラン流の労働にはまる。けれど、近代の労働が皆そのようにこつこつやるとはかぎらない。ドイツの思想家、ベンヤミンはそのへんを喝破《かっぱ》し、次のように言った。「機械を扱うときの労働者の仕事は、それが寸分もたがわない動きの反復であるということにおいて、前の積み重ねと関係をもたない」

近代という時代は、少しでも多くの領域で、人間の手作業を機械に代替させようとしてきたことに、特徴づけられる。稲を植えるのも皿を洗うのも自動車を組み立てるのも、機械がしてくれるにこしたことはない。すると、そのとき人間は何をするのか。機械を管理し操作し統御するのである。そのような仕事がひたすら増殖するのが、また近代の特質なのだ。そして、その新しい仕事の性格は、ベンヤミンの指摘するように、しばしば積み重ねを無意味にする。

たとえば、コンビニエンス・ストアのレジ打ちである。次から次へと客の持ってくる商品の値段を機械に記憶させる。誰がやっても大差ない、同じ単純な動作の繰り返しだ。積み重ねることで、動作が成熟し、立派なその道の労働者になるといった種類の話ではない。しかも、レジ打ちの動作の積み重ねは、物作りのように完成に向かって高潮しない。一回一回はどこまでも別々の作業であり、前の客の勘定を正確にやれたからといって、次の客の勘定とはなにも関係ない。間違えたとき、「さっきの人の勘定《かんじょう》はできたんです」と申し立てても、なんの弁明にもならない。賭場《とば》で文無しになったとき、「さっきは当てたのに」と怒っても、放り出されるのと同じだ。その点で、コンビニのレジ打ちは、アランの想定する労働よりも、賭博に近い。

出ました！　ブーレーズの三？

それから、電車の運転や飛行機の操縦も似たようなものかもしれない。それをなすには、レジ打ちなどと違ってたっぷり訓練し、専門職としての技芸を身につけなくてはいけない。しかしその技芸は貯金が利かない。九九九回、正確に同じように操縦桿《かん》を動かし、滑走路に無事着陸できたとしても、たった一回それをしそこねれば、すべては無に帰する。もちろん、前近代にも似た労働はあった。たとえば馬車の御者だ。しかし、彼は馬の調子を見ることに熟練できる。対してパイロットや運転士は、機械装置全部の調子を馬をうかがうようには見通せない。機械が複雑になればなるほど、その日の調子はますます神のみぞ知る。となれば、交通機関の運行とそれに伴う労働もまた、どんどん賭博化し、偶然の不安にさらされているといえるだろう。事故という名の賽の目は、いつもそこにある。二〇〇五年四月の福知山線の事故のあと、JR西日本の社長は「わが社の安全対策はかつての信楽《しがらき》鉄道事故以来、大きな成果を上げている」となおも述べた。積み重ねがあれば疵瑕《かし》は軽減されるという古典的労働観が、彼には生きているのだろう。が、彼はそのことによって、アラン同様、時代遅れになってしまった。機械文明下の労働はますます賭博に傾く。そして賭博に負ければ、すべてを無くす。

はて、話は音楽から遠のいたろうか。そんなことはない。なぜなら、近代西洋音楽史は、労働形態の歴史の暗喩《あんゆ》になっているから。もちろん、音楽がその大きな機能としてになってきたのは、日常の労働とは別世界への誘《いざな》いであり、その意味で音楽家は社会の現実の労働形態を作品でなぞりたいなどと思わないだろう。けれど、実際には作曲も演奏も労働にほかならず、その労働の質は工業やらなにやらの労働と同じ土俵上に乗ってしまう。現実から遠ざかりユートピアをめざす音楽は、それが労働の産物であるかぎり、その時代の労働形態の写し絵にもなる。その重大な象徴はハイドンだ。彼は職人の家に生まれながら、家業を嫌い、音楽家になった。が、彼は作曲家として「ソナタ形式の確立者」になってしまった。主題をドイツ語でいえばアルバイトさせ、つまり労働させ、音楽をこつこつ長時間にわたって前進させ、完成にいたる。それは、職人の、工業的世界の、物作りのやり方にほかならなかった。そして西洋音楽は、近代文明が産業革命の波に乗って物作りを大規模化させるのと歩を合わせつつ、楽式や編成を巨大化させ、動機をこつこつと労作して、壮大な伽藍《がらん》を築く仕事につとめたのである。動機労作にもとづく音楽とは、前から後ろへと不断に有機的に積み上がり、絶えずかたちを変え、しだいに熟して完成に向かう音楽のことだ。ハイドンからロマン派まで、作曲家たちは、アランのいう労働にふさわしいかたちで、額に汗したのである。

しかし、機械文明の大胆な進展につれ、意味深くしだいに熟してゆく積み重ねとしての労働という理想像は、ベンヤミンの言のごとく、機械の単純な反復動作と、それを操る人間のこれまた単純な反復動作にとって代わられる。そういう反復としての労働に呼応するのは、単純な繰り返しを重視する原始主義や新古典主義、それからずっとくだってミニマル・ミュージックになろう。それらの音楽は、単純な反復という表層の現象をたしかになぞる。けれども、機械的反復労働は積み重ねても脈絡を生まないゆえ、一回一回がそのたびに宙に浮いた賭《かけ》になってしまうといった、賭博としての労働の性格にまでは触れてこない。そこまでいくには音楽じたいが賭博性・偶然性を帯びなくてはいけない。となると、ケージのような、風の音を聴いても虫の声を聴いてもなんでもいい偶然性の音楽も出るが、それではやりすぎだ。賭博としての労働は、脈絡の壊れたうえでもやはりなにか労働するのだから、刹那《せつな》の中身はある。ただしその刹那は偶然の上を漂うだけなのである。としたら、賭博としての労働がいたるところに顔を覗《のぞ》かせるこの時代にふさわしい音楽は、刹那は作曲されているが全体は偶然に任せる「管理された偶然性」以外にない。

けれど、そういう形態の音楽は、シュトックハウゼンやブーレーズが実践してから半世紀経っても、少なくともクラシックの領域では一般的に受け入れられていない。それはつまり、労働が賭博と化す現実を信じたくなく、労働の産物としての音楽作品は作り手の努力の有機的な積み重ねでありつづけてほしいという、われわれの深層心理の表れとも思える。だが、現実は賭博へと向かっている。ＪＲ西日本の社長のように、音楽家も音楽愛好家も、時代遅れになっていてよいのか。

友よ、そろそろ新しい音楽を聴こう。積み重ねに実があるなんて、信じるな！

［二〇〇五年六月号］

24 「近眼派」音楽序説

シューベルトは耳掛け眼鏡

座頭市の映画が面白いのは、目が不自由な市がどんな晴眼の人よりもはるかに俊敏だからだ。そんなことは現実にはありえない。人が空を飛んだら超人（スーパーマン）になるように、盲人が目あきよりも身のこなしが速かったら超盲人だ。そういう「超」の、荒唐無稽《こうとうむけい》だからこそ夢もカタルシスもあるという、単純な本質を、しっかりつかまえたキャラクターであるがゆえに、座頭市の人気はなかなか衰えないのだろう。

俊敏な盲人は超盲人。ということは、あたりまえだが、ふつうは目が悪ければ機敏に振る舞えない。盲人は杖《つえ》や盲導犬に、ド近眼の人間は眼鏡に頼り、やっと動ける。私も、小学四年で視力が〇・五を切り、中学でもう〇・〇二。眼鏡の離せぬ人生だから、そのへんはわかるつもりだ。

寝るさいは眼鏡を枕もとに置き、目覚めたらすかさずかける。ところがときおり、手

シューベルト／ピアノ・ソナタ第二一番変ロ長調D960、同第一三番イ長調D664
高橋アキ（p）［カメラータ　2007年9月］

近にあるはずの眼鏡がどこかにまぎれることがある。そういうときはあわてて起きない。間違って踏みつぶす危険があるからだ。かといって見まわしもしない。どうせ裸眼では見つからない。眼鏡を視認するよりも「触認」するほうがたいてい早い。周囲に恐るおそる手をのばし、徐々に範囲を広げる。布団のひだやシーツの皺《しわ》をいくどもまさぐる。

　これではまるでチカ子である。一九六九年から放送された赤塚不二夫原作のＴＶアニメ『ひみつのアッコちゃん』にチカ子という極度の近視の幼童が登場した。彼女はしばしばアッコちゃんの秘密を知る機会にめぐまれかけるのだが、かんじんなときにはいつもなにかの拍子で眼鏡が飛んでしまう。身を屈《かが》め、「メガネ、メガネ」とまわりをスローモーに手探りしているうちに、秘密は彼女の上を素通りしてゆく。充実の大団円にけっしてたどり着けない女。近視者特有の緩慢で堂々めぐり風の動作を体現する子供。しかも近視のせいでいつも損をする人間。そんなチカ子の姿を、幼い日に「おおげさだなあ」と笑って見ていたのだけれど、やはり因果は報いるのか。

ところで、チカ子的存在が多くの人々にリアリティをもって立ち現れてくるのは、やはり近代以後だと思う。ヨーロッパなら一八世紀から一九世紀にかけて、日本なら明治以後だ。つまり、学校教育が広まり、識字率が上がってからだ。皆が字を読まずともすむ暮らしをしていれば、もしも目が多少近くとも、職業にもよるが、そうは困らない。針仕事でさえ、手が覚えれば、よく見えなくても勘で補える。ところが、字を読み書きできてなんぼの社会になると、もう勘ではすまない。学校でも職場でも、細かい字の認識速度が、しばしば競争の勝負を決める。近眼は明らかに不利だ。教室では、幼いうちから恥ずかしい思いをしつつ、前に座らせてもらわなくてはいけない。しかも、いつの時代にもまして目を酷使するのが近代の特質なのだから、近代史は即、近視者量産史となる。

近視者はもの悲しい。遠くをよく見たい。けれど見えない。それでも見ようと目を細める。くたびれる。鬱々とする。しかたない。諦《あきら》める。近くの見える範囲に引き籠《こ》もる。そこにこそ、近代人らしいメランコリーも生まれてくるように思われる。近視や眼精疲労や視力検査の歴史を近代の憂鬱に重ね合わせてみることは、コンピュータの画面で目をますますいじめぬく今の世界を見直すためにも緊要な社会史的課題なのではあるまいか。

さて、そう考えると、一九世紀ロマン主義音楽がメランコリーと不可分であり、その憂鬱の表現がいちばんにはシューベルトによって拓《ひら》かれたという事実は、とても意味ありげに感じられてくる。だって、彼こそは眼鏡がトレード・マークの大作曲家第一号ではないか。眼鏡が顔の一部になっている。少年時代から近視がひどく、学校の教室では最前列に座っていたともいう。いや、それよりもなによりも、シューベルトらしさの真骨頂というべき、彼特有の長談義的な音楽の構造、たとえばD九六〇の変ロ長調ソナタにとりわけ露出している構造が、『ひみつのアッコちゃん』のチカ子の動作とダブるのだ。

フェルドマンは瓶底眼鏡

単純な音型をためらいがちに反復し、なぞり返しては、ボンヤリと停滞してしまい、なかなか埒《らち》があかない。そうかと思うと、見まちがえてつい拾ってしまった異物がまぎれることもある。とにかく、ひとところでいつまでも、あたりを撫《な》でたりさすったりし、微妙な細部を愛《め》でている。

かといって、眼鏡をなくしたチカ子みたいに、動きがいつも緩慢というわけではない。シューベルトにはアレグロもアレグレットも豊富だ。D九六〇にはアレグロ・ヴィヴァーチェさえある。ただし、その速い音楽は、モーツァルトのごとく未知の向こう側へと奔放《ほんぽう》に跳躍したり、ベートーヴェンのごとく壁をぶち壊したりするのとは違う。勝手知ったる自分の部屋をぐるぐる駆ける種類の速さだ。つまり堂々めぐり。シューベルトの愛するロンドとは堂々めぐりの形式にほかならない。ド近眼でも、それならやれる。

そういうシューベルトの、近視者の身体感覚とそこに随伴する憂鬱な感情とを写し取ったかのような音楽は、長いこと評判が悪かった。科学文明の進歩と人類のよりよき明日が信じられ、遠い未来の輝かしい輪郭《りんかく》までが見通せているつもりだったモダニズムの時代に、近くすらぼやけた状態からちっとも抜け出せないシューベルトは、ただただんに退嬰《たいえい》的なものの見本だった。D九六〇など、退屈の一語でかたづけられていた。

ところが、何が進歩かよくわからなくなってしまい、あたりが霧に包まれ、誰しもが迷子になりだした、いわゆるポスト・モダニズムの時代に、同じシューベルトがこんどはとてもアクチュアルになった。ポスト・モダンにもはや遠目はきかない。そこに生きる者は、実際の視力の良い悪いはともかく、みな先が見えないのだ。時代はもうシューベルトなのである。

そんな世の中だから、D九六〇の音盤もずいぶんと増えた。国内盤で聴こうと思ったら、一九七八年には十人のピアニストから選ぶしかなかったのに、二〇〇〇年には二十八人にもなっている。名作の仲間入りだ。

もちろん、解釈も変わってきた。かつては、とらえどころない木偶《でく》の坊を、いかに花も実もある姿に変装させ、そこに波瀾万丈《はらんばんじょう》のドラマを仕掛けるかに腐心する演奏が多かった。シュナーベル以来、ノロノロとさまよう時間に堪《た》えられず、わざとらしい細工に走るものもずいぶんあった。

しかし、やっぱりノロノロなチカ子はそのままでいい。それが当世だ。ポスト・モダン以後だ。そして、その路線の最右翼に確実に陣どってみせたのが、今回の高橋アキ盤なのだと思う。

どのフレーズも、明晰《めいせき》に割り切らず、どこか言いよどむ。ペダルをたくみにもちいて輪郭をぼかす。旋律を立てすぎず、伴奏を埋没させず、両者を微妙な力関係のなかで宙吊りにする。これみよがしな思い入れや、ピークを演出しようとする力みなんて、まるでない。近視者は近視者らしく、手の届く周囲の微妙なひだや皺を、じっくり淡々とまさぐっていればいい、という感じだ。

それにしても、高橋はなぜここまでやりきれたのだろう？ ポスト・モダン的に迷子のように漂ってとか、頭でイメージしてみるだけでは、こううまくできまい。高橋には近視者の生理というものがきちんと身についているのだ。

といっても、私は、このピアニストの目がいいのか悪いのか、寡聞《かぶん》にしてよく知らない。ただ、わかっているのは、彼女が、現代アメリカの作曲家で極度の近視者、モートン・フェルドマンのスペシャリストでもあるということだけだ。

フェルドマンは、進歩の幻想の綻《ほころ》び、ポスト・モダン状況の現出しはじめた一九七〇年代後半から、切り詰められた音型を信じられないほどにゆっくりと静かに繰り返しては、微妙に移ろわせてゆくだけの音楽を、書きつづけた。ピアノ独奏で一時間半とか、弦楽四重奏で六時間とか。それは瓶底《びんぞこ》眼鏡なしですまないド近眼の作曲家ならではの、現代のメランコリーの極北だ。フェルドマンの師、ジョン・ケージはそんな音楽を「永遠の牢獄」とよんで批判した。狭いところからどこにも出ない。目が悪すぎて動けない。チカ子の手探りは永遠に続く。しかし、そうやってじっくり確かめられてゆく、ひだや皺の豊かな差異は、気の急《せ》いた者にはけっして味わえない。「永遠の牢獄」はケージのいうように悪いばかりではない。フェルドマンは「現代のシューベルト」なのかもしれない。

その彼がもっとも信頼した演奏家こそ高橋だった。彼女は瓶底眼鏡の感性に何十年も馴染《なじ》み、それをすっかり肉体化しおおせている。手近な世界を慈《いつく》しみぬき、狭苦しい場所に引き籠もる憂鬱を、無限の細部を玩味《がんみ》する喜びに変える魔法が使える。そんな彼女が、元祖眼鏡っ子作曲家、シューベルトを、絶妙に弾けてとうぜんだろう。

見えない遠くを無理に見なくてもいい。感じられる近くを味わいつくせばいい。シューベルトとフェルドマンと高橋アキの三角形のなかで、近視者の憂鬱は近視者だけの快楽に変わるのだ。

25　シュトックハウゼンの世界新秩序

［二〇〇七年一二月号］

世界に中心があってはいけないと叫ぶもの

二〇〇五年六月、シュトックハウゼンがやってきた。その前に二年続けて来日し、NHKの『ニュースセンター九時』に出たときは司会者が磯村尚徳《ひさのり》だったのだから、本当にひさびさである。では、その間、彼は何をしていたのか。連作歌劇《リヒト（光）》に四半世紀もかけていたのだ。《光》はワーグナーの《指環》より三晩多い七晩もので、それぞれの題名は七曜日、つまり《月曜日》から《日曜日》までだ。今回の来日では《日曜日》の一部になる《リヒト＝ビルダー》がお披露目された。

《光》の、のべ演奏時間は、まる一日ではすまない。まさに超弩級《ちょうどきゅう》歌劇である。するとそれはどんな話なのか。はっきりいってよくわからない。とにかく主要登場人物は三人いる。ミカエルとルシファーとエヴァである。天使と堕天使と女性的なるものと言い換えてもよいだろう。この三人が、出会ったり、別れたり、単独で主役を張ったりするうち、七晩が過ぎる。全体は夢のようで脈絡がない。いったいこれは何なのか。

　シュトックハウゼンは一九二八年、ケルン近郊で生まれた。五歳でヒトラーが政権を取った。母親は心を病んだので、ゲルマン民族から「劣性遺伝子」を排除する法に従って「処置」された。父親は戦場から還らなかった。本土決戦の果て、廃墟と化したドイツに孤独に取り残された少年は、「世界はいったんチャラになった、まったく新しい秩序がこの廃墟に建設されねばならない、音楽もしかり」と欲望した。けれど、本当のゼロから新しく説得的なロジックを生み出すのは神の所業であり、凡夫のなすところではない。やはり、過去からなにかモデルを探し、そのモデルを大胆に読み替え、ゼロから始めるのに匹敵する新しさを作り出すというのが、現実的だろう。そこでシュトックハ

シュトックハウゼン／《リヒト＝ビルダー》
スザンヌ・スティーヴンス（バセット・ホルン）、カティンカ・パスフェーア（fl）、フーベルト・マイヤー（T）、マルコ・ブラーウ（tp）、アントニオ・ペレス・アベラン（synth）［輸・Stockhausen Verlag 2005年5月］

ウゼンが発見したものというと、ヴェーベルンだった。

彼は、師匠のシェーンベルクの創案した十二音技法を用いた。一オクターヴを構成する十二の音程を一回ずつ使って十二音列をしたて、それをもとに無調音楽を作る方法である。しかし、師弟ではその先が違った。シェーンベルクは十二音列を用い、世界新秩序的旋律線で作品を満たせたけれど、リズムなどなど、音楽的時間の造形法というか呼吸法といった面では前時代に大いにならっていた。ところが、ヴェーベルンはそうではなかった。音がひとつひとつ、ポッポッと切れている。バラバラに離されている。その音たちの音程の決め方には十二音技法が反映するのだが、どうもそれだけでもないようにシュトックハウゼンには感じられた。ポッポッ切れた音は、音程だけでなく、音の長さや音の強さの設定にも、なにか独特な決まりごとをもつように思われてきた。ヴェーベルンの一部の曲では、音の高さだけでなく、長さや強さも一音符ずつコロコロ変わるようにみえる箇所があるのだ。

本当のところ、ヴェーベルン本人がどこまで計算ずくだったかわからない。しかし、シュトックハウゼンは、ヴェーベルンが十二の音程の列を作るのと同じ仕方で、何通りかの長さの音符や強弱記号を一回ずつ使った、音の長さの列や強さの列を設定し、それらもろもろの列を組み合わせて音楽を作ろうとしていたのではないかと、推理した。あとは、ヴェーベルンの未完の想像力をとことんふくらまし、過去と絶縁した新秩序を名乗るにふさわしい響きを作ればいい。かくして、いわゆる総音列主義の音楽が誕生した。

では、ヴェーベルンの「拡大解釈」上に志向された音楽の新秩序とは、つまりはどんな秩序なのか。総音列主義の音楽は、それを構成するいちいちの音の高さ・長さ・強さを、目まぐるしく変動させつづける。常人には、秩序があるどころか支離滅裂としか思われない響きができる。しかし、伝統的な意味で不安定きわまるその音楽は、どの音程も音の長さも音の強さも主役を張れず、すべて対等に宙吊りになって均衡しつづけるという意味では、秩序を示すのだ。それが新秩序なのだ。調性の音楽はどれかの音程を中心に確立されるし、リズミックな音楽は強さや音符の長さの一定のパターンをふまえてこそなりたつ。とにかくなんらかの主役が設定され、その上でパターンや序列が組まれ、ヒエラルヒーができて、安定する。その安定は、主役が脇役を抑圧してこそもたらされるのだ。対して戦後的新秩序の音楽は、主役なき全要素の対等な均衡にこそ真の安定を見つける。中心音もない。捉えやすいリズムや強弱法もない。全部が宙ぶらりん。いかなるヒエラルヒーも抑圧もない。ヒトラーなる絶対的中心から解放されたドイツ青年の考える音楽として、これほど適切なものがあろうか。

音楽には意図相応の時間が必要だと叫ぶもの

ところが、その音楽は聴く者からわかりにくいと言われた。もちろん、響きが新しく、なじみがないのだから、知らない外国語をはじめて聴くのと同じで、わかりにくくなる。当然だ。すると、慣れればわかるか。そうでもないのだ。最初は初耳の外国語でも、個々の単語の意味を知れば、全体もだんだんみえてくる。ところが、総音列主義の音楽は、いちいちの音にバラバラな性格を与えるのを身上とする。ひとつの音なんて、鳴らしてもたいがいすぐに止んでしまう。音楽というからには、一瞬のうちにいくつも音が進んだりもする。シュトックハウゼンが「ほら、一個一個、こんなに音が違っています」と得意になっても、聴く側は、知らないおおぜいの外国人の顔のアップをパラパラ漫画で見せられるようなもので、いちいちの区別を明瞭に刻めない。単語を覚えられないのに全文を理解しろといわれても、無理である。つまり、楽譜上では周到にしかけられている、全要素の主役なき均衡という理想的新秩序が、聴いてもとても実感できないということだ。音楽なのだから、それではいけない。楽譜を調べればわかると開き直っては、意味がない。

そこからシュトックハウゼンの苦悩と試行錯誤の歴史が始まる、いろいろな新発想がもちだされる。そのなかで大切なのは、次の二つだろう。

まず第一は「点を超えて群へ」だ。音のいちいちの「点」としての対比にこだわっても、それが聴き手の耳に残らず、主役なき均衡が実感されないとすれば、「点」を集め「群」を作り、「群」を覚えてもらえばいい。「群」とは、原則として複数の「点」の組み合わせで作られ、それなりの時間的持続があり、ひとまとまりの運動として覚えやすい音のグループのことだ。そのグループの作り方で大きな役割をはたすのは、プラスとマイナスとイコールになろう。加速的とか漸増《ぜんぞう》的とか上行的とか過剰に強調してとかいった調子でいく音のまとまりがプラスで、減速的とか漸減《ぜんげん》的とか下行的とか衰弱し希薄になってとかいった調子のまとまりがマイナスで、前の状態を保って停滞してというのがイコールだ。そのような記憶しやすい音のまとまりを設定すれば、細部は総音列主義的に構築されるにしても、聴く側は事前にその作品の「群」それぞれの性質を簡単に「予習」しておくだけで、もろもろの「群」が、どれが主役でもなく、プラス・マイナス・ゼロの要領で常なる均衡を達成してゆくさまを味わえるようになる。新秩序が音で実感されるのである。

次に第二はいわば「点の復習」だ。一音一音バラバラな性格を示す「点」の音楽を濃密に押し詰めて一回や二回示したところで、記憶にはなかなか残らない。そこでまとまった動きを記憶せよという「群」も出てくる。しかし「点」だって、まだ使い道はある。「点」を長時間かけ、なんども立ち止まっては戻ってなぞり返し、丹念に虫眼鏡で見せるように噛んで含めてゆけば、熱心な聴き手の耳には必ず、一音一音に与えられた性格の違いが刻まれるようになるだろう。

音楽は記憶の芸術である。「点」が簡単に覚えられなければ、しつこくゆっくりやればいい。耳になじみにくいものを誰にも記憶させるには、時間がかかる。結果、演奏時間は長大化し、音の推移も濃密でなくなり、間延びしてくるが、音楽のめざすところは、そのほうがより確実に伝達されるようになる。また、「点」をしつこくなぞるのもどうかと思えば、プラスとマイナスとイコールの「群」の均衡を使えばいい。「点」を細かく均衡させるより大味かもしれないが、それでも主役なき均衡にはちがいない。

すると、この二つの道の交わるところに何が生まれるべきか。長大な時間を使い、「点」と「群」の多様かつ中心なき均衡美を展覧しつくし、起承転結とかはむろんなく、そしてプラスとマイナスとイコールという単純かつ本質的な三元均衡論がまんべんなく行き渡るような音楽だろう。それが《光》なのだ。上昇する天使、ミカエルはプラスで、下降する堕天使、ルシファーはマイナスで、なにもかも素直に受け止める女性的なるもの、エヴァはイコールだ。おまけに、音列主義的発想に支配され、とてつもなく長く、無限に循環する七曜日の世界だから、《指環》の起承転結の四夜構成とは正反対である。これぞまさに永遠の均衡のユートピアだ。そのなかでこそ、かつて総統という中心の前にひれ伏さなければならなかった青年は安心立命するのである。

［二〇〇五年九月号］

26　小指の思い出

やくざは小指の弱さを信じる

やくざが指を詰めるときは、左手の小指のいちばん上の関節のところを切るのが普通らしい。渡世で一回きりの指詰めならそれで終わりだが、やくざによっては、二回、三回と指を差し出すこともある。そうなったら二度目は左手の小指の二番目の関節、三度目と四度目は左手の薬指の上の関節か右手の小指のやっぱり上の関節をざっくりやるもののようだ。もちろん、以上は右利きのやくざの話で、左利きなら逆になるだろう。

指は十本ないと不便である。全部揃《そろ》っていてほしいに決まっている。しかし、十本が十本とも、まるっきり同じ重みの値打ちがあるということでもない。よく力の出る指と出ない指がある。押すときに便利な指とつかむときに役立つ指がある。大きな指と小さな指、長い指と短い指がある。指それぞれで位置も形状も役割も違う。そんななか、どうしても指をどれか貢《みつ》がなくてはいけなくなったら、まず利き手でないほうの小指、そ

シチェドリン／ピアノ協奏曲第二番、ショスタコーヴィチ／ピアノ協奏曲第一番、同第二番
マルク＝アンドレ・アムラン(p)、アンドルー・リットン指揮BBCスコティッシュ交響楽団、オキーフ（tp）［ハイペリオン 2003年12月］

の次はあの指と、やくざはそれなりに合理的に思考している。つまりそれらの指は十本のなかでは有用度が低いとやはり判断しうるのだ。よその指と天秤《てんびん》にかければ、なくても困らないともいえる指。それがまずは小指である。女が小指を噛《か》まれて痛いという流行歌があったけれど、噛んだ男は、痛めても実害が最小の指は小指だと、よくよくわかっていたのだろう。味な奴である。これがもし中指や人差し指を噛んでいたら、歌ではすまない。もっと凄惨《せいさん》になる。

いや、妙なところから始めてしまった。とにかく十本の指は不均等なのがあたりまえという話である。そしてそういう十本の指をめいっぱいに活用することで演奏法を発達させてきたのが鍵盤楽器、なかでもとりわけその雄たるピアノだ。ではピアニストは、そんな指たちに、いかにして鍵盤を弾かせようとしてきたのか。その処し方は理念的には二つに分極してくるだろう。

いっぽうの極には、不揃いな指たちという、手の構造に即して自然な大前提を、そのまま生かそうとする態度がある。小指は細く弱々しく、薬指は鈍重で頼りなく、中指はマエストーゾなタッチで、人差し指はキリリと鋭く、親指はなにやら豪胆。それら指の特性の違いをありのままにして、ピアノを弾く。力のムラや速度のムラを当然とし、そのムラからピアノ音楽ならではの運動の綾《あや》、うねりの感覚を生み出してゆく。どの指から始めてどの指で切ると、フレーズに理想的な強弱やゆらぎが醸《かも》し出せるかを考える。不均質ということを表現の武器とする。聴く者はそうしたさまざまな次元のムラを、しばしば視覚的印象に翻訳し、明と暗、光と翳《かげ》の微妙なひだを味わったりする。

対してもういっぽうの極には、人間を機械にしたいとの欲求が鎮座する。数多の部品を頑健に組み上げた近代工業文明の傑作としてのピアノを弾きこなす者は、機械に比肩するような完璧な技術人であるべきだ。そういう人間は、小指が弱い、中指は強い、指回りがぎくしゃくするなんて言っていてはいけない。弱ければ大リーグボール養成ギプスでもなんでも持ってきて鍛えればいい。強すぎれば自在にセイヴする術《すべ》を心得ればいい。指回りもひたすら訓練だ。そうして不揃いをならし、均等な速度と力を実現しきったとき、近代的技術人としてのピアニストは完成する。そこからは、ゆらぎやひだといった曖昧《あいまい》なものはいっさい追放され、すべては煌々《こうこう》たる光に照らされつくすだろう。

むろん、重ねて断れば、以上の二極はあくまで理念型である。現実のピアニストたちはたいていこの二極の中間のどこかに吊り下がっている。ムラが何分で均等が何分という話だ。が、ごくたまに、理念型にすっかり寄り添い、その二重身のようになって、それでけっこう様《さま》になるたいしたヴィルトゥオーゾもいる。ムラひとすじということではかつてのフランソワとかがいい線をいっていた。そして均等型のヴィルトゥオーゾとなると、今日ではいの一番にアムランだ。じっさい、ライヴでも録音でも、これほどムラを感じさせないピアニストはそうおらぬ。一音一音がつねにカッキリと分節されている。速度や強弱の変化に手の構造的制約がからんでいるように聞こえさせることがあまりない。どういう小指なのかと思う。彼が具現しているのはまさに機械のように均質な手だ。

そうした種類の超絶技巧を駆使し、彼は一九世紀ロマン派とその流儀の延長線上にある名人芸ピアノ音楽をたくさん弾いてきた。そのできばえはいつも素晴らしく完璧である。けれど、そこには一抹《いちまつ》の空虚さもついて回る。なぜってロマン派というくらいだもの。その種のピアノ音楽は、鬱屈《うっくつ》し内向し、ときには誇大妄想や錯乱へとひたはしる、いずれにせよ割り切れぬロマンティックな人間精神をいくばくかは表象してくれなくては困る。そしてその割り切れない気持ちといったものを担保するのは、ロマン派名人芸ピアノ音楽の場合、みっしり目の詰んで、弾くのに難渋《なんじゅう》する装飾的パッセージの大洪水なのだ。それらはとうぜん、ムラをともない、小指の弱さもそのままに弾かれたほうが味である。それでこそ、はっきりとはつかまえられないと相場の決まっているロマン的感情がなにやらウジャウジャと首をもたげてくるのだ。ところがアムランの弱くない小指で、たとえばラフマニノフやメトネルのそういうパッセージを、あたかも真鍋博《まなべひろし》のイラストのようにくっきり影なくすみずみまで鳥瞰図《ちょうかんず》的に見通してしまったら？　なにかレントゲン写真でも愛《め》でる具合になってしまう。はやい話、ムラを否定したアムランのピアニズムはロマン派には居心地が悪い。どうもレパートリーを間違っているきらいがあるのだ。

ソ連は小指の弱さを信じない

では、アムランは何を弾けばピッタリ来るのか。いろいろあろうが、たとえばシチェドリンではないか。だからこのＣＤには思わず快哉《かいさい》を叫んだ。じっさい、解釈も仕上がりも非の打ちどころがない。

シチェドリンは一九三二年に生まれ、作曲をシャポーリン、ピアノをフリエールに師事した旧ソ連の作曲家である。旧ソ連といえば共産主義イデオロギーにより支配地域をあまねく平準化・均等化しいっさいの曇《くも》りや澱《よど》みを消し去るのを理想とした国家だから、その意味でアムランのピアニズムとよく被《かぶ》るともいえる。が、ここではそんなことより、シチェドリンの音楽じたいが問題だ。彼の作曲家としての公的デビューは、一九五四年、すなわちスターリンの死の翌年だった。教条的社会主義リアリズムは徐々に崩れ、西側寄りの新しめの音楽技法も多少は使えてくるかという時代が開けようとしていた。しかしスターリンがいなくなったといっても、ソ連はソ連である。フルシチョフのときもブレジネフのときも、やりすぎた芸術家をみせしめに血祭りに上げようと共産党はつねに目を光らせていた。そんな状況を生きぬくため、新しい技法云々の問題以上に留意すべきは、内面的苦悩とかを吐露することの危険性をつねに認識し、音楽からその種の感情の発露ととられかねない要素を消去すること。なぜなら建前《たてまえ》としての共産主義理想社会には、個人の苦悩や憂鬱《ゆううつ》なんてすべて解決ずみでもはや存在しないのだ。悩める個人が音楽に出てきてはよろしくない。そして苦悩や憂鬱の表徴と党や社会にとられかねない危険な響きとは、いうまでもなくロマンティックなムラ、ゆれ、うねりなのだ。弱くおじけづく小指なのだ。

そこでシチェドリンは、どうしても深刻ぶりたがるショスタコーヴィチや、地としてのセンティメンタリズムをあらわにしがちなプロコフィエフ以上に、個人の思想や感情を上手に隠蔽《いんぺい》する術を身につけた。彼の音楽は、いっぽうではロシア・ソヴィエト民衆の集合的感情の表徴としての単純なフォークロア的、あるいは都市流行歌謡的な音楽素材に、もういっぽうではロマン的感情をまだ知らぬバッハと、ロマン的感情を放棄したヒンデミットの冷厳な職人性に立脚し、そのあいだで個人のウェットな感情の類をみごとに消去する。かくて彼の作品はいつも完全にドライな遊戯《ゆうぎ》になるのだ。

そんなシチェドリンのいちばんの有名作が、ビゼーの素材を借りて才気煥発《かんぱつ》な職人芸をひたすら純粋にゲーム感覚で披露したいわば編曲もののバレエ音楽《カルメン》なのは、やはり偶然ではない。そして、そういう作曲家の行き方は、そのピアノ音楽でも遺《い》憾《かん》なく発揮される。しかも、シチェドリン自身がピアノのヴィルトゥオーゾだから、その鍵盤音楽はいたって難技巧である。

というわけで、バッハとヒンデミットとモダン・ジャズを混合した不思議なピアニズムを武器に、旧ソ連の器械体操選手のようなムラなくうねらずピシッと角ばりアクロバティックに突進する、彼のピアノ協奏曲第二番（一九六六）を弾くのに、アムラン以上にふさわしいピアニストがあろうか。ここにたぐいまれなる人工楽園の愉悦《ゆえつ》を伝えるディスクが生まれた。人工楽園には人情も涙もいらない。そこでは、ただ鋼鉄の小指をもった超人が、白い歯をむき出しにしつつ冷たく微笑《ほほえ》んでいるのだ。

［二〇〇四年三月号］

27　ポスト・ポスト・モダン時代のベートーヴェン

プロコフィエフはかく語りき

一九八九年の秋のことである。武満徹が人選していたサントリーホールの国際作曲委嘱シリーズで、オーケストラのための《輪舞》を初演すべく、ソ連の作曲家、ロディオン・シチェドリンが来日した。バレリーナのプリセツカヤの夫で、ビゼーの《カルメン》を奇妙な舞踊曲に編作した人といえば、現代音楽ファンでなくても、その名を思い出してくれるかもしれない。

ときは「ベルリンの壁」の崩壊直前。東欧共産主義諸国はいよいよ風前の灯《ともしび》だったが、ソ連はゴルバチョフのペレストロイカのもと、なおいちおうあったし、まさか消滅するとは、少なくとも私はまだ想像だにしていなかった。

演奏会の何日か前、サントリーの小ホールで作曲家の講演会があった。私はシチェドリンびいきである。当時は三番までだったピアノ協奏曲、二番までだった交響曲、バレエの《アンナ・カレーニナ》等々を愛聴していた。

また前年の一九八八年には、東京の青山劇場で、シチェドリンのミュージカル《十二ヶ月のニーナ》が世界初演されたばかりだった。マルシャークの『森は生きている』を原作とする三時間の大作。主役の貧しく可憐《かれん》な少女はバレエ界から女優に転身したばかりの床嶋佳子《とこしまよしこ》で、わがままな女王役は三田寛子《ひろこ》。制作はホリプロである。ロシアもののミュージカルなら、ソ連の作曲家がいいだろうと、ホリプロがわざわざシチェドリンに委嘱したのだ。そして、劇場で売られていた豪華なプログラム冊子にシチェドリンの紹介文を寄せていたのは、松村禎三《ていぞう》だった。

《十二ヶ月のニーナ》は傑作である。ナンバーは豊富であり、ロシアの民謡、俗謡、聖歌に、ソ連風のロックやポップスのスタイルまでが総動員され、ミュージカルとよぶに

ベートーヴェン／交響曲全集
プレトニョフ指揮ロシア・ナショナル管弦楽団、モスクワ室内合唱団、デノケ（S）、タラソワ（Ms）、ヴォトリヒ（T）、ゲルネ（Br）
［グラモフォン　2007年9月］

はあまりに手のこんだ音楽が展開される。三田寛子や鈴木ヒロミツが、顔を真っ赤にして、声域の広く音程のとりにくい歌を絶唱した。もちろん、生オケ付きで、それがまたシンセサイザーなどを入れ、ロシアの民俗楽器の響きも出せるようにした、意欲的な特殊編成。なんだかストラヴィンスキーとプロコフィエフと歌声喫茶とディスコが束になって現れた具合だ。こんな不思議なミュージカルはほかに聴いたことがない。そんな作品が都心の大劇場で長期公演されていたのだ。バブル時代ならではの、異常かつ贅沢《ぜいたく》なできごとだった。

いや、講演会の話だった。シチェドリンはよく喋った。そのなかでもきわだって印象に残ったのは、プロコフィエフの教えである。

ある日、モスクワ音楽院の作曲科をプロコフィエフが訪ねた。スターリン時代の最末期、大作曲家も最晩年、シチェドリンはシャポーリン門下の学生だった。そこで学生は大作曲家に質問した。「作曲家としていちばん心得るべきことはなんでしょうか」。プロコフィエフは答えた。「どうしたら人が驚くかを考えなさい」

もっとヒューマニスティックかアーティスティックな返しを期待していたシチェドリンは、度肝をぬかれたという。だが、けっきょくそれを座右の銘にし、創作を続けているのだという。

なるほど。それでいろいろ腑《ふ》に落ちた。フルシチョフ時代のソ連でピアノ協奏曲にクール・ジャズを入れこみ、共産党を仰天させる。交響楽団に詩人の朗唱と民謡歌手を組ませた奇天烈《きてれつ》な実験作で、ショスタコーヴィチの顔を歪《ゆが》ませる。一九六〇年代のニューヨークで西側顔負けの前衛曲を披露し、こんなソ連音楽があるのかと、米国人の意表を衝《つ》く。さらには日本でアイドル歌手の出演するミュージカルを発表する！

シチェドリンは、自分の内なる美の問題をめぐって煩悶《はんもん》し、それを吐露してゆくような型の芸術家とは、根本的に違う何者かなのだ。おのれを特定の美学にアイデンティファイしない。シニカルに自分を外から見つめ、ＴＰＯにおうじていかようにも作りかえる。首尾一貫した自我がない。

そこには、深井史郎の次の言葉がピッタリくる。「随分あなたの軽業をみてきました。突飛なこともなさいましたね。このあいだ街を通るチンドン屋を見て、あなたを思い出しました」（《パロディ的な四楽章》への作曲者による解説より）

これはストラヴィンスキーについての台詞《せりふ》だ。手を替え品を替え、人を驚かしつづける道化師。チンドン屋や道化師は顔を塗っている。それは個性や内面を塗りつぶし、ときにわざとらしく類型的なものに身をゆだね、ときに誰にでも仮装してみせるということなのだ。その意味でシチェドリンも同類である。私はそういう人間が大好きだ。

プレトニョフはかく振る舞いき

そしてここに、まぎれもない仲間がもうひとりいる。シチェドリンの親しい友人でもある、ミハイル・プレトニョフだ。彼の近年の録音やライヴを聴いていると、プロコフィエフの教えの言葉が、いやでも思い出されてくる。

今回のベートーヴェン交響曲全集も、やはり人を驚かすことしか考えていない。そこには、なんらかの首尾一貫した表現を追求する指揮者はいない。トスカニーニならヴェルディ的なしごきのテンション、フルトヴェングラーならロマン的うねり、カラヤンなら磨きぬかれたレガート。それにみあう、プレトニョフならというものは、まるでない。深く歌いあげるかと思えば浅く騒ぎまくる。誠実な祈りは哄笑《こうしょう》に急転する。酩酊《めいてい》状態としか思われないほどの無軌道な加速減速を繰り返す。楽譜と関係なく特定の音符にフェルマータやアクセントをつけて異様なメリハリを付けたかと思えば、楽譜を無視して音の粒を揃《そろ》えにかかる。チンドン屋であり、道化であり、怪人二十面相であり、怪奇四十面相である。各部分の表現がバラバラで、全体としては壊れっぱなしだ。とくに《田園》にはあぜんとする。ひたすら驚く。それだけなのだ。

だが、それだから存在価値がある。このプレトニョフ盤こそ、真にロシアらしいはじめてのベートーヴェン全集ではあるまいか。ストラヴィンスキー、プロコフィエフ、シチェドリン、プレトニョフ……。明確な主体性を消し、結果、何をしでかすかわからず、人を驚かせてやまない者たちの系譜に、ロシア人の名ばかり並んだのは、けっして偶然ではないだろう。

皇帝や共産党の苛政《かせい》があまりに長く続いたので、変わり身をひたすら速くし、民族性にまで高めたのか。それとも、もっと風土や血液に根ざしたものなのか。そのへんはわからない。だが、道化的豹変《ひょうへん》に、ロシア的人間像の重要な一面があることは確かだ。たとえば、アドルノは『新音楽の哲学』でこう述べている。

「ムソルグスキーの叙情歌曲が詩的主体の不在によってドイツ歌曲とは異なっているということは、早くから指摘されていた。すなわち、どの詩もオペラ作曲家のアリアのような目線で作られ、直接的な作曲表現の統一性から生じるのではなく、どの表現からも距離を置いた、客観視するような見方で作られているのだ。芸術家は叙情詩の主体と一致することはない。そもそも主体というカテゴリーが、本質的にみてロシアでは、西欧諸国におけるほど、確固として組み立てられてはこなかった。カラマーゾフの兄弟はどのひとりもいわゆる性格的登場人物ではない」（龍村《たつむら》あや子訳）

アドルノは、ロシア的人間をドイツ的人間の対極に位置づける。主体の不在、いわばミル・マスカラス状態から説明しようとする。演劇に於けるスタニスラフスキー・システムだって、この範疇《はんちゅう》に属するだろう。人間の一貫した個性や性格表現にこだわらず、それは、演技をＴＰＯにおうじて激変させるためのメソードなのだ。ムソルグスキーもドストエフスキーもスタニスラフスキーも、プレトニョフの仲間だったのか。

むろん、そうした系譜に属するロシア的指揮者が、シチェドリンやプロコフィエフでもやるぶんには、道化師どうしだから自然におさまるだろう。

しかし、ロシア的指揮者がロシア的性格を包み隠さず、アドルノの国であり主体の総本山であるドイツの輝ける巨星、ベートーヴェンの交響曲全集を作ったら？　そのあまりに強烈な実例がついに現れたということなのだ。

そういえば、シチェドリンはサントリーホールでの講演会で、ポスト・モダンの時代とは、流動化のますます進む現代にあって、もはや人間が首尾一貫した主体を保てなくなったと明らかにしたのであり、そのあとに来るだろうポスト・ポスト・モダンの時代とは、ポップと驚きの組み合わせになるだろうと語っていた。なぜなら、前衛的だったり難解だったり意志的で厳格だったりする芸術表現とは、それに意味があると信じとおせる強固な主体の支えなくしてなりたたず、その主体が潰《つい》えれば、一般俗人の誰しもが受け入れられるポップな芸術表現しか残らず、かといってたんにわかりやすいだけでは退屈だから、そこに驚きを加味することになるというのだ。そこでは、もともと主体を信じていないロシア的人間が大活躍するのだろう。

それから一八年。プレトニョフはひたすら驚きを追求し、ベートーヴェンさえ遊び道具にしている。いよいよロシアの時代なのか？

［二〇〇七年一一月号］

28　キラールとコピペ魔

コピペは表向き、嫌われる

インターネット上には匿名《とくめい》掲示板とよばれる代物がある。発信元のデータが原則として明かされないので、誰でも匿名で好きなことを書きこめる。つまり書き捨て御免の無法地帯だ。そしてそういう掲示板に決まって出現するのがコピペとよばれる書きこみである。誰かがどこかにした書きこみを、ひとりとも大勢とも知れぬ何者かが五回、十回、二十回……とひたすらコピーし、貼り付けてゆく。それがコピペだ。

結果、画面上はかなり整然とする。同じ字面が並ぶのだからあたりまえだ。が、それを秩序正しく快く思う人はそういないらしい。たいてい、コピペのあとにはうざいとか荒らしやめろとかのネガティヴな書きこみがあり、次に「コピペ犯」は精神年齢ないし実年齢の低い奴に違いないとの人物評が入る。

キラール／管弦楽作品集《オラヴァ》(＊)、《閃光》《エクソドゥス》《ヴィクトリア》
ドゥチュマル指揮アマデウス室内管（＊）、ヴィト指揮ポーランド国立放送響、ワルシャワ国立フィル、シレジア・フィル合唱団
［CD アコード　2001年6月］

では、なぜコピペは嫌われ、それをやる人間は幼稚と決めつけられるか。それはもう人類文化史の大主題になる。

コピー、模倣、反復……。そうした行いを口をきわめて罵《ののし》った最初の哲人はやはりプラトンだろう。彼によれば、ある人物の完璧な肖像画なんて描いてはいけない。なぜならそのモデルが死んだあとも、肖像画が残れば、それを見る人は肖像に描かれた人物があたかもまだ存命のように感じるかもしれないから。むろん、その感じは錯覚にすぎない。錯覚をもたらし、真実にヴェールを被《かぶ》せるものはしょせん、悪である。

かくいうプラトンに従うなら、コピーは生と死、本物と贋物《にせもの》の境界を崩し、人々の判断を狂わせ、世を意味不明な原始の混沌に変える。それを喜ぶのは主体と客体、自と他、生きているか死んでいるかをまだ区別できない幼子か、でなければ恍惚《こうこつ》の老人である。

「コピペ犯」が決まって幼稚と論評されるのもここらへんと関係あるだろう。

もちろん、そうした原始の混沌を生きる子供や恍惚《こうこつ》の老人の実際の行動を支配するのも模倣と反復である。子供はなにごともまず人真似する。飽きるまで同じことを繰り返す。しかし子供にも理性が芽生え大人びてくると、ただ繰り返すのが恥ずかしく、なにか独自の工夫や創意を足したくなってくる。自他の別なき状態と別れ、固有で個性的でオリジナルな人間になろうとする。模倣を愚かしく、コピーをいかがわしく思うようになる。プラトン流にいえば、これぞ正しく立派な一個の人格への道である。

けれどじつは皆、コピペが好きである

ところで、幼稚な時分はコピー、模倣、反復にどっぷり漬《つ》かり、やがてその段階を素朴と恥じて反復やらを忌避し、それで大人びて立派になったと喜ぶ筋立てが適用されるのは、なにも人間個々の成長譚にかぎらない。そういう人間の作り出してきた諸分野の歴史過程にもその図式はおのずとはまってくるし、プラトン的思想の影響を陰に陽に受けてきた西洋芸術の一分野たるクラシック音楽もその例外でない。じっさい、その、とりわけバロック期以来の歩みは、いかに楽句の繰り返しを避けて曲を作るかの歴史だったともいえるだろう。

まずバロック音楽を思いだそう。そこにはまだカノンやフーガ、パッサカリアやシャ

コンヌといった形式がはばをきかせている。それらはどれも、とにかく主題の繰り返しにこだわる。いわば原始の名残りが多分にある。古典派はそれを消しにかかる。ハイドンからベートーヴェンへと、動機を間断なく有機的に発展させるのをよしとし、楽句の単純な繰り返しを避ける作曲法が追究される。その延長線上にロマン派が来、フーガやらはいよいよ顧みられなくなる。またここで、ロマン派音楽内ではどうも文明的でないと長らく異端視され、原始人扱いされてきたブルックナーの音楽が、繰り返しの多いものだったことを、思い出しておいてもいい。

そしてこうした「反復殺し」の音楽史はシェーンベルクで頂点を迎える。たとえば彼はバロックの作曲家、モンのチェンバロ協奏曲をカザルスのためチェロ協奏曲に改作したが、その仕事についてこう述べる。「私が努力したのはモンからヘンデル様式を除くこと。モーツァルトがヘンデルの《メサイア》の編曲でやったように、私も無数のゼクヴェンツを除き、その代わり音楽に真の実質を与えることができた」

このようにシェーンベルクによれば、原曲からゼクヴェンツ、すなわち楽句の単純な反復を排除すればするほど、音楽は本物に近づいてゆくのである。

そんな彼が十二音技法を考案し、それこそクラシック音楽の行き着くべき最高峰と誇ったのも当然だろう。なぜなら十二音列とはそのなかにすべて違った音程の音しか含まない。同じ音程の繰り返しはけっしてない。これぞ究極の反復忌避！　プラトンも大喜びだろう。

が、最高峰の向こうはもはや下り坂のみだ。原始の混沌に身を任せた幼年期から身をひきはがし、分別ある大人になったところで、次には恍惚化《こうこつか》による子供時代への回帰が待っている。しかもややこしいことに、大人はたいてい、反復大好きの子供時代に抗しがたい懐かしみを抱いているものだ。漫才に片方が喋ると相方がそれをオウム返しするだけのパターンがあるが、あれが受けるのは、おのれが独自に振る舞うにはどうすべきかなんて面倒ごとはもはや考えず、童心に戻りなんの心配もなく繰り返しの世界に身を委ねられたらいいというわれわれの内なる願望をくすぐるせいだろう。つまりプラトン流の反復忌避の思想はわれわれを成熟と孤独な自立へ魅惑するが、といってそれが完全な勝利を収めたことはかつてなく、むしろ原始の混沌から反撃をくらって容易にたじろぐていどにガードは甘いのである。

その意味で、シェーンベルクが十二音技法による重要作、《管弦楽のための変奏曲》を書き上げたのと同じ一九二八年に、ラヴェルがほとんど反復だけでできたあの《ボレロ》を発表し、人々をこれは冗談音楽かとたじろがせたのは、なかなか味である。つまり「反復殺し」が頂点をきわめたのと同時に反復復活の狼煙《のろし》もまた上がっていたのだ。

そしてその合図にこたえたのが、たとえばミニマル音楽であり、また《ボレロ》の正嫡とよびたいキラールの《エクソドゥス》（一九八一）である。じっさい、この曲はは《ボレロ》同様、耳馴染《なじ》み《ボレロ》以上に《ボレロ》だ。つまり《エクソドゥス》は《ボレロ》同様、耳馴染《なじ》みのいい歌謡主題を繰り返し盛り上げるだけの音楽だが、《ボレロ》なら管弦楽でピークを築いたところで終わるのに、《エクソドゥス》はそこから合唱を加え、もうひとヤマ作る。このくどさと迫力！　やはり《エクソドゥス》

しかも曲名が《エクソドゥス》とは含蓄がある。その題は脱出を、具体的には旧約聖書の出エジプトの物語を意味する。つまりパレスチナからエジプトに行ったユダヤ人がふたたびパレスチナに向かって逃げてゆく音楽なわけだ。

ならば西洋クラシック音楽史はこの《エクソドゥス》をもって、ひとつの終焉を迎えたといってみてもよいだろう。すなわちそれはパレスチナならぬ反復より出で、そこからどんどん遠ざかってエジプトならぬ二〇世紀にいたり、そして同じ世紀のうちに《エクソドゥス》とともにふたたび反復の世界に逃げ帰って、ひとつの大いなる円環を描ききった。幼児の混沌世界から大人の段階を経て恍惚の老境にいたったのだ。

シェーンベルクは童心を殺し、キラールは大人の分別を殺した。もはや、われわれは恍惚の時代を漂うのみなのか。

［二〇〇一年九月号］

29　ラッヘンマンの疎外とさび

奇音・怪音・断末魔

歌舞伎とオペラには、たしかに並行性がある。どちらも、一七世紀の都市で勃興《ぼっこう》した、派手好みで時間も長い音楽劇であり、歌舞伎ははじめから、オペラは途中から、新興ブルジョワジーによって支えられた。

しかしもちろん、違うところもある。たとえば歌舞伎では俳優は見得《みえ》や踊りなどのさまざまな所作を行う。いずれも並大抵《なみたいてい》の身体訓練ではなしえないわざだ。加えて台詞《せりふ》もやる。その喋り方も節に乗せて音楽的に歌うところからリアリズム風にごくごく普通に喋るところまで振幅が大きい。つまり歌舞伎役者は歌って喋って踊れなくてはいけない。ひとりの生身の人間のやれる目いっぱいひととおりが、等しくでこぼこなくギリギリまで追究されている。だからよい歌舞伎役者は目にも耳にも快い。身体はよく動き、声はよく響くのである。

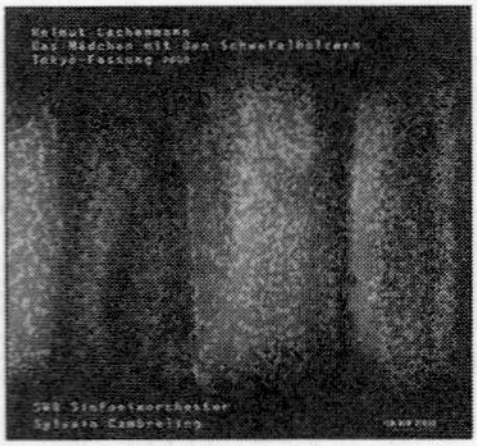

ラッヘンマン／音楽劇《マッチ売りの少女》(全曲)
カンブルラン指揮バーデン＝バーデン&フライブルクSWR交響楽団、シュトゥットガルトSWRヴォーカル・アンサンブル、森川栄子、ティッペルス(S)、ラッヘンマン(語り)、菅原幸子(p)他［ECM　2004年7月］

対してオペラ歌手は、あまりに声に特化された存在だ。彼や彼女は声で大劇場の空間を充溢《じゅういつ》させることができる。しかし身体の全能力を声に集中させなくてはいけなくなるぶん、とうぜんに動きが犠牲になる。どんなに物語が活劇調で音楽が弾みまくっていたとしても、オペラ歌手の肉体そのものは歌っていればいつだって悲しいまでの棒立ちだ。舞台役者の本質が声と動きの両輪でなりたつとすれば、歌舞伎俳優に比べてオペラ歌手は舞台役者の本質を満たしていない。本質を失い本質から外れるという意味での疎外なる現象が、そこに起こっているのだ。オペラ歌手は、舞台役者というより人間一般の生の本質ともよばれるべき動くということから、まぎれもなく疎外されている。

けっきょく、歌舞伎の芸は声と動きの両方の名人芸をひとりでこなせる限界域で均衡させてなりたっており、ゆえに音楽劇の舞台役者にふさわしい全体性を保っているが、西洋では声の芸をオペラ、動きの芸をバレエに特化させてしまい、だからこそたどり着けるより極端な名人芸の領域へと人間を到達させたけれど、代わりに演じ手は全体性から疎外されたといえるだろう。オペラとは、疎外の刻印をどこまでも背負った芸術なのである。

とすれば、オペラとラッヘンマンの出会いは、ちょっと怖い。なぜならこの旧西独の作曲家は、一九六〇年代の新左翼の時代のただなかで作風を形成し、それを引きずってきた人で、彼の音楽の鍵概念というと、やはり疎外になるだろうから。

はて、そもそも新左翼とは何か。旧左翼とどこが違うのか。簡単にいえば、旧左翼はブルジョワに対しプロレタリアートを立て、後者の階級に正義をみた。が、新左翼は、現代の人間とは階級のいかんにかかわらず全体性を失っていると認識した。人間はさまざまな可能性をもって生まれてくる。また誰もが幸福と充足を願っている。可能性が発揮されつくし、願望が満たされるとき、人間はおのれが全体として実現されたと感じる。しかし米国型資本主義でもソ連型共産主義でも現代社会は人間を管理しシステムの部品とし全人的性格を細分化し偏差値や能力査定で数字に還元する。かくて人間の全体性は疎外される。それどころか核爆弾やガス室が人間そのものの破壊と殲滅《せんめつ》すらはかる。人間性は断片化し、充足の経験からはるかに遠ざけられたうえ、ついには物と化し、ゴミ同然に始末されるのだ。となれば人間は芸術ですら幸福を語りえなくなるだろう。全体性を失った人間が全体性の幸福を語るなんて不可能だ。知らないことは語れない。無理に語ればデタラメになる。アドルノが「アウシュヴィッツ以後、詩を書くことは野蛮だ」と言ったのは、そういう意味においてだ。

すると、疎外された人間はどんな音楽をやればいい？　豊かで幸せな全体から遠ざけられた彼は、ボロボロに傷ついた自分をさらけだすのが関の山。そこからがラッヘンマンの出番だ。彼は楽器を人間になぞらえる。人間が人間としての本質を失い、人間性から疎外されている状況を楽器に重ねて、楽器が楽器としての本質を失い、楽器の本来性から疎外されている状況を音楽で作ろうというのだ。具体的にはどうするか。楽器には、おのおのの形状と奏法からおのずと備わってくる、その楽器にとっていちばん美しくふさわしく伝統的でまっとうな鳴らし方がある。ヴァイオリンなら開放弦なり通常のポジションなりで弓圧をきちんとコマと指板のあいだの弦上にかけてやればいい音がする。そういうふうに響くとき、楽器はほんらいの姿を現し、幸福に充足するのだ。ならその逆をやれば、楽器は本来性から疎外されるだろう。ヴァイオリンであれば、弓でコマの手前を弾くとか、弓の端の金属ネジの部分で弦を引っ掻《か》いてみるとか。ラッヘンマンはあらゆる楽器にたいしてそんな試みをする。おかしな弾き方、奇音・怪音の響かせ方を探究し、なるべくそればっかりで曲を書く。結果、楽器たちはノイズまみれになり、呻《うめ》き、のたうち、断末魔の悲鳴を轟《とどろ》かせ、窒息《ちっそく》寸前といったかすれ声でむせぶ。こうして楽器は不幸になり、この世界で疎外されて日々さまざまにいたぶられる現代人と、共鳴しあうようになるのだ。

オペラ大成仏！

疎外された人間、疎外された楽器、疎外された音楽という疎外の三重苦のようなラッヘンマンが、疎外された芸術としてのオペラに挑むとき、そこにはやはりとんでもないものが生まれる。一九九七年に初演されたオペラ《マッチ売りの少女》は大作で、約二十人の歌手と約百人の管弦楽を用い、二時間かかる。が、その規模が通常予想させる肥沃《ひよく》に膨満《ぼうまん》した音響は、このオペラには片鱗《へんりん》もない。オーケストラの諸楽器は彼のいつもの音楽のようにノイズに従いつづけ、歌手はというとほとんど歌らしい歌を歌わない。聞こえてくるのは多くの箇所でかすれ声や呟《つぶや》き声や囁《ささや》き声ばかりで、テキストもおおかたは断片化し解体され、意味を伝えない。ここでオペラ歌手は歌を、声を、言葉を、かなり奪われている。オペラ歌手は、動きという舞台役者の半身を捨てて、声という半身を奇形的に膨《ふく》れ上がらせてきたのだが、《マッチ売りの少女》ではその半身さえ滅尽してしまう。動きもなければ声もない。動いて声を出すのが舞台役者の本性なら、ここでの疎外は究極の絶望にまで達しているかのようだ。おまけにこのオペラは、大晦日《おおみそか》の大雪の夜に、街の路上で誰からも見捨てられ無視されて凍え死ぬ、あのアンデルセンのもの悲しすぎる人間疎外の物語にもとづいている！

となれば、このオペラを聴くことは、われわれをとてつもない不幸で満たすだろうか。いや、それがそうではないのだ。一聴すれば誰の耳にもたちどころに明らかになるように、《マッチ売りの少女》は、作曲家が若き日から開拓してきたノイジーな奏法による音楽の集大成であるにもかかわらず、その響きはあくまで驚くほど閑寂《かんじやく》にして静謐《せいひつ》に配置されつづけ、けっして聴く者の神経を逆撫《さかな》でしない。音らしい音から疎外された響きとしてのノイズは、疎外されるがゆえに苦しむのではなく、かえってサバサバと落ち着いているようなのだ。そんな馬鹿な！　疎外は本質の喪失なのだから、いらだちと結びつくのがあたりまえ。ところがそうでなくなっている。

じつはラッヘンマンはおそらく八〇年代のうちから緩やかな転向過程に入っており、そのなかでついに疎外は疎外のまま疎外でなくなってしまったのだ。

人間疎外は、人間がその全体性や無限の可能性に賭け、やれるだけやりたいのに、何かに邪魔されてそうできなくなっていると感じるとき発生する。オペラ歌手の疎外も、本当なら動きも歌もがんばってみたいのにやりきれないので半身を捨ててしまい、そのことに欠落を感じて起きる。最大可能に充足したいのが善にして人間の本質なのに、それが達成できぬのでイライラともがきあがく。それが疎外だ。

ところが最大に充足することが善でなく悪になったら？　そのとき疎外は、もとの状態そのままで、もはや疎外とよべぬものに変質する。疎外は救済に、イライラはサバサバに逆転する。

どうしたらそんなことが起きるのか。ラッヘンマンは、充足を善としない日本の古い思想に学び、疎外の正負をひっくりかえしたのだ。その思想の名をさびという。さびは寒いに通じる。凍《い》てつき自由を奪われ、生のぎらつきが消され、無限の欲望だ可能性だ全体性だなんぞいっていても無意味と悟り、心をとことん空っぽにしてゆく。それがわび・さびのさびである。さびの境地では、満たされず貧しく寒さのなかで虚しくなってゆくのが、すなわち欲望からの解放だから善だ。さびに目覚めれば、歌手はまともに歌わず楽器はまともに鳴らずマッチ売りの少女は無一文で凍りつくという、最大可能な充足を求める立場からは悲しい疎外状態としか思われないこのオペラは、最高の平安を約束するものに変身する。

かくて《マッチ売りの少女》は、半身の疎外に耐えながら歴史を重ねてきたオペラから、もう半身も殺《そ》ぎ落とし、なにもないのがいちばんさ、究極の疎外が究極の開放さ、楽になれ楽になれと、静かに言い聞かせる。これはオペラを成仏させるオペラだ。

［二〇〇四年一一月号］

30 もうひとりの「音階の音楽家」

不思議音楽カンチェリ

「スピルバーグさん、あなたの『未知との遭遇』のように、私たちの住む中央アジアにも宇宙人がやってきました」という奇妙なナレーションに乗って現れた子供が、箒《ほうき》にまたがって空を飛んだりする『UFO少年アブドラジャン』など、ソ連末期には、どこか退嬰《たいえい》的で出涸《でが》らしのようで、風刺もあるが、バングラデシュ映画くらいにテンポの緩い、映画ファンいうところの「超脱力系映画」がいくつか生まれた。

ゲオルギー・ダネリヤ監督の『不思議惑星キン・ザ・ザ』も、そんな一本だ。モスクワでロシア人がたまたま宇宙人に出会い、彼と一緒にキン・ザ・ザ星雲の砂漠の惑星に瞬間移動してしまう。その星では、宇宙船と称する、どうみてもただの釣鐘《つりがね》が、空をゆったりとよぎったりしている。おそらく、このポンコツのような釣鐘宇宙船は、ソ連末期の機能不全に陥った工業生産の象徴なのだろう。この星の住人たちはというと、憂鬱そうで、しかし妙に教条的で、背筋も伸びるときは伸びるのだが、やはり疲れている。これもまるでソ連だ。彼等は、マッチを貴重品として扱い、マッチ一本で宇宙船の動力さえ手に入る。マッチを基軸希少物資にした壮大な闇経済が成立している。この設定も、闇のはびこったソ連経済の戯画なのだろう。かくして映画は、殺伐《さつばつ》として単調な自然景観と、倦怠《けんたい》した登場人物たちと、物の不足した貧しい雰囲気に支配されつつ、きわめて緩くもの哀しげに、進行してゆく。

そして、この映画の音楽がいい。作曲したのは、ギヤ・カンチェリである。彼はソ連時代に約五十本の映画を手がけ、とくに同じグルジア人のダネリヤ監督とはコンビだった。『キン・ザ・ザ』の主題曲は、安っぽい音色のキイボードが、ごくごく断片的な音型を、寂しげに困ったように奏でてゆき、そこにオーボエが空虚にまとわりつくかと思

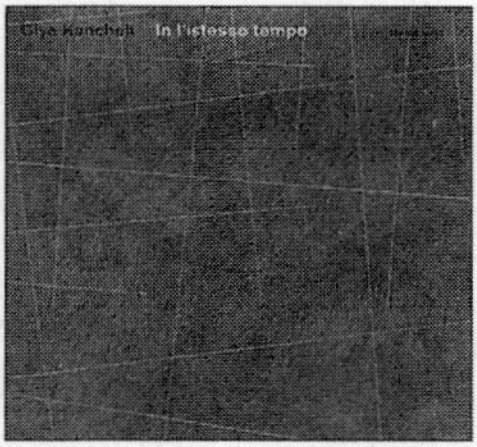

カンチェリ／イン・リステッソ・テンポ
①《時…そしてふたたび》、②《V&V》、③ピアノ四重奏曲《イン・リステッソ・テンポ（同じ速さで）》
①②クレーメル（vn）、①マイセンベルク（p）、②クレメラータ・バルティカ、③ザ・ブリッジ・アンサンブル［ECM　2005年8月］

うと、さらにダメを押すように、すこぶるチープな声のヴォーカル・グループが、ウォトカの飲みすぎで頭にきてしまった初老の男が酒場で放心して口ずさむような調子で、汚れちまったボロ雑巾《ぞうきん》の悲しみといった、民謡風の質素な節を歌う。もう旋律は極端に単純化され、伴奏もスカスカで、編成も安っぽさのきわみだ。音楽はすべての面で意図された素材の貧しさに支配され、どこか腑抜けのようになる。ようするに、この音楽は、悲しみを表現しきろうにも、慰《なぐさ》めを歌いあげようにも、素材が少なすぎて、音楽の豊かな展開が阻害されるので、どこかキッチュなところまでしか行けないのだ。その意図された腑抜《ふぬ》けぶりによって、この音楽は、ソ連の分身としてのキン・ザ・ザという貧しく脱力した世界を描く映画と、完全な共振をはたす。

そう、脱力した世界とは、どこにも行き場をなくし、泣くに泣けず、慰めようとして慰めきれず、救いを祈ってもどうせ虚しいから祈りきれず、何を本気で考えても意味がないと悟ってしまった、諦《あきら》めの境地のことだ。本気になれないから、力がぬける。真摯《しんし》になれないから、キッチュになる。しかし、安っぽいから値打ちが低いということには必ずしもならない。本気に悲しむことすらできなくなった悲しみのほうが、また本気で祈ることに絶望してしまった祈りのほうが、本気の悲しみや祈りよりも、一段深刻ともいえるからだ。『キン・ザ・ザ』という「超脱力系映画」は、安っぽさに徹することでかえって真の深刻さにいたるという逆説を達成している。

四畳半音楽カンチェリ

カンチェリの話をしようというとき、機会的な映画の仕事を第一にもちだすのは、作曲家に失礼かもしれない。が、やはりカンチェリとは、考えれば考えるほど『キン・ザ・ザ』なのである。

どういうことか。旧ソ連というキン・ザ・ザ的世界をあらためて思い出そう。そこには抑圧的な全体主義にもとづく体制があった。今の北朝鮮を想起すれば容易に理解されるように、そこで非権力者が強いられることになるのは、公的には熱狂と沈黙の二極分裂である。党大会や建国パレードに動員されたときは熱狂してみせ、演説でもぶち、ふだんはよけいなことは語らず、いつも口ごもり、表現はどんどん婉曲《えんきょく》の度合いを深め、ついには沈黙へといたる。そんな分裂した公的精神を音楽に固着してみせた一番手は、いまさらあらためていうまでもなくショスタコーヴィチなのだろう。

では非権力者の私的精神はどうなるだろうか。マーラーとパレストリーナに二極分裂するのである。抑圧が多ければ苦悩も増える。が、抑圧的管理社会下では苦悩を外側に発散させにくいから、ひたすら鬱屈し、ドロドロになり、それでも突きつめて煩悶《はんもん》していると、もう精神が壊れてくる。マーラーのような後期ロマン主義的苦海《くかい》に溺《おぼ》れてしまう。こうしてたどり着かれる片方の極の音楽的体現者となると、シュニトケだろう。いっぽう、ドロドロになるのを避けて身を清く保とうとすれば、まだ汚染されざる内部精神世界に逃避してそこに堅く錠《じょう》をおろすしかない。その内側で孤独に耐え自我を保つには、パレストリーナのように神に頼るのがいちばんいい。そこにペルトが現れるだろう。

するとカンチェリは？　彼の音楽は、端的には《悲しみに染まった国》などという曲名に示されるような悲哀や苦悩の身振りも、同じく端的には多くの宗教的表題をもった曲名に表れるような祈りの感情も含む。しかし、シュニトケやペルトのように一方をきわめられない。宗教的題名をうたった曲も俗っぽい悲哀の傷を隠そうとせず、その逆も真なりである。けっきょく、本気で片方に振り切れず、どっちつかずに脱力するのがカンチェリだ。旧ソ連という世界のなかで、本気でなにごとかに徹しきろうという気概も術《すべ》も断たれた人間の、虚脱感やキッチュにたどり着くほかない心性を、意図された素材の貧しさによって表現することで、個性を確立した作曲家なのだ。だからカンチェリは『キン・ザ・ザ』なのである。

では、意図された素材の貧しさとは、具体的には何をさすのか。『キン・ザ・ザ』の映画音楽の話で触れたような、編成・音色の限定や、紋切り型の表現の採用（安手のヴォーカル・グループのキッチュなヴォカリーズ！）といったこともある。が、おそらくもっと重要なのは、旋律というか主題の作り方だ。たとえばシュニトケなら、傷ついた精神の思いきりの煩悶《はんもん》を表すべく、マーラーやシェーンベルクやベルクに学んだ、派手に跳躍して身をよじる旋律を、しばしば用いる。そこに含まれる音程の種類は、とうぜんながら多い。対して、ペルトなら、キリスト教の神に祈る音楽にもっともふさわしい道を選び、教会旋法的な音づかいに根ざそうとする。シュニトケに比べれば音が局限されるとはいえ、これはこれで使いでがある。ペルトもシュニトケも、そのようにして、祈りなり苦悩なりに徹するための豊かな素材を手に入れ、そこから旋律を編む。

ところが、カンチェリはかなり違う。こんどの作品集なら、《時…そしてふたたび》で曲の核になるのは、ファミファという隣接した二つの音を上下するだけの運動であり、《V&V》ではレミファミファという隣接した三つの音による順次進行であり、《イン・リステッソ・テンポ（同じ速さで）》ではレミファソファミという隣接した四つの音の順次進行であるだろう。つまり収録順に、曲の主動機というか核になる音型を作る音の数がしだいに増えていって、頭から聴くと、尻上がりに一種の開放感が得られる具合になってはいる。しかし、いずれにせよ、レミか、レミファか、レミファソと、音の数は極端に少なく、しかもそこに含まれる音程も全部順次進行だから短二度か長二度しかない。これが意図された素材の貧しさなのだ。この素材にしばられていては、どうあがこうと、豊かに本気で目いっぱいに、嘆くことも祈ることもできない。こういう貧しい素材は、手足をしばられ八方塞《ふさ》がりの状態で虚脱してゆく音楽を作るのには、適切な素材ということになる。

人はよくモーツァルトを「音階の音楽家」とよぶ。音階を幅広く駆け上がったり下がったりすることで、自由に疾走する感覚を作り出すのに長《た》けていたからだ。ならばきっとカンチェリも「音階の音楽家」である。ただし、幅の狭い音階に拘禁《こうきん》され、自由に疾走できない感覚を作り出すのに長けているという意味においてだが。

彼のそういう音楽は、ソ連崩壊とともに過去の歴史を証言する文化遺産に分類とされてもよかったかもしれない。が、複雑な現代社会のなかで、個々人の存在の意味がいよいよ薄くなり、そんななかでペルトのように本気で祈ろうがシュニトケのように本気で嘆こうが虚しいと悟りつつある現代人にとって、カンチェリの音楽は、ますます今日的になってきた気もする。

そういえば、『キン・ザ・ザ』の主題曲の、ヴォカリーズで歌われるサビの部分の旋律は、ファミミレレー、ファミミレレー、レミファソファファミミーである。隣接する四つの音のなかを同音反復をともないながら、基本的に順次進行してゆくだけだ。『キン・ザ・ザ』がカンチェリの本質をよく表徴するというのは、そういうことでもある。カンチェリは、いつもどっちつかずの半泣きで、シュニトケとペルトの間に立っている。

［二〇〇五年一一月号］

31　ブランキスト、ライヒ？

早坂がラヴェルと堂々めぐりする

黒澤明は一九五〇年に『羅生門』という王朝ものの映画を撮った。芥川龍之介の短編小説『藪《やぶ》の中』を橋本忍と黒澤が脚色し、三船敏郎、京マチ子、森雅之が主演したもので、それはヴェネツィア映画祭で金獅子賞を受け、戦後日本の文化的復興を世界に印象づけた。

ところで、この映画に作曲したのは、そのころ、黒澤とコンビを組んでいた早坂文雄で、音にうるさい黒澤が『羅生門』のサウンドトラックに注文したのは、ラヴェルの《ボレロ》風の音楽だった。そこで早坂は〈羅生門のボレロ〉とあだ名される曲を作った。ラヴェルのそれ同様、小太鼓のリズムが延々と保たれ、そこにこれも《ボレロ》そっくりに、ひとつの旋律が徐々に楽器の数を増しつつ執拗に繰り返され、変形され、クレッシェンドし、またラヴェルとは逆にディミヌエンドもする。しかもそこで反復・変

シティ・ライフ＆エイト・ラインズ　スティーヴ・ライヒ作品集
《シティ・ライフ》《ニューヨーク・カウンターポイント》《エイト・ラインズ（八重奏曲）》《ヴァイオリン・フェイズ》
ルンデル、ラプマン指揮アンサンブル・モデルン、ディリー（cl）、ミストリー（vn）［RCA　2002年12月］

奏される旋律は、ごていねいにラヴェルの主題を王朝ものの時代劇にあうよう日本風に変形したごとき、とにかくラヴェルのもとの旋律を想起させるものだ。おかげで早坂はラヴェルの著作権関係者から「盗作疑惑」までかけられたという。しかしなぜそこまでして、この映画は《ボレロ》にこだわらなくてはいけなかったのか。《ボレロ》もどきの使用によって、いったいいかなる効果がもたらされるというのか。

『羅生門』は犯罪映画である。山道を馬で行く侍の夫婦が盗賊と出会い、事件が起きる。その一端を通りかかった樵《きこり》も見ている。そういう映画だから、この映画には山道を進む場面がいくども出てくる。馬も樵も山道を行く。そしてその山道での移動のテンポが映画全体の基本テンポを定めることにもなる。そのテンポはなによりもまず実際に山道を行くくだりの映像で与えられるが、〈羅生門のボレロ〉はそれに聴覚面から同期することで、観客に目と耳の両方から映画の基本テンポを浸透させ、また山道で起こる事柄がこの映画の物語の肝腎かなめだぞという暗示をも与える。

が、それだけなら、音楽は別に《ボレロ》もどきでなくとも、山道を行くテンポにあったリズミックな音楽ならばなんでもいい。そういう種類のそれなりにオリジナリティのある音楽を作るのなんて、早坂にはわけはない。なのにどうして盗作のそしりを受けてまで《ボレロ》もどきなのか。

それはおそらく『羅生門』の物語の構造と関係あろう。つまりその筋書きじたいがじつは反復・変奏なのである。山道で事件が起きる。盗賊は侍の妻をものにし、侍は死ぬ。けれどその詳しい経過がわからない。映画は山道での事件を、証言者おのおのの陳述に従い、筋書きのいくぶん異なったかたちでなんども見せる。よってその意味でこの映画は全体が反復・変奏の堂々めぐりである。唯一の真実とか一件落着とかこれで安心ということはなく、どこまでも反復・変奏による異版がやりきれなくも堆積するばかり！そんな物語の音楽はやはり反復・変奏の堂々めぐりがいい。だから《ボレロ》もどきなのである。

早坂の〈羅生門のボレロ〉が始まると、ラヴェルを知る観客はそれが《ボレロ》の模造品とたちまち気づかされ、反復・変奏という《ボレロ》の眼目を深層心理的に刻印される。観客はこの映画を観進めるに従い、『羅生門』の物語もまた反復・変奏と理解してゆく。〈羅生門のボレロ〉は物語の作りをみごとに耳から予告し、その音の反復・変奏が物語の反復・変奏、つまり似たような、しかしどこか違っている事件の繰り返される様を導くのである。これはもう映画のモティーフおよび構造と映画音楽との驚くべきシンクロナイズだ。そこらへんに『羅生門』のいちばんのみごとさがあるのだろう。

ブランキがNYを徘徊する

さて、この黒澤明と早坂文雄のコンビが半世紀以上前に映画の領域ではたした、物語の反復・変奏と音楽の反復・変奏とを重ね合わせ堂々めぐりの世界像を現出させるやり方は、今、あるミニマル・ミュージックの作曲家によって、なかなか上手に、しかもよりスケール大きく繰り返されていると思う。彼の名はスティーヴ・ライヒである。

ライヒは一九六〇年代からミニマリスト、つまりラヴェルの《ボレロ》よりはるかにくどい繰り返し音楽の書き手として知られてきた。半世紀前の早坂は、人々に延々と反復・変奏される音楽のイメージを与えるため《ボレロ》を引用せねばならなかったが（だって当時は誰でも知っている繰り返し音楽なんてそのくらいしかなかったから）、ライヒは自分らしい音楽を始めれば、もうそれだけですむ。なにしろそこには繰り返しの登録商標が捺《お》されているのだ。ライヒに親しんでいる人々は「ライヒ節」が始まれば、もうただちに「永遠の繰り返し」を想起できてしまう。

ではライヒはそのような音楽の反復・変奏にいかなる物語の反復・変奏を上積みしてみせるのか。黒澤／早坂は《ボレロ》の繰り返しに芥川の『藪の中』の繰り返しの世界を乗せてみたのだけれど、ライヒはそんな一短編小説くらいでは満足しない。彼は自身の音楽に大胆にも世界の歴史というあまりに巨大な物を重ねてしまおうとする。そんな所業をなせるライヒとは、やはり本質的にブランキ主義者なのだろう。

ブランキは一九世紀フランスの思想家である。一九世紀というと、ヨーロッパには進歩・上昇・右肩上がりといった観念がはびこっていた。停滞した経済から成長しつづける経済へ、階級社会から自由社会へ、専制政治から民主政治へ……。歴史は後戻りすることなくどんどんよくなり、未来はますます明るいだろう！　世界は止まらない！　繰り返しなんてない！　太陽は日々に新たなりだ！

が、ブランキはそういう価値観に逆らってこんなことを言った。

「進歩なんてない。それが真実だ。すべての出来事はいつかどこかであったことの再版にすぎない。違いが起こるとしてもそれはわずかな変奏ていどだ。自分が独自な存在であると考えるのもまったく無意味である。この世界には自分と同じような人間がじつは無数にいる。過去が野蛮で未来は幸福だという発想も夢まぼろしである。過去にはすでに野蛮も幸福もあったし、未来もまた同じだ。かつての無知や愚行や暴力は未来にも同じく繰り返される。宇宙は果てしない堂々めぐりをしているだけだ。永遠は無限の中で

常に同じ劇を演じ続ける」（『天体による永遠』より筆者訳）

このようにブランキによれば、人間の歴史、そこで起きるすべての事柄は、とどのつまり、みな以前に起きたことの繰り返しとされる。あるのは果てしない変奏だけ、ちょっとした違いだけだ。人々はそのわずかな差に一喜一憂し、これこそ進歩だ、真実だ、新しいと、思いこもうとしているだけなのである。

そんなブランキ流のニヒルな、そう、不安に駆られて自殺した芥川よりもっともっとニヒルな歴史観を受け入れてしまえば、音楽の反復・変奏の上には、芥川の『藪の中』どころか、人類の歴史の一切合切をさまざまなタイプの出来事の反復・変奏に分類しつつ乗っけてしまうことも可になる。そしてじじつ、ライヒは、そういう音楽作品を一九八〇年代末から意識的に作りはじめた。その初っぱなに来るのは《ディファレント・トレインズ》で、そこでは弦楽四重奏のやる繰り返しの音楽の上に、汽車の響きが重なり、さらにいろいろな世代の人々が汽車の旅について語る思い出話の録音が被せられる。もちろん、その録音のひと声ひと声は別の人間が個々に固有の体験を語っているのだが、その声がみな一様に、繰り返しの音楽の上にモンタージュされてしまうと、われわれはそこからブランキ的感慨しか得られなくなる。いつの時代にも人間はけっきょくは似たような希望と絶望を抱え、旅をして空しく死んでゆくのだなと。それぞれにはたしかにちょっとした違いがあるにはあるが、だからどうしたんだと。

それからたとえば《シティ・ライフ》（一九九四）である。その終楽章はやはり繰り返される音楽の上に、一九九三年の世界貿易センタービル爆破事件時に現場で録音された消防士の「すごい煙だ！」という声を連呼させる。その声はむろん、九三年にニューヨークであった歴史にただ一回の事件の生々しい記録にほかならないが、《ディファレント・トレインズ》同様、繰り返しの音楽と合わされれば、聴き手は、その八年後の世界貿易センタービル倒潰《とうかい》や続くアフガニスタン空爆のときも、人間は「すごい煙だ！」という台詞を反復・変奏しているだけかという憂鬱《ゆううつ》な想念に導かれるよりほかない。そこから逃れ、藪から抜け出て視界が開けるような経験を味わえないものか。「否、そんなものはない！」と、ライヒは叫ぶ。

黒澤／早坂からライヒの線上、その背後で芥川とブランキが哄笑《こうしょう》するような、やりきれない反復の迷宮の中で、われわれは今日も堂々めぐりをしているのか。

［二〇〇三年三月号］

32　アンドリーセンと礼楽思想

プラトンと儒教

オランダ船リーフデ号が豊後《ぶんご》の国に漂着し、日蘭のつきあうきっかけを作ったのは、会津で上杉景勝が反徳川家康の旗幟《きし》を鮮明にし、天下分け目の関ヶ原へと日本がなだれこもうとした一六〇〇年の春だった。それだから二〇〇〇年は日蘭修好四〇〇年となる。ゆえに今年は音楽界にもオランダがらみの話題が多い。たとえば五月には東京にかの国を代表する作曲家ルイ・アンドリーセンがやってきて、大小一〇以上の作品が演奏された。彼は一九三九年に生まれ、ベリオに師事し、ジャズやミニマル・ミュージックに甚大に影響されながら、作風を鍛えてきた人。来日にあわせＣＤも、初出もの、再発もの合わせて数点が国内リリースされた。

さて、それらのなかでも、この日蘭の記念の年にぜひ聴いておくべき一枚となれば、再発ものの《国家》（一九七六）をやはり挙げたくなる。じっさい、日本とオランダというより、アジアとヨーロッパ、東洋と西洋の文明史的つながりやらにつき、これほどあれこれと夢想させてくれる音楽はそうありはしない。

《国家》は声と器楽のための三五分のカンタータ。テキストは曲名どおり、プラトンの『国家』から採られている。では、その作曲の様式はというと、これがかなりアジア的。アジアのなかでも、とりわけインドネシアのガムラン風の響きが重用され、それがミニマル的にしつこくやかましく繰り返される。しかしガムランのゴングの合奏団そのものが演奏に加わるわけではない。《国家》の編成は、四人の歌手に、オーボエ、ホルン、トランペット、トロンボーン、ヴィオラが四つずつ、エレキ・ギターとピアノとハープが二つずつ、あとベース・ギター。つまりやや風変わりなウィンド・アンサンブルに、ゴング的音色を代用するピアノや撥弦《はつげん》楽器類が加わっていると思えばいい。

ルイ・アンドリーセン／《国家》
デ・レーウ指揮シェーンベルク・アンサンブル［ノンサッチ　2000年４月］

というわけで《国家》は、古代ギリシア哲学とアジア的響きと西洋流ウィンド・アンサンブルの三者を接合した音楽になる。けれど、それをただのミス・マッチなカルトものと決めつけるなかれ。思うにこの三者の出会いには、ある種、意味深長な必然がある。

まず、プラトンの『国家』について考えよう。そこで彼は理想国家への夢を語るのだが、そのヴィジョンはきわめて禁欲的だ。倫理や道徳の面で完璧な哲人を統治者に迎え、そのもとですべての人間が自分に与えられたひとつの職分に一心不乱に精進しつづけるのみという国家社会のありようを、彼は望んだ。

なら、そういう理想国家はどんな音楽を必要とする？　もちろん、人々をおのおのの職分に一心不乱に集中させるための音楽である。具体的にはそれはけっきょく、哲人賢者が人に説教するさいの冷徹な口調や、彼らが人を励ますさいの力強い口調を模した音楽になる。いずれにせよ、おおよそ単調なリズムといかめしい調子と、ときには押し出しの強さをもった音楽だ。では、それ以外の音楽は？　むろん、全否定される。愉快だったり呑気《のんき》だったりして、一心不乱な緊張状態から人の気をそらす音楽は、理想国家に存在してはならない。そのようにプラトンは説く。そしてアンドリーセンが《国家》のテキストに用いているのは、長大な『国家』のなかでも、まさにこの音楽関係の部分に絞られている。

ところで、こうしたプラトンの音楽論は、古代中国の儒教的礼楽思想とやや似ているようにも思われる。

はて、礼楽思想とは？　それを語るには陰陽二元論から切り出さねばならない。古代中国では世界はなにごとも陰陽の組み合わせと考えた。陰とは土や金属や木など、かたちあり地に引きつけられるもので、陽とは水蒸気、風、魂など、大気中を漂い天に引きつけられるものだ。そして、陰と陽とが釣りあえば世は平らかで、そうでなければ乱れる。よって為政者の仕事は、陰陽をいかに調和させるかにつきてくる。

では、そのための最高の手段は？　それは音楽である。なぜなら音楽とは、物質である楽器、すなわち陰に属するものと、大気中に鳴り渡る響き、すなわち陽に属するものとでなりたつ、まさに陰陽の繋《つな》ぎ手だから。なら、荘厳で単調で秩序正しい音楽をやり、その響きで世界を満たし、それを邪魔する他の音楽を抹殺してしまえば、おのずと陰陽は満遍なく調和し、世界に波風はたたなくなるだろう。これが、正しい音楽こそがこの世に礼儀と秩序をもたらすという礼楽なる考え方の基本である。

かくのごとき礼楽の思想はプラトンの思想と、ある種、単調な音楽のみを許容し、それによって世を治めようとする点で共通する。もしかしてこの相似は偶然でなく、相互に影響しあって生まれたかもしれない。たとえば『呂氏《りょし》春秋』の伝える、伶倫《れいりん》なる人物が西方に行って音律の基礎を定める知見を携えて帰り、中国の音楽を発達させたとの物語の、その西方とはギリシアでないかと説く学者もあったくらいだから。

儒教とトルコ軍楽

さて、そんな礼楽思想は、具体的にはどんな音楽に結実した？　その片鱗《へんりん》は、中国の遺跡から発掘されてきたあの巨大な編鐘《へんしょう》や、古代中国宮廷音楽から枝分かれした日本の雅楽や、北京の孔子廟《びょう》に二〇世紀まで伝えられた儒教音楽などからうかがい知れる。ようするに、管楽器群と編鐘などのゴング類と太鼓を主体に、単調かつ荘厳でやかましめの響きを綿々と執拗《しつよう》に奏でる音楽なのだ。そこでは弦楽器はさほど重要ではない。それはおそらく、弦楽器の響きとは一般に感傷に堕し情に流されがちで、荘厳なる公的秩序をもたらす雰囲気があまりしないことと関係するだろう。江戸期の儒学者で礼楽思想を礼賛した太宰春台《だざいしゅんだい》も、弦の響きは国を乱すとか言った。

とにかく、そのような管打主体の中国製礼楽的音楽のうち、とくにゴング類が、礼楽思想もそれなりに伴ってインドネシアに伝わり、響きによって公的秩序をもたらすべく、宮廷音楽、国家の音楽として根を下ろしていったのが、ガムラン音楽なのかもしれない。

それから、そんな中国の礼楽、あるいはプラトンの音楽思想の流れと関係するか定かでないが、ともかくもトルコに遅くとも七世紀には出現し、まるで礼楽的なものとして培《つちか》われていったのが、管打主体でとびきりやかましい、あのトルコ軍楽である。トルコの為政者たちは、その軍楽を街頭演奏し、民衆に日にいくども聴かせることで、民衆の背筋が伸び、国家の秩序が保たれると信じていた。そしてそんなトルコ軍楽の礼楽的効用にヨーロッパの支配者連中が憧れ、真似したのが、ヨーロッパに管楽合奏が根づき、管楽器の発達がうながされる機縁となったらしい。

やっと以上で、プラトンとガムランとヨーロッパのウィンド・アンサンブルとの横や縦のつながりがみえてきたろう。古代の中国とギリシアとの思想や文物の交流が礼楽思想をはぐくみ、そこからプラトンの『国家』も、ガムラン音楽も、もしかしてトルコ軍楽も生まれ、その影響下にヨーロッパに管楽器音楽が育ち、それらの流れをあたかも総合するごとく、アンドリーセンのアジア的でミニマル的でしつこくうるさい《国家》が出現する。そしてそのCDが、いちおうは儒教文化圏の国ながら、もはやいかなる礼節も崩壊した世紀末の日本に発売され、礼楽につき教え諭《さと》してくれる……。この国に本気で「神の国」の秩序を蘇らせたい政治家たちに、この一枚を特選盤として捧げたい。

［二〇〇〇年七月号］

33　多重人格者エッシェンバッハ

戦争孤児とフルトヴェングラー

孤独で神経質そうで、どこか虚弱かと思うと、どうもとつぜんキレそうで危なさそうなところもあるインテリ青年。それが一九七〇年前後、三十代にさしかかろうというころのピアニスト、クリストフ・エッシェンバッハの典型的なイメージだったかと思う。そんな彼が、今ではスキン・ヘッドの怪人と化して、大西洋をひんぱんに往来し、オーケストラを前にして変幻自在に飛び跳ねている。二〇〇〇年にはパリ管弦楽団の音楽監督に就き、二〇〇三年からはフィラデルフィア管弦楽団の同職を兼ねる。一九九八年から二〇〇四年までは北ドイツ放送交響楽団の首席指揮者でもあった。だから途中の二〇〇三年には、フランスとアメリカとドイツという、それぞれにかなり異なる音楽文化をもつ国の主要なオーケストラを、そろって率いていたことになる。恐るべき離れわざ、たいした人気というほかはない。この事態を、かつていったいどこの誰が予想できたろう？

エッシェンバッハにかぎらず、ピアニストが指揮に乗り出すのは、もちろん、よくあることだ。今どきの人なら、バレンボイムがそうだ。アシュケナージも、プレトニョフも、コチシュだっている。弦の人ならロストロポーヴィチ、管の人ならホリガーが、やはり棒を振っている。

なぜ、そうなるのか。個人として楽器に打ちこむ先に、個や集団を超えた音楽の全体が見えてきて指揮もやりたくなるということがあるかもしれない。それから肉体の問題もあるだろう。野球やサッカーや相撲なら、普通はがんばっても不惑が限界だ。楽器の演奏も名人とよばれる域に達すれば、プロ・スポーツと変わらない。肉体に超絶的な運動を課せられてこその名人である。年齢から来る衰えと無縁ではいられない。能や歌舞

マーラー／交響曲第六番イ短調《悲劇的》、ピアノ四重奏曲イ短調（＊）
エッシェンバッハ（指揮、p）フィラデルフィア管弦楽団、同メンバー（＊）［K—（オンディーヌ）2006年12月］

伎であれば、身体機能のマイナスをプラスの芸に変えられもする。動かずともたたずまいだけで魅せる方法が、芸能の形態にもともと仕組まれているからだ。が、ピアノやヴァイオリンではそうはいかない。楽器をこなすことが辛《つら》くなってきても、みずからが培ってきた音楽性を発揮しつつステージに立ちたいと願うならば、進むべきは指揮以外にあるまい。

しかし、じつはエッシェンバッハには、そういう一般論はどうやらあてはまらないようだ。

彼は、第二次大戦がすでに始まっていた一九四〇年、ドイツのブレスラウ（現ポーランド領ヴロツワフ）で生まれた。そのときは、クリストフ・リングマンという名だった。が、悲惨な本土決戦の行われたドイツで、幼くして戦争孤児となり、戦後は孤児院で暮らしていた。そんな少年を、母親の親族のエッシェンバッハという家がひきとり、高い教育をほどこした。七歳からはピアノも習った。けれどそれはあくまで普通のお稽古ごとだった。

では、エッシェンバッハが本気に音楽家をめざすようになったのはいつだろう？　一九五一年だという。その年、彼はキールでフルトヴェングラー指揮のベルリン・フィルを聴いた。全ベートーヴェン・プロだった。そこで、ツルツル頭の大巨匠の、言いたいことがいっぱいありすぎて不断に揺れ動きつづけるような音楽作りに、すっかり魅了されてしまった。エッシェンバッハの音楽への夢はその日に始動した。

ようするに彼は、フルトヴェングラーになりたくなったのだ。はじめから指揮者が目標だった。一九五九年からは指揮法のレッスンも受けはじめる。師はブリュックナー＝リュッゲベルクだった。ロッテ・レーニャと《マハゴニー市の興亡》の全曲盤や《三文オペラ》を録音し、「クルト・ヴァイル振り」として名を残している人である。

けれども、彼の音楽家としてのキャリアは、指揮でなくて得意楽器のピアノからだった。一九六二年にミュンヘン国際コンクールで第一位なしの第二位となり、すぐドイツ・グラモフォンが目をつけ、一九六四年からLPが出はじめる。その翌年にはクララ・ハスキル・コンクールの覇者だ。たちまちピアノ界の新スターである。

にもかかわらず、エッシェンバッハの夢はぶれなかった。そのままピアノで生きていけばいいとは思わなかった。ソリストとしてカラヤンやセルとひんぱんに共演したが、そのさいには二人の指揮ぶりを一生懸命に盗んでいたという。セルには正式に弟子入りし、厳しいレッスンを受けもした。若手人気奏者として旭日昇天《きょくじつ》の勢いというときに、そんな手間ひまをかけていたのである。ピアニストとしての成功を指揮者になるための方便と最初から割り切っていたふしがある。楽器のヴィルトゥオーゾが盛りを過ぎて活路を指揮に見出すのとは、わけが違っている。

ジキル博士とハイド氏

そういうエッシェンバッハだ。彼の若いときのピアノ演奏も、指揮者たちの影響から考えてみたほうがわかりやすい気がする。結論を先取りすれば、そこには、神経質なセルと、流暢なカラヤンと、濃密な感情と思索をいつも剝《む》きだしにしたフルトヴェングラーが、みんないる。

ピアニスト、エッシェンバッハは、よく黒という色と関連づけられて批評された。ドイツ・グラモフォンがLPジャケットに、黒いなりをした彼の写真を印象的に使ったせいもあるだろう。が、それよりもなによりも、彼の演奏が、多彩な音色を華やかにとっちらかすよりも、選ばれた音色を渋く研《と》ぎ澄まし、曲の造形も厳しく磨かれていたから、黒なのだ。そこにはまぎれもなくセルの緻密《ちみつ》と禁欲が受け継がれているのだけれど、それだけではまじめにゴツゴツしてしまうところが、カラヤンゆずりのレガートの感覚で、うまく中和される。ハードボイルドだけれど、角の取り方も上手に心得ているということだ。黒く締まった流線形の印象だ。

ここで終われば、きわめてモダンでスマートなピアニストというわかりやすい話で一件落着である。ところが、エッシェンバッハの場合、ショパンでもシューマンでも、演奏家がここぞ表現のツボと見つけた歌わせどころやなにかにさしかかると、ロマンティックというよりは表現主義的といいたいくらいに極端な、揺れやぶれを入れこまずにはすまない。キッチリと、あるいは滑らかに運んでいたと思ったら、にわかに恍惚《こうこつ》や虚無や意味不明の原初的雄叫《おたけ》びが、瞬間芸のように顔を覗《のぞ》かせるのだ。

なぜなら、彼の魂の奥底でいつも震えている音楽的原体験は、かつての戦争孤児のどこか満たされない心を異様な興奮で包みきってしまった、フルトヴェングラーの不条理なうねりとわななきなのだから。とにかく、スマートだったりシャープだったりする外観に、あっという間に裂け目が入り、ねっとりと不定形なものが噴出して不意打ちをくらわすのだ。そこにこそ、ピアニスト、エッシェンバッハの妙味があった。そのなんだかわからないものは、色に譬《たと》えれば、やはり混沌とした闇の黒だろう。

むろん、そうしたピアノ弾きとしての、とても単純には割り切れないスタイルは、のちのちまでのエッシェンバッハの音楽性の核心そのものであって、待望の指揮のほうへ軸足を移してからもずっと変わらず、こんどのマーラーの交響曲第六番にも受け継がれていると思う。

ためしに第一楽章を聴いてみよう。軍隊行進曲風の冒頭は、少しくカラヤン化して角ばりすぎないセルというくらいに、明晰にたくましく等価リズム的に刻まれてゆく。ところが、木管によるコラール風の推移部になると、たちまちスーッと血の気が引くように脱力して、響きから芯が抜け、絹ごし豆腐のようにはかなくなる。そこからこんどはヴ「アルマの主題」が、とつぜんに電気がビリッと来てわななくように、まさにフルトヴェングラー的瞬間芸となって立ち上がる。マーラーの音楽じたいが表情の激変の連続にはちがいないのだが、エッシェンバッハの指揮はそれに輪をかけて細かい百面相状態なのだ。そのあとも、即物的にサバサバと運んでいるかと思うと、妙に流麗になったりし、また、いたるところで、微妙なテンポの揺れがしかけられ、階段を規則正しく上っていたら一段抜けていてガクリと来るような、目まいに襲われる。糧《かて》とされた先達(フルトヴェングラー+セル+カラヤン)÷3なのではあくまでない。の芸風は、けっして総合され、折衷されきってはおらず、水と油でよい、そうでしかありえないと開き直っている。セルや、カラヤンじみたセルや、カラヤンや、フルトヴェングラーが、走馬燈のように駆けめぐり、油断も隙《すき》もない。どこで何が飛び出すかわからない。スリリングなのだ。

エッシェンバッハの人気の秘密は、おそらくそこにあるのではないか。彼はひじょうに客観的・合理的でもあり、主観的・不条理でもあり、まじめでも気紛れでもある。アメリカ的にもフランス的にもドイツ的にも感じられるところがあるだろう。しかし完全にはそのどれでもない。どこに行ってもそれなりにはまるが、なにかずれてもいる。正体が見えない。つねにどこか未知をはらんでいて、もっともっと聴きたくなる。

エッシェンバッハは、ジキルとハイドのような多重人格者の危険な魅力を放っている。

34　バレンボイムの複数の故郷

［二〇〇七年三月号］

ユダヤ人に根はいくつあるか？

ユダヤ人はさまよう。ローマ帝国に神殿を破壊され、父祖の地から追放されて以来、さまよう。彼らをつなぐのは、ただユダヤ教の厳格な戒律のみである。というと、なんだか哀れをもよおしたくなるが、実際はそんなこともない。彼らは土地なき民というある種の特権を得たのだ。特定の根拠地をもたないとは、世界のどこにいても同じということである。彼らの特権とは世界に遍在できる権利である。宗教の戒律に従っていれば、彼らはどこにいてもユダヤ人である。

だが、その特権をユダヤ人が特権として使いこなせるかどうかは、個々の問題だ。世界に遍在できる特権は、根こぎされた根なし草として、世界のどの土地からもプカプカ浮いている状態に耐えつづける精神の強度をともなわなくてはならない。でないと、特

バッハ／《平均律クラヴィーア曲集》第一巻
ダニエル・バレンボイム（p）
［ワーナークラシックス　2004年7月］

権はたちどころに永劫《えいごう》の罰と受苦に変ずる。人間は、形なき精神によって保たれる抽象的存在でもあるが、と同時に生身の肉体をもった空間的存在でもある。空間的存在としてのおのれのほうが強く意識されれば、空間には空間をで、特定の居場所がどうしても恋しくなる。生身の肉体は、母なる場所を、居心地のよい巣を求めるのである。

一九世紀末から第一次世界大戦の終結までの過程で、ローマ帝国以来有効であった、諸民族は帝国の支配のもと適度に混交していてもいいものだという考え方がひび割れ、おのおのの民族の自決と、そのための空間としての固有な生存圏の確保が、時代の正面きっての課題になってくると、抽象的に浮いているのはもう御免とばかりに、遍在の特権を放棄し、母なる場所に還りたがるユダヤ人たちが力をもちはじめる。かくて現出したのが近代のシオニズム運動だ。離れてもう二千年近い、常識に則していえばとうの昔に居住権を喪失したはずのイスラエルへ、どうしても帰りたい。そういう衝動がユダヤ人たちを駆り立て、その気持ちは、ユダヤ人を世界に遍在させてはならず、まずは欧州から駆逐せよと主張するナチズムの恐怖に、後押しされる。

こうした歴史の進展のなかで、近代のユダヤ人は、二つの型に分類されるようになってくる。ひとつは、イスラエルに根を回復し、特定の具体的空間に縄張りを作って籠《こも》ろうとするユダヤ人であり、もうひとつはあいかわらずユダヤ教の戒律に従うことのみで民族の精神を充足させつつ、生身のみずからをつとめて抽象に擬して世界に遍在させつづけようとするユダヤ人である。

もちろんこの構図は、たんにユダヤ人のものにとどまらず、世界の今の在りようとパラレルになる。つまり、ある戒律に従えば、世界のどこにいても同じという思想は、世界資本主義かグローバリズムの原理に従う流儀をいちど身につけてしまえば、人類はみな一様に均質となって民族や歴史や伝統の差など重大ではなくなるという思想と同型的であり、特定の土地に生存圏を確立して排他的にふるまおうとする姿勢は、グローバリズムに抗し、そこからしばしば排外主義につながってゆく姿勢と、これまた同型的である。

しかし、抽象的遍在か具体的遍在か、グローバリズムか地域主義かという、この対立の図式のどちらにも与《くみ》しない、第三の新しいユダヤ人もいる。そのひとりが、ダニエル・バレンボイムである。最近、翻訳の出たサイードとの対談本で、この音楽家は口を酸《す》っぱくして述べる。自分には複数のアイデンティティがあるのだと。バレンボイムは、ロシアから移民してきたユダヤ人一族のひとりとしてアルゼンチンに生まれ、イスラエルやヨーロッパやアメリカで学び、暮らしてきた。そういうユダヤ人は、根なし草として世界を渡り歩き、世界に遍在する抽象人のひとりとしてイメージできそうなものである。が、バレンボイムはおのれを、寄る辺なき哀しみを特権として、けなげに力強くさまようユダヤ人像に該当するとは、ちっとも思っていないらしい。ドイツにいてもアメリカにいてもイスラエルにいても、彼はそれぞれの土地に根を実感でき、安らげると主張する。それが複数のアイデンティティということだ。

日本人はユダヤ人になれるか?

本当だろうか。根の国が母の国なら、母は通常ひとりだから、根の国も単一なのがあたりまえだろう。単一を放棄すれば母は遠のくだろう。が、もしかしてその母が混血を積み重ねた母、あちこちにふるさとのある母としてイメージされたらどうだろう? ユダヤ人の文化的いとなみは世界のいたるところでその土地土地の歴史と交差し混じりあって息づいており、またバレンボイムの携わる音楽は、言語の違いを超え、少なくとも彼の行って活躍する場所には、等しく懐かしく親しげな顔をのぞかせている。バレンボイムはアルゼンチンに行けばタンゴに、ドイツに行けばバッハやワーグナーにふるさとを感じる。この実感の前では、ひとつの根が具体的にもてるかどうか、でなければ抽象的な根なし草になるほかないという二項対立の図は、根本から崩壊してしまう。みずからの原郷が一カ所でなければならぬと誰が決めたのか。母なる一者が世界の行くさきざきに飛び散っていると思えば、世界のいたるところがどこもかしこも原郷になるのだ。ユダヤ人であること、特定の言語に依拠しなくても仕事のできる音楽家であること、楽天的であること、思いつめないこと、容量が大きいこと。それらの要素の重畳《ちようじよう》の末に生まれたと思《おぼ》しきバレンボイムの世界観とは、そういうものである。

そんな彼は、世界のあちこちに長く延びていくつも根を張り、複雑にからみあう蔦《つた》かなにかにでも譬《たと》えられるだろう。複数の違った根をもち、その異なりをひとつのからだに併存させ、別々のものをつねに体内で擦《こす》りあわさせる。その状態こそが自然なのだと考える彼にとっては、根を失ったところから、普遍的なひとつの戒律や原理をたて、世界を均《なら》そうとする態度も、ひとつの根にとことん執着して普遍を拒《こば》む態度も、きつく退けられる。なぜなら、現代世界で抗争する、それら二つの価値観は、どちらも異質なものどうしの擦れあいを内に含みたくないという点では、表裏一体の同類だからである。擦れあいの拒否は一元化と硬直と不寛容を生み、世界を凍《い》てつかせる。つねに擦れあい、揺れ動き、軋《きし》み、伸縮していてこそ、世界は活気づき、そうでなければ死ぬのだ。複数の根の上でいつも風にそよいでいる。それが個々の人間の生きざまであり、世界の在りようでなくてはいけない。

しかし、そのような境地は、たとえば日本で生まれ育ち、日本語しか満足に喋《しゃべ》れず、狭い島国の中で死んでゆくだけの人間にとっては、あまりに縁遠いのではないか。いや、そんなことはないのだ、その境地はあらゆる他者に伝達可能なのだというのが、バレンボイムの信念で、その伝達の方法として考えられているのが、彼のロマン主義的といえる音楽演奏術なのである。

バレンボイムにとって音楽、とくに西洋クラシック音楽とは、不断に風に揺れ動き、しかもどこまでも終点のない生成の過程にほかならない。しかもそれは複数の根の問題も実感させてくれる。ＡＢＡの三部形式ならＡが、提示部と展開部の再現部のソナタ形式なら提示部と再現部が、あるいは調性音楽全般なら主音や主和音が、そこに始まってそこに戻ってくる場所なのだから、根になる。だが一番目のＡと二番目のＡ、提示部と再現部、さっきの主和音とあとでの主和音は、途中の経過をはさむことによって、帰ってくるときはもはや同じ場所ではない。途中のドラマ、途中の擦れあいによって、ふたたび現れるときは表情も見え方も違っていなくてはならない。そして前とはどこか別の場所に移ってしまった根は、曲が仮にそこで結ばれるとしても次の芽吹き、移行、旅立ちを要求する。そのようにしてどこまでも複数の根を渡り歩いて止まらないところに西洋クラシック音楽の本質があり、演奏はそこのところを第一義に伝えねばならないというのである。

だからこそバレンボイムは、おのれの師匠のマルケヴィッチを尊敬せず、フルトヴェングラーをひたすら偶像化するのだ。なぜならば、後者の音楽は音たちが生々しく擦れあうように揺れつづけることで生成の実相を開示しているからだ。対してマルケヴィッチ流の即物主義は、一番目のAと二番目のAを等価に均そうとする。そういう演奏はグローバリズムや地域主義の一元化志向に通じ、人間を硬直させ、不幸にすることに通じる。

といった具合だから、バレンボイムのバッハには当節流行の時代考証もへちまもない。それは、他の根から別の根へまた別の根へと動きつづけ、複数の相異なる根に支えられ弾ませられてこそ人間は豊かに幸せに生きられるのだというバレンボイムの信念の、伝達の道具としてのみある。そういう音楽を感得する体験を積み重ねてゆけば、なにもユダヤ人でなくとも、たとえ日本人でも、グローバリズムや民族主義の一元化の誘惑に抗する術を身につけられるというわけだ。

西洋クラシック音楽の「正しい演奏」だけが、今の世界を救済できる。バレンボイムは本気だ。

［二〇〇四年一〇月号］

35 ヘラーが丸く収めます

あのころ、君は若かった

ビシュコフの振るマーラーの交響曲第三番は、とくに第一楽章でいくども時が止まる。テンポはけっして遅くないが、リズムは硬直し、とりわけ金管が抑制され、音色も堅く地味なので、どこかのパートが派手に突出しマーラーらしい八方破れを強調しも、情緒不安定なアゴーギクがこれまたマーラーらしい音の裂け目を露呈させもせず、代わりに響きは凝縮され石化して、その重みがときにブレーキをかける。ビシュコフはこの作曲家ならではの破調を繕《つくろ》い隠してしまうぶん、音の目方と硬度を増し、マーラーを物憂げな巨人の石像のごとく永遠に屹立《きつりつ》させるのだ。そしてその併録曲がヨーク・ヘラーの《永遠の日》(二〇〇一)なのも面白い。なぜならこの曲は、マーラーの引用を交えつつ、ビシュコフのマーラー解釈同様、若しくは曲名のとおり、動きを欠いた永遠の世界への憧憬を湛えているから。

マーラー／交響曲第三番ニ短調、ヨルク・ヘラー／《永遠の日（合唱、管弦楽とエレクトロニクス）》セミヨン・ビシュコフ指揮ケルン放送響、同合唱団、リポヴシェク（Ms）他［アヴィー　2003年5月］

さて、そもそもヘラーとは誰か。一九四四年生まれの彼は、戦後前衛がその最初期にかたくなに掲げたいくつかの旗印を、より柔らかな方向に修正する役回りを振られたひとりといえるだろう。

　戦後前衛の旗印。それはたとえば過去との断絶ということだった。第二次大戦で廃墟と化した欧州から立ち上がったその運動は、過去の伝統は廃墟とともにちゃらになり、われわれはゼロから始めると主張した。また戦後前衛は有機的・非合理的・主観的なものを嫌悪した。それらはファシズムや戦時の熱狂を想起させ、唾棄《だき》すべき過去に直結した。かくて戦後前衛は無機・合理・客観の擁護に回り、音楽において有機的に結びついてしかるべきとされてきた音高・音価・強度・テンポなどなどを無機的にバラバラにし、たとえば相異なる十二の音高・十の音価・九の強度を、それらが一回ずつ使いきられるまでに使ったものを繰り返し用いぬなんて客観的規則に従いつつ組み合わせ音を決めてゆくような作曲法を案出するにいたった。これを総音列主義とよぶ（全体を無機的にバラバラにしたがる芸術観は、たとえば女性の美を脚や唇に分断して考えたがる傾向と関連する）。あと、戦後前衛を語るに欠かせぬのが電子音楽だ。合理的に計算されつくした音楽への傾斜は、速く動く二音の長さを十九対二十になんて、生身の演奏家には対処不能な次元へエスカレートし、あらゆる正確さを約束する電子音楽の登場はまさに福音となった。演奏家はもう無用！　そんな信仰さえ芽生えた。

亀の甲より年の功

が、それらの旗印はやがて批判の的になる。たとえばベルント・アロイス・ツィンマーマンは、過去との断絶なるスローガンが、政治や経済についてならともかく、人間の時間の感じ方と不可分な音楽にたいしてはどこまで有効かと疑った。そこで彼が参照したのはアウグスティヌスの時間論である。この哲人によれば、神は過去も未来もお見通しで、過去・現在・未来の全部を今その時として直下に把握するゆえ、神にとっての時間は永遠の現在しかない。対して、神に比べあまりにちっぽけな人間の生きた意識は、現在なる瞬間にしかつねになく、過去や未来は現在において回想されるか予期されることでのみ存在する。よって、人間が直下に掌握できる時間は、過去を背負い未来を準備を過去の過去を音楽から排除し、現在から未来だけ見るという前衛の時間意識には根本的誤謬《ごびゅう》があるのではないか。とにかく前衛音楽にも過去の居場所が必要だ！　こうしてツィンマーマンは、自分の記憶に滞留しその意味で現在に含みこまれている過去の音楽を自作に引用しだした。それにより彼は現在と過去がつねに込みで人の意識に存在する様を表現してみたのである。またツィンマーマンは、現在この瞬間に過去の残滓《ざんし》と未来の芽が集約されている姿を音で譬《たと》えようと、前（過去）と後（未来）の旋律的経過を構成する音高をみな含みこむコードを、くさびのように過去と未来のはざま（現在）に瞬間的に打ちこむ作曲の仕方も考えた。

いっぽう、哲学者アドルノは、戦後前衛が合理主義・客観主義に走りすぎるのに危機感を覚え、不定形な音楽のすすめを説きだした。彼によれば、音楽史における調性秩序の崩壊過程は、人間性なるものがなんでも数量化・マニュアル化したがる近代合理主義の暴力によって損なわれていった経過と密接に対応している。そうして傷ついてしまった精神はみずからを表現するのにもはや調性には頼れず無調に向かい、その無調の時代になお音楽になにかしらの秩序を保証する技法があるとすれば、それは傷つきアナーキーになりかけた音たちを作品にかろうじてつなぐためのギリギリの鎹《かすがい》ていどであるべきとする。しかし、戦後前衛が育てた総音列主義的技法は、ギリギリの鎹どころか、その技法の鋳型に嵌《は》めればほとんど自動的に作品ができるほどのものになってしまった。これでは傷ついた精神もへちまもなく、前衛音楽はアドルノの糾弾するマニュアル化した近代合理主義そのものになってしまう。そこでアドルノは、かたちにならぬ精神とかたちを強いる技法とがせめぎあい、どちらも作品を支配しきれぬ、その意味で曖昧さや不定形さを湛えた音楽の復権を求めたのである。

さらに戦後前衛の中心的担い手たちも、前衛の当初の姿勢に修正を加える。すなわちシュトックハウゼンは電子音の研究過程で、連続的なパルスの発生間隔を何分の一秒から何千分の一秒へ詰めてゆくに従い、はじめ音価の列（つまりリズム）に知覚されていたものがしだいに音高に聞こえてゆく現象を発見した。つまりリズムや音の高さという別物と思われていたものをパルスの周期の問題として一元的に把握する視点が生まれたのだ。音がけっきょくそんなものなら、音をそれを構成する諸要素にバラしてつかまえたいという戦後前衛の欲求の正当性はやや色褪《あ》せよう。またブーレーズは、電子音が生楽器を駆逐するとの楽天的信仰に異を唱え、音楽の魅力は生身の演奏行為の介在にあり、電子音は生身の演奏と溶け合わされてこそ用いられるべきと主張し、その研究の場としてＩＲＣＡＭを作るにいたる。

というわけで、ここにとりあえず戦後前衛の当初の旗印とそれへの異議申し立ては出揃ったが、はて、かんじんのヘラーはどこへ？　いや、ここまででもう彼の話は実質的には終わっている。なぜならヘラーはツィンマーマンの弟子で、アドルノの不定形音楽論に傾倒し、シュトックハウゼンの助手もやり、ブーレーズとも親密で、ＩＲＣＡＭの常連でもあったのだから。そして合唱・管弦楽・電子音響のための《永遠の日》にはこの作曲家のそういう遍歴の総決算がある。まず彼はここで不定形な音楽を実現すべく、一オクターヴ中の十二音すべてを含みそこにさらにダブった音を十も加えた合計二十二音からなる音列を用いる。それは作品の規矩《きく》となるが、なにしろ全部の音程が入った二十二音もの規模だから、そこから引き出せる旋律や和声は厖大で、けっきょく音列がどこまで機能しているか見きわめにくい、その意味で音列の制約と精神の自由ギリギリのしきいを揺らぐ音楽が生み出される。その二十二音を垂直的にコードで用い、前後に水平的展開を配すれば、ツィンマーマンの考えた瞬間としての現在が過去も未来も含みこむというヴィジョンの音化もやれる。それから電子音の使い方だ。ここでのそれは、生楽器の音と対決したりせず、ハープや鐘の音のようになって伝統的な管弦楽にごく自然な顔つきで溶けこむ。ブーレーズの理想どおりに。あとは引用。この曲に現れるのはアドルノが傷ついた近代人の音楽の一大祖型として愛したマーラーの、しかも交響曲第七番の第二楽章である。第七番は、鬱から躁への第五番や破局に沈む第六番、いずれにせよ不均衡で破調に満ち傷を激しく露出させる音楽と違い、明らかに世界の均衡の回復と相反するものたちの宥和の実現、あるいは傷ついた心の癒しを志向している。それは全五楽章のシンメトリックに落ち着いた配置にも示されているし、端的には第二楽章冒頭の長調と短調のはざまをゆらぎつつ両者の共生をうながすようなあの柔和なホルンの呼び声に煎じつめられている。そしてヘラーが引用するのはまさにこの旋律なのだ。もうここに作曲家の意図は明らかだろう。彼は二十二音音列で規則と自由を、引用なる行為で過去と現在を、それぞれ調停し、電子音と生楽器音を繊細に溶融させ、マーラーにこめられたメッセージによって戦後前衛が無機的にバラバラにしようとしたすべての宥和をはかり、事を丸く収めようとする。丸く収めるとなればその場は物静かでなくてはならない。この曲が朝・昼・晩の永遠の循環を声高でなく描くカンタータというおとなしい外観をしているのはそのせいなのだ。

こうして戦後前衛は老成してゆく。

［二〇〇三年九月号］

36 アメリカの田舎者とオーストリアの田舎者

とってもファジーなコンダクター

ブルックナーなのに、精神性とか宗教性とか論理性とか、毎度ついてまわる堅苦しい匂いがしない。デニス・ラッセル・デイヴィスの進行途中の全集はそこが面白い。

デイヴィスをはじめて生で聴いたのは、一九八〇年代後半だった。ぶらりとおとずれたパリで、フランス国立管がリゲティの《アッパリション》をやるという。当時、この作品のディスクは入手困難だった。ついに聴けるのか。喜び勇んで出かけると、指揮は、若々しく毛もあったデイヴィスだった。

その演奏がよかった。現代音楽振りというと、メトロノームで計るように、時間を縦割りにし、音を規則正しい格子の網の目に嵌《は》めてゆくイメージがある。じっさい、ロスバウトからギーレンまでの厳格でコワモテの系譜も存在する。きわめつきに複雑怪奇な譜面の正確なリアライズが求められるのだから、そうなるのもあたりまえだ。

ブルックナー／交響曲第三番ニ短調（ノヴァーク版）
デニス・ラッセル・デイヴィス指揮リンツ・ブルックナー管弦楽団
［アルテ・ノヴァ　2006年10月］

ところが、デイヴィスは違った。微妙にファジーなのだ。さざ波のようなうねりがある。《アッパリション》では、柔軟な時間の伸縮の上に、薄気味悪くひしゃげた音色のかずかずが、絶妙なグラデーションで湧いては消えた。幻術師の流麗な手品に我を忘れるような時間だった。クセナキスの《メタスタシス》も、のびのびとして高揚感満点だった。そして、R・シュトラウスの《変容》。これがまた、滔々《とうとう》とした歌となって悠然と進む、よい演奏だった。ファジーで、しかも息が長い。長丁場でも呼吸が乱れない。こういう柔らかい時間感覚をもち、持続力もあって、現代音楽に上手に対応できる指揮者にははじめて出会った気がし、なんだかうれしくなった。

以来、デイヴィスのことが気になる。いったい、彼のキャラクターはどこから生まれたのか。

デイヴィスのキャリアはいつも現代音楽とともにあった。とくに母国アメリカの音楽を、前衛から保守まで、なんでも手がけた。しかし、なんでものなかでも、思い入れの深そうな傾向はある。ライリーやライヒやグラスの始めた、ミニマル系の音楽だ。とくにグラスとのかかわりは長く深い。

ミニマルとは、簡単にいうと執拗《しつよう》な繰り返しの音楽だ。ドミソドミソとか、ずっと反復する。冷たくデジタル的にやってもいいようにも思うが、そうではない。その音楽は、六〇年代アメリカの産だ。ヒッピーやサイケやドラッグといった文化と結びついている。

ミニマル音楽は、醒めたビジネス・ライクな秩序の感覚よりも、無時間的酩酊《めいてい》感覚を求めて反復するのだ。

酩酊すると目がぐるぐる回る。ミニマル音楽の欲するのも、回転する時間といってよいだろう。それはメトロノームのような等拍運動の時間ではない。下から上に、あるいは上から下に円を書く具合の、加速や減速をつねにともなう時間だ。しかも、無時間的酩酊に誘《いざな》うのだから、長くないと駄目だ。デイヴィスのファジーな息の長さは、そんなミニマル音楽の時間感覚と仲がいい。

さて、ミニマル音楽はなぜ出現したのか。たとえば、マーラーの弟子、クラウス・プリングスハイムは、一九三〇年代の東京音楽学校でこう教えた。「旋律が流れゆくと同様に、和声もそれにともなって流れゆくべきである。同じ和音のたびたびの出現は、その楽曲を停滞させる」

和声にかぎっての初歩的心得を述べたにすぎないようだが、じつはこれは音楽における反復全般への戒《いまし》めである。早い話、繰り返しは下品なのだ。民衆音楽とかに任せておけばいい。芸術音楽は、旋律やリズムや和声をたんに繰り返さず、不断に発展させてこそ、より芸術的になる。それはプリングスハイムに特殊な信仰ではない。ハイドン、ベートーヴェン以後、クラシック音楽の主筋は、その信仰表明の歴史だった。展開の術を巧緻《こうち》に複雑にしてゆくことが音楽の近代的進歩であると考えられ、展開過程を理詰めで追えるのが知性ある聴き手とされた。

進歩は、いちどはじまると止まれない。ついにシェーンベルク以後になると、より斬新で徹底した展開を求め、無主題的発展とか、耳に刷りこまれにくい十二音列の操作とかにまで行き着き、何が展開されているのか、わけがわからなくなってしまった。音楽は記憶の芸術だというのに、記憶のとっかかりとしての主題が、事実上消えていった。クラシック音楽における近代の終焉《しゅうえん》、進歩主義のゆきづまりである。

ミニマル音楽は、その段階で登場した、近代への過激なアンチ・テーゼだった。展開を知性で追うのではなく、反復に感性で溺《おぼ》れようとし、お高くとまろうとしたクラシック音楽を根源的な単純さへ引き戻そうとした。デイヴィスは、そんな反復音楽を血と肉にしてきたのである。

とってもミニマルなコンダクター

もっとも、いくら反復音楽といっても、本当にドミソ・ドミソと繰り返しているだけではない。たとえば、デイヴィスの好むグラスなら、ドミソ・ドミソは、全部の音が二等分されてドドミミソソ・ドドミミソソになったり、別の音を付け足されてドミソラ・ドミソラになったり、そうしてできたドミソラと最初のドミソが合わさって、ドミソドミソラ・ドミソドミソラになったりする。反復だけではなく、そこに分割や加算や合成とでもよぶべき仕方が加わって、さまざまに増殖し変態して、実際のミニマル音楽ができてゆくのだ。さざれ石が集まって巌《いわお》になり、またさざれ石に戻るような音楽といえばよいか。

ところで、そんな音楽作法は誰かに似ていないか。そう、ブルックナーである。この巨匠は、限られた主題の展開なんて美学になじめず、たくさんの主題を反復し、つぎはぎする作曲にこだわった。彼の原理は、単一主題の展開よりも、多主題の反復と分割と加算と合成なのである。

もちろん、グラスとブルックナーでは、出てくる音楽はだいぶん違う。けれど、その違いはとどのつまり、ブルックナーでは、反復され組み合わされる素材が、八小節とか十六小節とか、息の長いクラシック音楽らしい旋律のかたちをしているのに、グラスでは、同じ素材が一小節とか二小節とかの短いパルスのようなかたちをしているというていどのことかもしれない。

柴田南雄は、反復ばかりで退屈と思われてきたブルックナーの交響曲が歓迎されだしたのと、ミニマル音楽が勃興《ぼっこう》したのが、ともに一九六〇年代後半以降なのに注目した。両者に直接の脈絡はなくても、時代精神においてつながる現象だと喝破《かっぱ》した。松平頼暁《よりあき》は八〇年代初頭、グラスはほとんどブルックナーだとさかんに論評していた。グラス指揮者がブルックナーに遡行《そこう》する道筋は、早くから設定されていた。デイヴィスは、遅かったような気もするが、とにかく現れるべくして現れたのである。彼は、グラスから出発し、月の満ち欠けや潮の満干のように、ひたひたと寄せては引く、はじめも終わりもない永遠の音楽の祖型として、やっとブルックナーにたどり着いた。この一九世紀音楽の異端者は、デイヴィスによって、ついに近代の外に連れ出されようとしている。

デイヴィスの全集は、第四番と第八番で始まった。どちらも第一稿だった。この指揮者は、作曲家が現実との妥協をはかって改訂した版ではなく、あくまで作曲家のオリジナルなアイディアに近づこうとしている。そう考えたファンもあったらしい。だが、こんどの第三番は第三稿だ。デイヴィスはどういうつもりか。答えは明快だ。彼は反復の高揚感をひたひたと楽しみ、いちばんミニマル音楽的にアプローチできる版を選びたいだけだ。原典か改訂かのこだわりはないのである。

第四番と第八番は、第一稿のほうが改訂稿よりもしつこい。とくに第四番は反復し高潮し爆発してゆく作りが、よりミニマル的である。だから第一稿だ。いっぽう、第三番だと、改訂後のほうが音楽の拍節構造が不揃いでなくなり、いびつさのめだつ箇所が減る。デイヴィスらしく、あるいはグラスらしく、息を乱さず、悠然と自然な拍動に身を任せてゆくには、第三稿のほうがいい。

また、デイヴィスの第三番のスケルツォは遅い。終楽章の第二主題のポルカもかなり遅い。絶対音楽的に鍛え上げられた解釈を求める向きには、だらしなく感じられるかもしれない。しかし、おそらくデイヴィスは、ブルックナーの舞曲から、田舎で酔っ払いがいつまでも呑気《のんき》にファジーにやっていて、飽きてしまいさえするような踊りの雰囲気が作りたいのだ。ミニマル音楽の愛する、お高くとまらない民衆の無時間的酩酊感覚の表出という奴である。だから、そうなる。

そんなデイヴィスをシェフにむかえ入れ、素直につきあっているのが、リンツ・ブルックナー管というところが、また味だ。この鄙《ひな》のご当地オケは、ブルックナーの音楽から、ロマンティークの精神の最上の発露とかよりも、近代社会からはぐれ気味の、田舎者の響きを自然と出せる。デイヴィスもオケも、意味合いは少し違うが、ブルックナーを近代西洋の正統からずれていると感じている。だから、うまく共闘できるのだ。

精神性とか宗教とか論理とかにからめ取られるブルックナーはもういない。代わって、この全集に現れるのは、田舎と反復と脱近代の象徴となり、安心立命する野人である。

［二〇〇七年一月号］

37 ソ連への挽歌

「少なくとも当分の間、ソ連が相当の優位性を保つことは争われないであろう」

山田風太郎の犯罪小説『太陽黒点』に登場する小田切なる青年は、新宿区百人町の「みじめな裏町」にある「おしつぶされたような平屋」で、沢庵《たくあん》の切れ端をサカナに焼酎を飲みながら、資本主義より共産主義が優れているとの信念を吐露し、次いでこう付け加える。「ソヴィエトがね、まず人工衛星をうちあげたのは、あの国家体制のおかげだと思うんです。国の目的があって、それに総力を集めるという」

この小説が発表されたのは一九六三年。つまり東京オリンピックの前年で、資本主義国、日本は高度成長の途上にありながらも、まだけっして豊かになれてはいなかった。ところが隣国のソ連は、すでにその八年も前に世界初の人工衛星まで打ち上げていた。この目も眩《くら》むような格差！　東京の裏町で焼酎をあおりながらソ連の圧倒的科学力をうらやむ青年こそは、まさに当時の貧しい日本国家の分身にほかならぬのだった。

ノルドグレン／交響曲第二番、同第四番
カンガス指揮フィンランド放送響
［フィンランディア　2000年7月］

ところで、先に引いた小田切青年の発言の具体的内容は、別に山田風太郎の独創でもなんでもなく、むしろ当時の定説だったといってよい。たとえば、五五年にスプートニクが打ち上がった直後、雑誌『文藝春秋』は「宇宙時代とソ連の科学」と題する別冊号を刊行したが、そこでは保守の論客、林健太郎でさえこう述べていた。「人工衛星に関するアメリカの甚《はなは》だしい立ちおくれからして、少なくとも当分の間、ソ連が相当の優位性を保つことは争われないであろう。〔中略〕科学技術の発達のためにはソ連のような強度の統制社会、機動的な国家体制〔特定の才能を党の命令ひとつでただちに特定の部門に集約できる体制ということ〕が最も有利である。そして現代文明が機械文明である以上、そのようなソ連社会の利点はそのままその優秀性の代名詞になるであろう」

そして一九七〇年代から八〇年代中葉にかけての日本では、この国がソ連の圧倒的科学力＝軍事力の前に屈し、アメリカから切り離され、ソ連の衛星国化するとの未来展望が蔓延《まんえん》するにいたった。たとえば、その種の幻影を描いた小説として五島勉《ごとうべん》『影の軍団』（一九八一）、石原慎太郎『亡国』（一九八二）、筒井康隆『歌と饒舌《じょうぜつ》の戦記』（一九八七）の三大傑作がある。『亡国』に描かれた、親ソ分子の引き起こす東京大騒乱を、いったんは自衛隊が治安出動で鎮圧する場面は、二〇〇〇年九月初頭に石原都知事の指揮下に東京で行われた、自衛隊参加による大規模防災演習の雛型《ひながた》というか原イメージにもなったはずだ。

閑話休題。ところが、そんな最強国家だったはずのソ連は、競争なき硬直的経済の末路だかなんだか、ゴルバチョフとともにあっという間に自壊してゆく。そして二〇〇〇年のロシアは、巨大原潜が訓練中にあっさり沈没したり、テレビ塔が大火事を起こしても満足に消火できず、消防当局者が「われわれの技術は一九世紀どまりだ」と開き直るところまで衰退してしまった。このようなソヴィエト・ロシアの爆発的発展と劇的凋落《ちょうらく》は、おそらく二〇世紀の生んだ最大のドラマだろう。その栄光と悲惨の歴史は、とうぜん来世紀にまで、多くの芸術家の創作意欲を刺激しつづけるだろうし、音楽の分野でも、ソ連史回顧ものやソ連崩壊ものとよばれるべき分野が形成されてゆきもしよう。じっさい、その分野の作品目録はすでにだいぶできあがりつつある。たとえばロンバルディやグバイドゥーリナやカンチェリの諸作……。

「この道はどこに行く道？」

さて、フィンランドの作曲家、ペール・ヘンリク・ノルドグレンが一九九七年、つまりロシア革命八十周年の年に書き上げた交響曲第四番は、そのソ連崩壊ものに含まれるべき傑作のひとつと考えられる。といってもこの曲は、別にソ連の最期を回顧する叙事的テキストをもったカンタータの類ではなく、あくまで大管弦楽のみによる純然たる交響曲で、副題が付いているわけでもない。では、どうしてそれをソ連崩壊ものと識別できる？　決め手は主題。すなわちこの単一楽章交響曲の主題は、ムソルグスキーの歌劇《ボリス・ゴドゥノフ》第一幕第二場のリトアニア国境の旅籠《はたご》で、グリゴーリーが女将《おかみ》に「この道はどこに行く道？」と問う後ろで、ワルラームが酔っ払ってロシア民謡風にぶつぶつ歌っているその旋律をまるまる引用したものなのだ。

いうまでもなく、グリゴーリーとは王位継承者を殺した前歴のあるボリスがロシア皇帝の座につくのは神が許さぬと考える一介の修道士で、ワルラームはその協力者である。彼らは今まさにリトアニアに行って、ロシア皇帝の一族と僭称《せんしょう》し、全ロシアの民衆を煽動《せんどう》して、ボリスを倒そうと企てている。その試みは最後にいちおう成就するのだが、それでロシアがめでたしとなるわけでもない。なぜならボリスは殺人者だが、それに代わるグリゴーリーもただの僭称者、ようするに嘘つきだからだ。正義はもはやどこにもない。よって《ボリス》とは、ロシアの無秩序化、混沌化を暗示して終わる歌劇なのだ。だからこそ結びには「聖なる阿呆」が出てきて、「ロシアは闇だ、不幸だ、みんな泣け」と独白するのだろう。そしてノルドグレンは、その歌劇の、他のどこでもなく、これからロシアを混乱に陥れようとする者が自信なげに道の行方をたずねる場面からこそ旋律をとり、それをいきなり曲の頭から濃厚に弦に鳴らさせて、あとは「この道はどこに行く道？」の主題による交響的変容なんて具合の音楽を、ペルトやグレツキやシュニトケにも似た感触の響きで悲痛にペシミスティックに二五分もやりつづける。これが、滅んだソ連と、そのあとすっかり迷い道に入ったロシアへの悲しみの歌でなく何なのか？（現実のソ連崩壊プロセスが《ボリス》同様、リトアニアを含むバルト三国から始まったことをここで思い出しておいてもいい）

が、この交響曲の意味をそのへんにばかり局限しては作曲者に怒られるだろう。なぜならノルドグレンは曲に、《ボリス》の旋律のほか、フィンランドの古い聖歌なども動機として取りこんで《ボリス》主題にからめ、ソヴィエト・ロシアの痛みが、その国のみならずフィンランドの、引いては全世界の痛みにつながるとの暗示をも仕掛けているのだから。共産主義の崩壊は資本主義の奢《おご》りと暴走を招き、世界は次なる破局へと向かっている……。この陰鬱な交響曲は、二〇世紀のソヴィエトへの挽歌であると同時に、二一世紀の世界への昏《くら》い予言でもあるのだ。

それにしても、フィンランド人の作曲家がなぜそこまでソヴィエト・ロシアに入れこむのかと、もしかして訝《いぶか》しがる向きもあるかもしれない。そのわけは、フィンランドがたんにその国の隣国であるのみならず、その属領とされたり、その交戦国となったりと、長く深いソヴィエト・ロシアとの愛憎の関係史をもつ点からも説明できようが、あとノルドグレンの個人的事情も鑑《かんが》みておかねばなるまい。すなわち彼はフィンランド人であるとはいえ、少年期にシベリウスではなくショスタコーヴィチに憧れ、作曲の道に入っているのだ。おまけに彼は一九四四年生まれ。スプートニク打ち上げのときは十三歳である。『太陽黒点』の小田切青年のごときソ連国家への期待感を少なくとも一度は切実にもったことがあるに違いない。

ああ、人工衛星の夢は破れたり。

［二〇〇〇年一〇月号］

38　能とソヴィエト

遅速演奏教唆犯は誰だ？

《テンペスト》の冒頭から、あまりにあいかわらずの物の怪《け》な感じにゾクッとした。ペダルをいっぱいに使い、フェルマータの付いた響きをギリギリまで、ほとんどピアノの息の果てるまで、引き延ばす。延びきってぼんやりした時間に、遠い異次元世界が口を開け、おいでおいでと手招きする。白日の下を歩いていたら、にわかに周囲が霞《かす》み、神隠しに遭《あ》う気持ちがする。ようするに、ありえないほど緩慢で、執拗に滞留しつづけるピアノの響きが、非日常を呼び覚ますのだ。

その演奏、その感覚をはじめて味わったのは、一九八〇年代半ばの東京都交響楽団の定期演奏会だった。指揮は山田一雄で、メイン・プロはブラームスの交響曲第一番。私の期待もそっちにあって、シューマンのピアノ協奏曲は前座くらいのつもりでしかなかった。ソリストはヴァレリー・アファナシエフという人らしい。ああ、いつだったか、

ベートーヴェン／ピアノ・ソナタ第一七番《テンペスト》、同第一五番《田園》、同第一〇番、同第二七番、同第三番〜アダージョ　ヴァレリー・アファナシエフ(p)［コンサートイマジン　2006年12月］

クレーメルの伴奏をしていたろうか。とにかく私はノー・マークだった。

ところが、コンチェルトが始まったとたん、会場の東京文化会館は異様な空気に包まれた。指揮者の振りだした序奏が、亀もびっくりするほど遅いのだ。山田は両肘《ひじ》をあまりにゆっくりと上下させながら、主題の旋律を嘗《な》めつくすように鳴らしてゆく。ひと息ごとに一音符。そんな調子である。どうしたんだろう？　もしかして体内時計が狂ってしまったのか。

しかし、それはまだ序の口だった。独奏の入りになったら、アファナシエフのテンポは山田以上に遅かったのである。こんどのＣＤの《テンペスト》なら、楽譜にちゃんとフェルマータのある箇所を誇張しきる要領だが、この日のシューマンの第一楽章は、全部の音に演奏者が勝手にフェルマータを付けたようだった。けっきょく、第一楽章だけで二五分弱かかったろう。普通なら、半時間で全曲が終わるのに！

それにしても、なぜ、そこまで遅かったのか。たとえば、曲の解像度を上げたいから？ 物をよく見たいと思ったら、拡大鏡を使うだろう。映像ならばアップにする。音楽でそれと同じにやろうとすれば、なるたけゆっくりすればいい。おのおのの音の響きや音どうしのつながりを、嚙《か》んで含めるように確かめられる。

それから、なんらかの空間性を音楽から喚起したいときも、ゆっくりやればいいだろう。ムソルグスキーの《展覧会の絵》の〈キエフの大門〉だって、遅く響かせる音楽だ。そうやると音は、時のかなたにアッという間に過ぎ去るよりも、空間に屹立《きつりつ》して居残りつづけるような印象を、束の間にせよ、人に与える。音は遅くなれば遅くなるほど、時間より空間に歩み寄る。

けれども、アファナシエフのシューマンでのゆっくりさ加減は、その種の一般論とは違う気がした。楽曲の構造を絵解きしたいのでも、大聖堂かなにかが聳《そび》え立つ情景を思い描いているのでもなさそうだ。たんに音をいちいち引っぱって、そこに溺《おぼ》れたいといった、ごくシンプルな欲求に衝《つ》き動かされているだけ。そういう感じがした。

彼は、オランウータンのように長い腕を大きく振り、楽器をとても豊饒《ほうじょう》に鳴らす。そうしておいて、なかなか次にいかないから、遅いわけだけれど、かといって音が切れ切れになる印象はまったくない。彼のピアノは、柔軟な上半身をたっぷり使って力加減を自在にし、広いダイナミック・レンジを作り出す打鍵の技術もたいしたものだが、それ以上にペダリングに妙がある。ダンパー・ペダルの踏みこみを浅くしたり深くしたりし、響きを量感たっぷりに留め置く技に、長《た》けているのだ。いちど叩いたらすぐに減衰するだけのピアノの音が、けっこう息を長くして、なお歌っているように聞こえる。ホームラン・ボールのごとく伸びがいい。叩いたあとは余韻というのではない。叩いたあとのほうにこそ実がありかねないピアノだ。だから、ゆっくりでも間がもつ。これが、懐かしいシューマンから新しい《テンペスト》まで、昔も今も変わらない、アファナシエフの幻術の核心だろう。

そうして彼は、倍音のうねり、混濁《こんだく》し、ついにぼんやりと霞んでゆく経過に、一生懸命に耳を傾け、恍惚としている。ピアノという箱の中を渦巻く、息の長い響きのかたまりに淫《いん》するような感覚を、もっているにちがいない。

だが、その感覚は、ピアニストとしてやはり普通でないだろう。たしかにピアノは、チェンバロのようにすぐ音が切れず、豊かに伸びるようになったせいで、地位を不動にした鍵盤楽器ではある。けれど、だからといって、次の鍵盤を容易に叩かず、ピアノの声を引き延ばし、あそこまで喜ぶなんて！　ひとりでにそんな演奏家が出るとは思えない。アファナシエフをそう仕向けたものがあるにちがいない。それは何なのか。

遅速演奏教唆犯はおまえだ!

こういうことは、けっきょく、本人に尋ねてみるしかないだろう。その機会は九〇年代末になっておとずれた。取材で面会できたのである。

そこで単刀直入に訊《き》いた。遅く弾き、響きに耳を傾けている、奇妙な演奏スタイルへと、あなたを誘惑した犯人は誰ですか、と。

アファナシエフは、いきなり変人扱いされたと思い、不機嫌になった。しかし、インタヴューは相手が少し怒ったときのほうが面白くなる。理解者と思って安心されると、話が本気にならない。その意味で、この日は幸先《さいさき》がよかった。

あんのじょう、ピアニストはすぐ犯人の名を口にしてくれた。あまりに意外な、が、あまりに納得のゆくものだった。それは日本の能だった。

彼はモスクワで十代の半ばに、輸入盤の能のLPレコードを聴き、魅せられたという。そのどこにか。まず緩慢な時の流れにである。そう長くもなさそうな台本が、なかなか捗《はかど》らない。怒濤《どとう》のように急《せ》く箇所だってあるのだけれど、彼をいたく感動させたのは、一音一語、たっぷり引き延ばすくだりで、自分もこういうゆったりした時間に生きたいと願ったという。しかし、より重要なのは、声の質だ。アファナシエフは能役者の声色を気に入ったらしい。

能役者は、能にかぎらぬ日本の伝統芸能の一般的発声法である喉声で喋り、謡《うた》う。喉声とは、西洋のオペラのベル・カントのような澄んだ声ではなく、喉をつめ、複雑な倍音を出す声だ。わかりやすくいえばだみ声である。しかも能は仮面劇だ。ただでさえだみ声なのに、面でさらに蓋《ふた》をするのだから、ますます響きは濁《にご》ってぼんやりとし、神秘的なトーンが生まれる。その声色によって、能の物語の神秘性が説得力をもつ。

そして、そういう能役者の声色は、むろん、弦やペダルや響板がややこしい倍音の渦を作り出し、それが蓋でマスクされたりし、箱の中をうねるピアノの響きと、ちょっと似ているだろう。

アファナシエフは能役者の緩慢な声の持続にひとつの理想の美を見出し、ピアノの声で模倣していたのか。なんてわかりやすい話だ！　私は大喜びした。すると、アファナシエフはまた嫌な顔をしている。あまり単純化されてはたまらないとばかりに、じつは前座があると、こんどはフルトヴェングラーのLPについて喋りはじめた。メロディア・レーベルから発売されていた、ソ連軍がナチ・ドイツから接収したフルトヴェングラーのかずかずの録音の、遅くうねる演奏に影響され、そこに能が重なって、今日の自分ができたという物語である。

能とフルトヴェングラーか。が、なにかヘンだ。モスクワで優れた音楽家たちに囲まれ、立派な生演奏も聴いたろうし、そこから学びもしたろう。ところが、この人が意気ごんで喋るのは、遠い異国の能の霞んだ声色が入ったLPと、すでにこの世にいないフルトヴェングラーの年代ものの霞んだ録音のこれまたLPのことばかりだ。昔のレコードの話をするアファナシエフの憑《つ》かれたような目を見ながら、もしかして彼は典型的な遠距離思慕者かと、ようやく気づいた。

遠距離思慕とはロマン主義精神の一特徴だ。メンデルスゾーンの《スコットランド》や、ベルリオーズの《幻想交響曲》や、ワーグナーの《ニーベルングの指環》でも、思い出そう。ロマン主義者の情熱をかきたてるのは、いつも遠くの異国やはるか大昔や非在の夢の世界である。なぜ、そうなるか。近しい世界に閉塞《へいそく》感を抱き、絶望しているからだ。ベートーヴェンまではそうではなかった。交響曲第九番はロマン主義ではない。リアルに人類みな兄弟と思えている。フランス革命から人類の理想の実現までは、もしかしてそう長くかからない。そんな信念が色褪《あ》せたとき、人はロマン主義者になり、遠くばかりを恋するようになった。

われらのピアニストもその同類なのだ。ただし、彼を育てた閉塞世界は、フルシチョフやブレジネフの時代の停滞したソ連である。彼は、身近なソ連の現実に背を向け、能やフルトヴェングラーに恋をした。そしてずっとそのままだ。アファナシエフは、うねりざわめき彼方に消える、ピアノの引き延ばされた響きのなかでしか、けっして夢を見られないのだろう。

［二〇〇七年四月号］

39　譚盾と中華幻想

マルコ・ポーロと香港

今、世界でいちばん流行《はや》るクラシック畑の現役作曲家は？　それはやはり譚盾《タン・ドゥン》？　香港の中国返還時に《交響曲一九九七「天地人」》を作ったり、ＢＢＣなど世界数十カ国の放送局の共同制作による二〇〇〇年元日の特別番組用に《二〇〇〇トゥデイ》を書き上げたり……。しかもソニーが彼を、ヨーヨー・マと並ぶくらいのアーティストと位置づけているので、《交響曲一九九七》も《二〇〇〇トゥデイ》も、香港返還記念式典日や二〇〇〇年元日といった正式初演日を迎えるより前に、ＣＤが世界の店頭に並んでしまう。

思えば譚盾が、無名の中国人若手作曲家として日本の聴衆の前に初めて現れたのは、一九九〇年だった。それからまだ十年！　彼の出世は本当に早かった。

とにかくそのとき彼は、声と管弦楽のための《オン・タオイズム》を、みずからのヴ

タン・ドゥン／《2000トゥデイ〜ワールド・シンフォニー・フォー・ザ・ミレニアム》、ボブ・マーリー／《ワン・ラヴ》
タン・ドゥン指揮BBCコンサート管、ジプシー・キングス、ジギー・マーリー他［ソニー・クラシカル　1999年12月］

オーカル・パフォーマンス付きで披露したのだが、それは真に強烈だった。なにしろサントリーホールの舞台上にラフに刈り上げたアジア青年が出てきたと思うと、ヒャーッだのヒョエーッだの、シャーマニスティックに叫び出したのだから。いっぽう、オケが奏でるのは、シェーンベルクの《ワルソーの生き残り》タイプの表現主義音楽に、東洋的なドロドロのクラスター音響を付加したもの。これはシャーマン的表現主義？ しかし、こんな音楽を彼はどこから発想する？ それから彼は、なんで奇声を発するのが上手なんだ？

譚のキャリアはその疑問にみごとすぎるほど答えてくれる。彼は一九五七年八月一八日、中国の湖南省のスーマオという僻村で生まれた。そこではしょっちゅう人が死ぬのでいつも葬式をやっており、シャーマンの歌声と呻《うめ》き声と叫び声が日常に遍在していた。

さらに六六年からの文化大革命時には二年間、故郷から遠い農村に下放され、農民たちからさまざまな民歌を学んだ。そのあと、二胡《にこ》などをやり、結婚式で演奏したり、葬式で歌ったり泣き男みたいなことをやった。京劇団にもいたという。

そのうちやっと文革も終わり、一九歳になって、彼は初めて本格的な西洋クラシック音楽を聴く。それはベートーヴェンの《運命》だった。「冒頭のジャジャジャジャーンはエイリアンの音楽に聞こえた」と彼は述懐している。譚は自分がそれまで親しんできた音楽と《運命》とのあまりの違いに驚いてしまったのだ。かたや不定形なドロドロのシャーマン音楽、かたや構成的・造形的交響楽。そのはるかな懸隔《けんかく》！　が、譚は、その距離を自分の才能で埋められると閃《ひらめ》いたという。シャーマン的魔術を駆使して、洋の東西を完璧にブレンドし、懸隔を無化してやろう！　かくて彼は二〇歳で北京中央音楽学院作曲科に入学し、それから十三年後、《オン・タオイズム》とともにサントリーホールに出現したのである。

そんなわけだから、《オン・タオイズム》が東西の音楽要素をシャーマン的・呪術的強度のもとに混合し、融和させようとする音楽だったのは、しごく当然だった。そのあと彼は、《オン・タオイズム》ではまだ多分に直観的・感覚的に行われていた「東西混合融和路線」を、急速に、より大仕掛けでコンセプチュアルに推し進めてゆく。

その最初の決定的成果が歌劇《マルコ・ポーロ》（一九九六初演）だったろう。この作品で譚は、イタリアと中国を往来し、東西交流の道を切り拓いたマルコ・ポーロと、作曲家としてのおのれをダブらせる。そして、マルコ・ポーロの旅にことよせ、ヨーロッパ、西アジア、中央アジア、インド、チベット、モンゴル、中国のさまざまな時代の音楽様式を、マーラーから京劇まで、あいかわらずのシャーマン的テンションでずんずん交差させたのである。

そうした作風に、また時代が味方した。洋の東西にまたがるいろんな要素を、ひとつ土俵に上げ、その共生と融和の幻想を生起せしめてくれる譚の音楽こそ、冷戦構造崩壊後の世界が欲する理想の文化ヴィジョンのように思われた。かくて譚には、マルコ・ポーロの次に、東西文明の交流地たる香港なる素材が与えられ、《交響曲一九九七》が誕生するにいたった。そこではこんどは、中国古代音楽やベートーヴェンの《歓喜の歌》がブレンドされた。

二一世紀と大中華帝国

そしてお次が《二〇〇〇トゥデイ》である。この作品のテーマとなるのは、もはやマルコ・ポーロとか香港とか、東西をつなぐための特定の象徴ではない。それは、西暦二〇〇〇年を迎える地球上の全地域、全民族だ。よって取り扱われる素材も、《マルコ・ポーロ》などのごとく、ヨーロッパと中国とその途中くらいではすまない。文字どおり全世界の音楽がブレンドされねばならない。そこで《二〇〇〇トゥデイ》は、この種の音楽の定型たるモザイク構成に帰結する。たとえばシュトックハウゼンは、世界のすべての国々が平和に交歓する幻想の表現として《諸国歌》を作ったが、それは《君が代》やらなにやら世界諸国の国歌の旋律が何十秒単位かでモザイク状にコラージュされる曲だった。またスティーヴンソンのピアノ協奏曲《諸大陸》は、日本の音階やジャワのガムランや中国民歌や黒人霊歌やソ連のマーチがやはり同様に何十秒単位かでつぎはぎされたものだった。

譚も彼らの先例にならい、《二〇〇〇トゥデイ》で、二胡に琵琶《びわ》にシタールにチベット声明《しょうみょう》に日本太鼓にカリンバにヨーロピアン・トラッドにブルースにホーミーにカリブ風バンドにアンデスの笛にエレキ・ギターによるフュージョンに……、思いつくかぎりのすべてをもってきて、モザイク状に構成された全一二楽章五〇分に押しこんだ。

結果、それは、パノラミックな世界音楽の様相をみごとに呈する。しかも譚は、数多い要素をただ無理無理に並列させるわけではない。そこでは、普通なら互いに居心地の悪くなりそうなものをシャーマン的にマジカルに気持ちよく接合するという、譚ならではのやり方も健在である。そのやり方は《二〇〇〇トゥデイ》ではけっきょく、シャーマン的ハイ・テンションをみなぎらせた音楽の雰囲気と、それから曲の冒頭から繰り返され、循環主題として全曲の蝶番《ちょうつがい》となってゆく動機の、呪文めいた神秘的効果に担われている。おまけに、その循環動機は、レファファ、ソララ……と、ドレファソラの中国風ペンタトニックの響きを強く示唆するもの。そして《二〇〇〇トゥデイ》に出てくるブルースやラテンの旋律も、みなこの動機の変型になっている。

つまり《二〇〇〇トゥデイ》において世界諸民族の響きを並べつくすための土俵は、けっしてインターナショナルではなく、あくまで中国的なのだ。中国人魔術師の掌上に世界が押しこめられている感じ？　それはもちろん、譚にはあたりまえだろう。彼の作曲とは、洋の東西の懸隔を埋めるための魔法の工夫にほかならぬのだが、譚のその魔法の力の源は、湖南省のスーマオ村で身につけた中国伝統のシャーマニスティックな雰囲気にしかないのだから。

そう考えると、譚の「東西混合融和路線」にもとづく世界音楽的幻想絵巻を、冷戦構造崩壊後の世界諸文化の対等な共生関係のモデルとして持ち上げるわけにもいかなくなる。それはあくまで、大中華帝国のもとでの、中華思想の枠組みのなかでの、中国の世界制覇のうえでの、世界の融和の幻想なのだ。

うーむ、こいつは危険だ！　譚の世界征服の野心に注意せよ？

［二〇〇〇年三月号］

40　アムラン・超絶技巧・学歴社会

〝アムラン〟ブランド

アムランのブームは、少なくともこの国では最近にわかにまきおこり、燎原《りょうげん》の火の勢いで燃え広がっている。なにしろ、一九九二年にアメリカのマイナー・レーベルから発売されたアルカンの《ピアノ独奏のための協奏曲》が、慌てて国内盤化されるくらいなのだ。

アムランの音盤が日本の輸入盤市場に現れだしたのは一九九〇年前後のことだったろう。とくにソフィー＝カルメン・エックハルト＝グラマッテ（一八九九―一九七四）のソナタ全集の世界初録音には大いに驚かされたものだ。彼女はモスクワに生まれたコンポーザー・ピアニストで、ラフマニノフやブゾーニらの影響下に、演奏技巧に凝り創作した。たとえば第六番のソナタは、第一楽章が左手だけのプレスティッシモ、中間楽章が右手だけのアダージョ、そして終楽章が両手揃い踏みのヴィーヴォ・アッサイ・エ・

アルカン／ピアノ独奏のための協奏曲
•
マルク＝アンドレ・アムラン［ハイペリオン／キング・インターナショナル　2000年1月］

マルカート。まさに弾き手の腕前を誇示するためだけの楽曲だ。作曲家も作曲家なら、録音するアムランもアムランと思った。

が、アムランのエックハルト＝グラマッテなる選択は一時の気まぐれではなかった。彼のディスコグラフィを瞥見《べっけん》しよう。スクリャービンやメトネルのソナタ全集、ブゾーニやJ・マルクスの協奏曲、ラフマニノフやソラブジのソナタ、リストにアルカンにゴドフスキーにヴォルペ……。ヴォルペあたりを除けばロマン派系超絶技巧ピアノ音楽ばかりだ。

そして当然ながら、それらを弾くアムランがめっぽううまい。しかも、超絶技巧系とくると、指回りの勢いに任せて猪突猛進する、いわゆる「体育会系爆演型」などが想起されるが、アムランはまったくそうではない。そのピアノはきわめて優等生的でノーブルである。

より具体的にすれば、彼の演奏スタイルを支えるのは、尋常ならざる左手、ほとんど右手なみに機能する左手である。よってその演奏には、多くのピアニストに感じられる左右の手の性能の違いに由来する音楽のムラが、あまりない。多くのピアニストの場合は、個性の違う二本の手がある具合になるのに、アムランの場合は性能優等の均質な指が二十本揃っている感じなのだ。

彼はその極上の指を使い、楽譜のすみずみまでを間近に見せつけるような高解像度演奏を行う。指揮者にたとえればブーレーズのごとき……。が、では無機的一辺倒かというと、そうでもない。このアムランなる機械には高度なファジー機能がついている。つまり彼のピアノには、先述のごとく左右の手の差に由来する自然なムラが出ぬけれど、その代わり、一本一本の指のタッチを絶えず微妙に変えて作り出す計算ずくのムラはある。おかげで彼の演奏は無機的に傾かぬどころか、カラヤン風の流麗ささえ帯びる。カラヤンとブーレーズの合体！　それがアムランだ。

とにかく、そういうアムラン流によるロマン派系超絶技巧ピアノ音楽演奏の積み重ねにより、彼はスターとなった。ブームを呼ぶたいていのピアニストのように、彼はそのありあまる技量でモーツァルトやベートーヴェンを弾いたのではなかった。これは異例だ。つまりアムランのブームは、来世紀におけるピアノ音楽の王道的レパートリーを更新する可能性さえもはらんでいるのだ。

ところで、ここでいうロマン派系超絶技巧ピアノ音楽とは「自意識過剰・幻想肥大・音符てんこもりの調性的音楽」というほどの意で、それをなにより実際に特徴づけるのは装飾的で饒舌《じょうぜつ》なパッセージの濫用《らんよう》である。そのパッセージのありようは、鍵盤の幅、手の大きさ、指の数、指回り、調性的な音の配列といった諸要因の相関から決まってくる。そこに生まれる音の組み合わせはいちおうほとんど無限とはいえ、けっきょくは長・短音階的上下行とかのいくつかの紋切り型におのずと収まってゆくだろう。

ようするにロマン派系云々とは、そうした紋切り型のパッセージが突出した音楽のことだ。リスト、ラフマニノフらはその代表選手で、アルカンやソラブジとなると、増殖しすぎた紋切り型パッセージで音楽全体が埋めつくされて、もうお口あんぐりの仕儀となる。

そしてその種の音楽は、「音楽家の自意識過剰↓自分は天才↓天才ぶりを誇示したい↓超絶技巧の披露↓彼は天才とみな納得」なんてロマン派的芸術観が広く受けた時代はともかく、そのあとはずっと低くみられがちだった。

なぜなら、いつの間にかクラシック音楽においては、作曲も演奏も精神性とやらが最重視されていったのであり、精神の深さとは、しばしば主題が深く展開される過程と結びつけられ理解されたから。となると、装飾的パッセージなんて、主題の展開過程にあまりかかわらぬ刺身のつまていどということになる。つまだけでは精神の深みは生じない。ましてやつまが異常増殖をとげ、主題とその展開という「精神のドラマ」を埋もれさせるほどになった音楽などは言語道断、曲芸以下！

時代はロマン派へ？

が、アムランのブームは、そういう「曲芸以下」の音楽の復権運動としての性格をも帯びている。よってそれはたんなるレパートリーの更新にとどまらず、根底的なクラシック音楽観の刷新にまでつながりかねない。すなわち骨格偏重から装飾偏重へということだ。

そうした流れが生じてくるのには、さまざまな理由があろう。歴史はつねに振り子運動で、今、その振り子はロマン派的な価値観へと戻りつつあるのかもしれない。饒舌なばかりで中身の定かならぬ情報が天文学的に垂れ流されるこの電脳時代の姿に、装飾過多な饒舌体の音楽がフィットするのかもしれない。

それから、アムランのブームがとりわけ日本でにわかに盛り上がっているという局面に焦点をあわせれば、次のような理解もありえなくはないだろう。

この国は明治このかた、ずっと基本的には学歴社会で、そこで重視されたのは試験にさいしての技術だった。入学試験、学内試験、入社試験、公務員試験、司法試験……。

小手先の技術を磨き、難関を突破してこそ、終身雇用や社会的ステータスが約束された。よってこの国の人々は若年からその種の技術を身につけるために多大な精力を割いてきた。そしてそういう技術漬《づ》けの暮らしに欠けるのは精神性と相場は決まっており、そこにその欠損を補う慰安物としてクラシック音楽も登場する。

しかるに、今や日本社会は変動している。終身雇用も崩れ、学歴社会の頂点に立ったはずのキャリア官僚は社会から罵倒《ばとう》される。受験技術は無用の長物に成り下がる。付け加えれば、原発事故が起き、ロケットは落ち、地下鉄は脱線する。社会を作り、支え、人々の矜持《きようじ》となってきた技術がどんどん壊れている。ならクラシック音楽の機能も、技術への倦怠《けんたい》を深い精神の力で癒《いや》すことから、社会に失われた確かな技術の感触を代償的に与えることへ変化するだろう。そこにこそ完璧な技術家アムランと、彼の弾く超絶技巧音楽が悦《よろこ》ばしい輝きを帯びて立ち上がってくるのだ。

そういえば、アムランを日本に招聘し、この国でのブームに火を点じたのは「東大ピアノの会」(東京大学学生によるアマチュア・ピアニスト・クラブ)の関係者らという。これはまことに象徴的に思われる。この国の落魄《らくはく》しつつあるすべての秀才たちのうえに舞い降りた救いの神……。優等生的でノーブルなピアノ弾き、アムランには、そういう顔も見出せるかもしれない。

〔二〇〇〇年四月号〕

41　答えのある質問

著作権のない後近代は宿主を探す

ジョン・アダムズの作品を、武満徹がサントリーホールの壇上から批判したことがあった。アダムズの一九八九年のピアノ協奏曲《エロス・ピアノ》を槍玉《やりだま》に上げ、「あんな甘く蕩《とろ》けた退嬰《たいえい》的な音楽はない」とか言ったのだ。ところがじつは《エロス・ピアノ》は、武満はそのときおそらくわざと触れなかったけれど、武満のピアノと管弦楽のための《リヴァラン》を雛型《ひながた》にしていた。アダムズは、後期武満の甘美な音響を二〇世紀末の官能的ロマン主義の尊敬すべき成果とみなし、そこに寄生しそれを変造して、彼なりの響きのエロスを探究したのである。それを武満が厳しく叱ったのも奇妙といえば奇妙だが、今にして思えば、あれはやはり武満独特の韜晦《とうかい》を交《まじ》えた一種の自己批判だったのだろう。

それはともかく、なぜアダムズは他人の曲に居着きたがるのだろう？　彼は長らく典

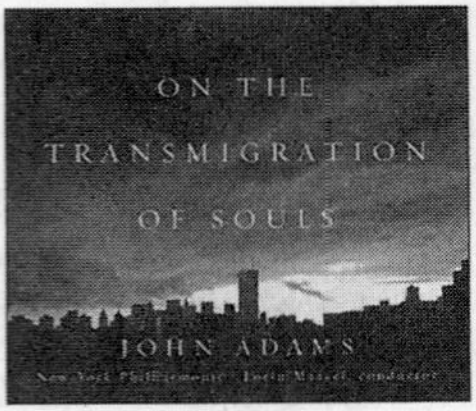

ジョン・アダムズ／魂の転生
ロリン・マゼール指揮ニューヨーク・フィルハーモニー管弦楽団、ニューヨーク・コラール・アーティスツ、ブルックリン・ユース合唱団、スミス（tp）、アントンソン（少年の声）他［ノンサッチ 2004年11月］

型的ポスト・モダニストと分類されてきた。ポスト・モダンは日本語にすれば後近代や近代後で、その意味は近代なる言葉の定義しだいで赤くも青くもなる。ではアダムズにつながる近代はというと、それはすなわち著作権の近代だ。シェイクスピアの『リア王』や『ハムレット』には、同じ素材を扱った数多くの先行作があった。極端にいえばシェイクスピアはそれらを彼流に書きなおしたにすぎない。しかしイプセンやチェーホフになると、『人形の家』も『三人姉妹』も、その設定はいちおうオリジナルだ。作家はなるたけ自己の創意によって作品世界を造型し、それを我の全《まった》き個性の表出と主張する。世界を作るのはただ我のみだ。その背景には人間個人の無限の可能性への信仰がある。それがすなわち近代なのだ。この意味の近代にとっての後近代はやはりシェイクスピア的前近代と連携するだろう。世界に必要なことはすでにあるていどまで語りつくされており、作り手は今さら個性云々などと大言壮語すること能《あた》わず、過去の豊富なストックからその時々に何かを誂《あつら》えなおすのが関の山、というわけだ。

アダムズの創作とは、まさにその要領なのである。彼の多くの作品は先行するモデルを下敷きにしている。《エロス・ピアノ》なら武満だ。曲名からしてシェーンベルクの著書の引用たる《ハルモニーレーレ（和声学）》ならマーラーやシベリウスだ。そんなアダムズが「9・11」の鎮魂曲を書いた。《魂の転生》という。そこにもとうぜん、下敷きがある。それは何なのか。

まずスティーヴ・ライヒだ。歴史的事件を記憶する作品が楽音にのみ拠《よ》らねばならぬ道理はない。チャイコフスキーはナポレオン戦争を描く《大序曲〝一八一二年〟》で本物の大砲を用いた。そうしたやり口を、現代の録音再生技術を武器に、大胆に推し進めたのがライヒになる。彼は《ディファレント・トレインズ》で、第二次大戦期のユダヤ人の鉄道による流浪ないし移送の記憶を、実際の体験者の談話の録音と鉄道の現実音の録音と生の器楽とのシンクロという離れわざによって印象深く描出し、続く《シティ・ライフ》では、「9・11」の予告篇にほかならなかった一九九三年の世界貿易センタービル爆破事件のさいの、本物の消防関係の交信記録録音を生の器楽とシンクロさせ、ドキュメンタリーと音楽の敷居のところに到達してみせた。

そのライヒの手法を、アダムズは《魂の転生》にもってくる。曲は、ニューヨークの街の現実音と「行方不明！」と連呼する人声の録音ではじまる。そのようにして、あの日の大事件の現場感覚が生々しく蘇り、そこに徐々に楽音が被《かぶ》って、事件にたいする作曲家の感情と思索が織り上げられはじめる。といっても、そこはポスト・モダンの作曲家だ。その先の感情と思索もやはり借り物である。するとそこでのアダムズの宿主は誰か。チャールズ・アイヴズなのだ。

個人主義者も記念日に賛美歌を歌う

アイヴズは「アメリカ音楽の父」ともよばれる。なるほど、彼はシェーンベルクより早く無調を、ミヨーより早く複調・多調を、リゲティやペンデレツキより早くトーン・クラスター的オーケストラ音楽を実践し、アメリカ人の大胆な開拓精神を体現した。とはいえ、父の父たるゆえんは、たんに作曲技法上のもろもろの創意工夫でヨーロッパに先駆けたことにあるのではない。本当に褒《ほ》むべきは彼が真にアメリカらしい音楽のかたちをはじめて具現してみせたことのほうなのだ。

アメリカは、ヨーロッパからはみでた人々が観念で作り上げた人工国家だ。その観念の最たるものはむろん、自由である。個人が誰からも束縛されず勝手にしたい。伝統を振りかざし、窮屈《きゆうくつ》な秩序を愛し、自由にたいしすぐに小言をいうヨーロッパよ、さらば！　それがアメリカの心性で、そこらへんを思想化してみせたのは、まずなんといっても、アイヴズの敬愛の的でもあった「コンコードの哲人」、エマーソンだった。彼のいちばんの哲学的創意は極端な個人主義と汎神論を嚙《か》ませたことだ。自由は個人主義によって保持されるが、個人主義をいうには個人が偉そうにふるまえる倫理的根拠が示されねばなるまい。でないと個人主義は独善的でアナーキーな利己主義と紙一重になってしまう。そこでエマーソンは、あたかも世界のすべては仏の化身という密教思想のように、われわれには誰にも神性が分与されていると宣《のたま》った。となればわれわれはみな同じ神の分身みたいなものゆえ、表向きはみな勝手をしているようにみえても、奥底では神の調和がつねになりたっているはずだという話になる。

するとそんなエマーソン流を音楽にすれば？　アイヴズにしかなりようがない。各パートはいつも調子っ外れに動き、それぞれが思い思いのことをしている。よってその音楽は伝統的な和声や対位法のしばりにとらわれるはずもなく、不協和音や無調や多調やクラスターやポリリズムへ向かう。試みに《祭日交響曲》の第三楽章〈七月四日〉を聴こう。その高潮部では、大管弦楽の各パートがみな違う旋律を勝手な調子で弾いている。まさにこれぞ個人主義者たちの祭りだ。ひとつの祝い事に参加してもけっして声を合わせようとはしない。だから不協和になり複調になりクラスターになる。けれども、それはけっしてアナーキーな混沌ではない。あくまですべては、自由人の寄合所帯なる人類の理想的存在形態を具現するアメリカという、神の与えたひとつの秩序の上に載るというのが、エマーソンやアイヴズの、というよりアメリカという国家の信仰である。その信仰を、〈七月四日〉のみならず、アイヴズの多数の楽曲で表現するしかけが、アメリカ人なら誰もが知るフォスターとか賛美歌とかの引用だ。〈七月四日〉の圧倒的不協和音も、アメリカの魂を表すあまたの愛唱歌の旋律の同時的重ね合わせでできている。混沌としかみえぬ多は、じつは神の与えたアメリカの魂を共有する点で一であり、その意味で調和している！

しかし、この「いっけん混沌、実は調和」という図式が、「いっけん調和、実も調和」に化けてしまうこともある。アイヴズの《オーケストラ・セット第二番》の第三曲〈ハノーヴァー・スクエア駅から、ある悲劇的な日の夕刻、民衆の声がふたたび沸き上がった〉は、ニューヨークの駅で思い思いの感情を表現していた人々がついには声をそろえて同じ賛美歌をうたい出すさまを素描する。

はて、自由な個人主義者たちのはずのアメリカ人が、その日にはなぜ〈七月四日〉のように各人勝手な歌をうたうのではなく、ひとつの歌声に収斂《しゅうれん》したのだろう？　外から攻撃されたからだ。「ある悲劇的な日」とは一九一五年五月七日で、第一次大戦下のその日、まだ非参戦国のアメリカ人もおおぜい乗るイギリスの客船、ルシタニア号が、ドイツの潜水艦に沈められた。ニューヨークで保険代理店を営んでいたアイヴズは、その日、駅で民衆の唱和する場に本当に居合わせ、それを曲にとどめたのだ。アメリカ人がまちまちに歌をうたえるのは、アメリカという神の掌《てのひら》があってこそ。それが脅《おびや》かされれば、歌はたちまちひとつになる。アイヴズは、近代アメリカのはじめて味わったその種の経験を曲にしただけでも、じゅうぶんに「アメリカ音楽の父」なのである。

アダムズは、ライヒのやり方で《魂の転生》を導入したあと、アイヴズの〈ハノーヴァー・スクエア駅から〉と、同じ作曲家の《答えのない質問》を借り、曲を進めてゆく。《答えのない質問》はトランペット独奏の投げる質問に木管合奏が不協和音でガヤガヤと、いかにもアメリカ人らしくまちまちに返事をしてひとつの答えが得られぬ音楽だけれど、《魂の転生》はそこに〈ハノーヴァー・スクエア駅から〉を接《つ》ぎ木するから、答えが出てしまう。「5・7」から「9・11」へ。潜水艦への怒りは八六年後に飛行機への怒りに変じ、かつてアメリカが第一次大戦に参加することとなったように再度の復讐と宣戦が決意される。アダムズも《エロス・ピアノ》みたいに甘く蕩けてはいられない。

面白いかどうかではない。戦争をするアメリカの正体を知るためにこの曲は聴かれるべきだ。

［二〇〇五年二月号］

42　偉そうなチェロ

俺たちゃもどきだ　声もどき

一九一四年生まれだからこの五月三一日の誕生日で満九〇歳になられた伊福部昭氏の謦咳《けいがい》に、卒寿をむかえられるほんの少し前、ゆっくり接する機会があり、話題は年齢にともなう感慨などから、おのずと箏《そう》のことへとおよんだ。氏は六十代の後半より今もなお、日本の箏のために作品を書きつづけておられる。すると箏のどこがよいのか。氏が少年期より愛奏したヴァイオリンと比べてどうなのか。そんな質問を向けさせていただくと、氏は楽器の分類学で応じられた。

箏もヴァイオリンも弦楽器なる範疇《はんちゅう》をもちだせばひとつところで一緒になる。しかし、直接楽器と間接楽器ということで分ければ両者は別物になってくる。まず箏は直接楽器だ。それは人間の身体で直接に鳴らす。指で弦をはじくのである。琴爪《ことづめ》・義甲の類を用いる場合が多いとはいえ、それらは指や手のちょっとした外延とみなせる。対してヴァ

ドメニコ・ガブリエーリ／チェロ作品全集
鈴木秀美（vc）他［アルテ・デラルコ／TDK　2004年4月］

イオリンは、身体と楽器のあいだに弓を介在させる。弓は手の延長というよりもはや一個の大きくて本格的な道具だ。よって身体と楽器の関係は間接化する。ピアノで指が内部の弦でなくハンマーとつながった鍵盤を叩くのと同じ具合だ。だからヴァイオリンはピアノと同じく間接楽器なのだ。そして身体と楽器がなんの媒介物もともなわず直截《ちょくせつ》に距離なく結びついたほうが、音に人間のなまの感触が出やすい。間接楽器では人間と音のあいだが遠くなり、媒介物としてはさまる道具のせいで素朴さや素直さがどうしてもそこなわれ、わざとらしく仰々しくなってしまう。人間臭くなくなる。だから箏にこだわるのだ。氏の話はだいたいそういうことだった。

なるほど。われわれはヴァイオリンやチェロを人間臭く親しみ深い楽器のようにも感じたがるけれど、そこにはたしかにどこか多少の無理がある。私がヴァイオリンを習いはじめた幼児のころの色褪《あ》せた記憶を掘り起こしてみても、やはりその楽器は、弓の扱いが煩《わずら》わしく、肩と顎《あご》で楽器をはさみこむさいの姿勢の作り方・力の入れ方も不自然きわまりなく、楽器の音量は楽器本体とは目と鼻の先にくる左耳にきつすぎ、おまけに弦は硬すぎて押さえる指先がとても痛くていやだった。それは非人間的といっては大げさすぎるけれど、とにかく人体に必ずしも楽にフィットしてこない楽器のように思われた。そんな調子だから、何年やっても上達しなかったのだなあ。

閑話休題。そもそも、間接楽器としての弓奏楽器は、今日ではさも大昔からの人間とのおなじみさんであるかのように振る舞っているけれど、人類と音楽の長い歴史からみれば、じつは新参者だ。たとえば日本の雅楽のオーケストラに含まれる弦楽器といえば、琴《きん》、箏、琵琶《びわ》など、どれも弦をはじくもので、弓を使う楽器はない。なぜか。雅楽の楽器や楽曲は、大和・奈良時代までに大陸や半島から伝来したものが平安期に整理されて今に伝わると考えられている。つまり西暦にすれば八世紀までで外国から受容すべきは受容し終えたということだ。では弦をひく弓はいつどこでできたか。ようやく九世紀にペルシアで、らしい。それまで弓奏楽器は世界に存在しなかったのだ。雅楽にないはずである。

するとその新参者は登場してどうなった？　たちまち世界で愛され、偉大な楽器に祭り上げられたのか。そうでもなかったのだ。たしかに弓奏楽器は世界に広まった。中国でもインドでもアラブでも工夫されながらひかれた。極東ではギリヤーク族に早くから入った。しかし弦をはじく楽器に比べれば、どの地域でもたいてい脇役だった。日本では江戸時代に胡弓《こきゅう》がそれなりに普及し、三曲合奏などでちょっとは活躍したものの、箏や三味線の人気にはまるでかなわなかった。

どうしてだろう？　弓を作ったり修繕したりする手間が面倒で嫌われたということもあるかもしれない。が、それよりはるかに根本的な理由があるとも思われる。弓奏楽器は形状や材質にもよるが、まあおおかた、どこか人声もどきの、震えて延びる音を発する。その楽器を人間に近しく感じる思想も、主にそのへんから生まれてくる。ではそういう音色を、人々ははたして妙音としてすぐ気に入ったろうか。そうではなかろう。人声のような音なら、もどきより人声そのものでよいではないか。もどきは愛《め》でられるどころか疎《うと》まれる対象と相場は決まっているのだ。もどきはまがいものにすぎず、まがいものが世界に満ちてものごとの真贋《しんがん》を曖昧にしては世界の秩序が乱れる。だからもどきは排除されねばならない。それが古《いにしえ》からの世界の哲理である。

ヴァイオリン属さまのお通りだい！

ところがそこに、広い世界でも例外中の例外といいたいほど弓奏楽器にこだわりぬく人々が現れた。近代ヨーロッパ人である。彼らは一五世紀のうちにヴィオールを開発し、それをしだいに熱烈に愛玩《あいがん》しだした。その楽器は、弦は細くて張りも強くないし胴の作りも平板で厚みがなく、出る音高は不安定で、音色はくすみがちで、音量も乏しい。けっきょくは、ギターのようなはじく楽器を、とりあえず弓でも奏でられるよう最低限の改造をほどこしたといった按配《あんばい》である。ついで彼らは一六世紀になると、たくましい胴と弦の張りをもち、弓の圧力に耐えつつ大音量を鳴らす、より機能性の高い楽器の原型を作り上げ、これまた熱心に育てはじめた。ヴァイオリンである。ヴィオールは弱く小さく人声を模倣し、ヴァイオリンは強く大きくテンション高く人声もどきを張り上げる。弓奏楽器は一世紀足らずのうちにヴァラエティ豊かな進歩の軌道に乗りはじめた。

しかしそんなヨーロッパ人の異様なほどの弓奏楽器への情熱はどこからやってきたのか。彼らはなにゆえ人声もどきによそと違ってことさらに入れ上げたのか。それはヨーロッパ人の趣味嗜好《しこう》の問題などと単純に片づけるべきではおそらくない。かの地での世界に類例なき弓奏楽器の発達は、やはりヨーロッパの精神の独特な進展と深く結びついていなくてはならない。そう、その楽器の発達史は、ルネサンスから啓蒙《けいもう》と科学の近代に向かう過程、それすなわち万能の神に人間が成り代わり神殺しを行ってゆく歴史とまったく雁行《がんこう》しているのだ。

となれば、そこに次のごとき理路も想定されてこよう。神を殺せば人間は万能の神の声に代わる新しい声を聞かねばならなくなる。それはむろん、神の座を簒奪《さんだつ》する人間の声だ。ならばその声は、そんじょそこらの卑俗な生声ではよろしくない。だって神の声の代わりなのだ。もっと抽象化された内面の声、精神の声でなくてはならない。そのとき人はたとえば声もどきの楽器の音色に耳を傾けたくなるだろう。人間が神でなくみずからの本物より少し偉そうな似姿をありがたがって礼拝する。それが近代だ。近代は本物の声よりやや神秘的で芸術的な声もどきをどうしても欲する！　そこに弓奏楽器が特権的地位を得、管楽器や打楽器や弦をはじく楽器よりも高級化してゆく道が開けるのだ。

とはいえ初めは人間だってまだまだ自信満々ではない。ヴィオール属の、弦をはじく楽器の記憶を形状にも音色にもまだふんだんに残し、偉そうに仰々しくなりきれない、いわば弱い声は、その段階に対応する。が、時代の進展は、より力んで非情で苛酷《かこく》で神的で、無限の進歩と究極の万能性を約束する人間精神の具現としてのたくましい声をたちまち要求する。そういう強い声への期待を一身になったのがヴァイオリンだ。そしてしばらく弱い声と強い声の混在時代がおとずれる。高い音はヴァイオリンで、低い音は大型のヴィオールでなんてかたちで、強い声と弱い声の綱引きが続く。人間はどこまで偉ぶっていいものか。そのへんの探りあいである。

が、一七世紀後半、混在時代はついに清算期に突入する。低音のヴィオールになり代わり、その音域でも音吐《おんと》朗々《ろうろう》と強く偉そうに鳴るヴァイオリン属のチェロが、ガブリエーリによるその楽器のための史上初の独奏作品群とともに、表舞台に登場してくるのである。松平定知《さだとも》風にいえば、そのとき歴史は動いたのだろう。弱い声と強い声のかりそめの均衡は崩れ、ヴィオール属は信じられぬほどに脆《もろ》くも粛清《しゅくせい》の嵐に呑《の》みこまれて、人間の弱さは一掃される。人間は強く大きく深遠なみずからの声の似姿にひたすら陶酔《とうすい》し、そのあとにはバッハの峻厳《しゅんげん》な無伴奏ヴァイオリン・パルティータやチェロ組曲、ベートーヴェンの深刻な弦楽四重奏曲などなどが誕生していって、人間の内面の声とは神のように無限で叡智に満ちているのだという確信がこれでもかと増幅されてゆく。チェロの誕生が人間を最終的に偉そうにしたのだといってもいい。

だが、その自信もすっかり崩れたのが当世だろう。鈴木秀美のようなチェロの起源を見つめなおす演奏家が現れ、さらにヴィオールのＣＤが氾濫《はんらん》しだす。そのようなかで、人間の強さを信仰する時代としての近代はたしかに引導を渡されている。人間はなお神なき時代の主人公ではあるかもしれない。が、その主人公はそれほどご立派な奴でもない。強い声を見直し、弱い声から謙虚に出直す。それが人類のありうべき未来だ。

［二〇〇四年八月号］

43　エジプトの王女と日本の王子

善悪の彼岸は陰陽の此岸なり？

「これは比《こ》の辺《あた》りの者で御座《ござ》る。今日は《魔笛》を聴こうかと存ずる。やいやい太郎冠《か》者《じや》有るか」

「はは。御前に」

「大層早かった。AV機器一式、持って参れ」

「畏《かしこ》まって御座る。さて、何を聴かれまするか」

「《魔笛》に致《いた》そうと思う」

「それればかりはどうにもいけませぬ。先日も次郎冠者がCDを聴き、DVDも観、首を捻《ひね》って捻ってまた捻り、ついに首が後ろに回って、いまだ臥《ふ》せりおる始末に御座ります る」

「なぜ、そこまで首を捻った」

モーツァルト／歌劇《魔笛》全曲
レヴァイン指揮メトロポリタン歌劇場管弦楽団、同合唱団、バトル、セッラ（S）、アライサ（T）、ヘム、シュミット（Br）、モル（Bs）［グラモフォン（DVD）2006年6月］

「いくら考えても、話がわからぬからで御座る」

「そんなはずがあろうか。この大たわけめ」

「いやいや、身どもばかりでは御座りませぬ。かのコンヴィチュニーやアーノンクールも《魔笛》ばかりは筋が通らぬと、呆《あき》れておるとか」

「はて、どこがわからぬか。申してみよ」

「はは。夜の女王が娘の王女パミーナを、太陽の神殿の賢者、ザラストロにかどわかされて、悲嘆にくれておりまする。そこに旅の王子タミーノが通り掛かりまする。夜の女王は、王女救出を王子に頼みまする。王子は同情し、女王に助太刀《すけだち》を誓いまする。女王は王子に魔笛をつかわし、艱難辛苦《かんなんしんく》のときは吹くように伝えまする。王子は勇躍して太陽の神殿へと向かいまする」

「よくわかっておるではないか」

「解《げ》せぬのはここからで御座りまする。王子はザラストロに会うと、たやすく彼に心服致しまする。すると、ザラストロは王子に王女と夫婦になるための試練とやらを与えまする。その試練を王子は魔笛の力で乗り越え、そのあとは王女を夜の女王のもとに連れ帰らず、ザラストロの処《ところ》で結ばれてしまいまする。夜の女王は王子の裏切りに怒り、王女を連れ戻しに太陽の神殿に向かいまするが、滅ぼされまする。なのに王子も王女も、悲しい顔のひとつも致しませぬ」

「その筋書きのどこがおかしいのだ」

「ちんぷんかんぷんで御座りまする。そもそも、どちらが善でどちらが悪か、よくわかりませぬ。第一幕では、娘をさらわれた夜の女王が善で、さらったザラストロが悪と見えまするが、第二幕では、王子と王女を試練の末に一緒にさせるザラストロが善で、それを邪魔する夜の女王が悪のように思われまする。これでは、誰に肩入れすればよいか迷いに迷い、とんと困り果てまする。また、題名にもある魔笛で御座りまするが、この笛の奴めは、夜の女王の授けものでありながら、女王のために何ひとつ役立ちませぬ。この奴めは誰の味方なので御座りましょうか」

「はて、つまらぬことを申すものかな。敵でも味方でも善でも悪でもよいではないか。汝は米国のブッシュ大統領か、はたまた水戸黄門か」

「と仰せられましても、やはり善悪の見きわめこそが肝要では御座りますまいか」

「そんな単細胞ゆえ、台本まで読み違えるのだ。汝はさきほど、夜の女王が滅ぼされると申したが、どこにそんな台詞《せりふ》があるか。かのおんなは幕切れで力を失い、夜の国へと帰されるだけだよ」

「な、なんと左様で御座りまするか」

「夜の女王が本当の悪なら滅びてもよさそうだが、そうはならぬ。どうしたことであるか」

「するともしかして、真の悪者はザラストロで御座りましたか。目から鱗《うろこ》が落ちました」

「馬鹿な。汝はつくづく善悪の物差し以外を知らぬとみえる。それでも本邦の者か」


陰陽の此岸に東洋の叡智あり？


「すると善悪に非《あら》ざる物差しが御座りまするか」

「いかにも。唐より伝わる陰陽《いんよう》がある」

「陰陽師《おんみようじ》の陰陽《いんよう》で御座りまするか」

「左様。善悪は並び立ちにくいが、陰陽は違うのだ。仮に夜の国が悪で、太陽の神殿、すなわち昼の国が善だとしよう。片方が滅んでは、真っ暗闇で寒すぎるか、とわの日照りで暑すぎるか、いずれにしても具合が悪い。夜と昼は善悪でなく陰陽の関係でなければならぬ。陰陽は並び立つ。そこで大切なのは両者の均衡だ。それが崩れると変事が起きる。ここで《魔笛》の世界を振り返ってみよ。夜の女王の夫で、パミーナの父親は、はて、誰であったか」

「たしか昼の王か太陽の王で御座ります。この者が身罷《みまか》って《魔笛》の世界は狂います。夜の女王が太陽の神殿に呪いをかけ、ザラストロは王女をさらって張りあうので御座ります る」

「そんな話を、善悪で白黒つけようとするから、首を捻るのだよ。《魔笛》の登場人物を眺めるならば、夜の側には三人の侍女とパパゲーノ、昼の側には三人の僧とモノスタートスと、陰陽の均衡がとれている。それだけなら、波風のたちようもなく、物語にもならない。全《まった》き凪《なぎ》だ。ところが、夜の女王の対になる、肝腎《かんじん》かなめの昼の王が不在なのだ。ザラストロは賢者であって王ではなく、その空白を埋められない。よって、そこで均衡が崩れ、夜の力、すなわち陰の気が、昼の側に押し寄せる。これが夜の女王の呪いなのだよ。別に女王が善とか悪とかいう問題ではない。釣りあい、抑えあう相手がいないのだから、いっぽうがはみ出してくるのは自然の理ではないか」

「すると、均衡をとりもどすにはいかがいたせば」

「夜の女王に昼の側から新王を娶《めと》らせるか、女王を継ぐ立場の王女にやはり新王子を娶らせるか。ザラストロの打てる手立ては、どちらかしかあるまい。けれども、昼の側には王や王子の持ち駒がない。そこに現れたのが、遠い国の王子タミーノなのだよ」

「ははあ」

「彼が昼の王子になって、夜の王女パミーナと結ばれれば、そこに新しい均衡が生まれる。しかし、タミーノが夜の女王の手引きでパミーナと夫婦になってしまえば、タミーノは昼の国と関係ない、もとの遠い国の王子のままだから、昼夜の均衡を戻すのに寄与しない。あいかわらず陰の気が強いままだ。ここに、夜の女王とザラストロがタミーノを取りあう必然が生まれるのだ。タミーノとしては、パミーナを愛せればよいのだから、どちらに転んでも損はない。けっきょく、タミーノは、ザラストロの希望に従い、試練を受け、突破する。それはむろん、昼の世界の王位を継承するための通過儀礼なのだろう。かくして、陰の気は押し戻され、夜の女王は娘に立場を譲って御役御免だ。陰陽の均衡回復劇としての《魔笛》は大団円をむかえる。有名歌劇のなかでも、これほど理路整然とした台本は珍しい。それをデタラメだの首を捻るだのとは、呆《あき》れ果てるにもほどがあるというものだ」

「しからば魔笛とは何で御座りまするか」

「陰陽をつなぎ、世界に調和をとりもどすための魔法の笛に相違あるまい。唐土の考え方では、陰陽はたんに明るい暗いだけでなく、陰とは鈍くて重くて地にはいつくばるもの、陽とは飛び上がり浮き上がり天に向かうものということになる。そうした陰陽の本質をふまえて音楽なるものを観ずるに、楽の音は大気中を自在に伝わるゆえ、陽の気をもつ。対して、楽の音を響かす楽器は、それが木製か金属製か土製かで細かくは諸々《もろもろ》変わってくるが、地の物質によって作られるものには相違ないから、その意味では陰の気をもつ」

「ふうむ」

「つまり、楽器で奏でられる音楽は、陰陽両方の気を含みこむことによって、陰陽をつなぎ、両者を均衡させる役目を立派にはたすのだ。音楽とはじつに大切で特別なものなのだ。だから、タミーノが魔笛に導かれ、ついには陰陽調和の幕切れになるというのは、あまりに理にかないすぎておるくらいなのだよ」

「けれども、《魔笛》は一八世紀のヨーロッパの歌劇では御座りませぬか。モーツァルトや台本作家のシカネーダーが、唐土や本邦の陰陽思想に精通しておったとは到底思われませぬが」

「そうかもしれぬのう。けれど、別に唐土の陰陽を知らずとも、なにか二つの対照的な要素が拮抗して世界がなりたつとの考え方は、ゾロアスター教やマニ教やキリスト教の異端にもあり、ヨーロッパ人の理解の外というわけではけっしてなかったのだ。ただ、キリスト教が、世界にはがんらい、神の創造した光あふれる善なるものしか在らずして、闇や悪はどこか中途で出た不純物ゆえ滅すべしとの思想を広げたので、その裏側に隠れてしまったのだな。しかし、隠れたものをあらためて引きずりださないと、複雑怪奇なこの世はなかなか説明しきれぬと、キリスト教に染まった人間も気づきだしたのが、一八世紀末のヨーロッパだったろう。《魔笛》の作曲家も台本作家も、キリスト教の正統的世界観からはみだしてみたくてうずうずしておったのだよ」

「まことに御座りまするか」

「それだからこそ、《魔笛》の舞台はキリスト教誕生以前の古代エジプトで、賢者の名はゾロアスターに由来するザラストロで、王子タミーノはわがくにびとのなりで現れるのではないか」

「やや、タミーノは本邦の者で御座りましたか」

「汝はそれも知らず《魔笛》を難解とぬかしおったか。あのここなブッシュかぶれの、正義かぶれの、善玉悪玉史観かぶれの、陰陽二元も解さぬ、わがくにびとの恥さらしの、横着者めが」

「お許しくだされ。お許しくだされ」

「やるまいぞ、やるまいぞ」

［二〇〇五年八月号］

44　夕鶴のように飛んでいけなかった令嬢の話

ノラはインチキ、ジュリーがホント

女が家を毅然《きぜん》として出てゆく。夫も子供も捨てる。自立した一個人として、新たな人生を踏み出す。それが、ノルウェーの文豪イプセンの戯曲『人形の家』の結末である。「もう私は男のいいなりになる人形ではない」というわけだ。

イプセンがそれを書き上げたのは、一八七九年である。初演はコペンハーゲンで同年のうちに行われ、すぐ評判になった。主人公のノラは、近代人の鑑《かがみ》とされた。彼女のイメージは、欧米の婦人解放運動にも大きな影響を与えていった。

ところが、この『人形の家』のことを、苦々しく思っていた男がいた。スウェーデンの文豪ストリンドベリである。彼は、凄惨《せいさん》な結婚生活を経験し、女性不信に陥《おちい》っていた。ノラのように理性的で恰好《かっこう》よく振る舞える女性像を、とても白々しく感じた。女とは、もっと理不尽でメチャクチャで愚かしいものなのだ。また、ストリンドベリは、近代の

フィリップ・ブースマンス／歌劇《令嬢ジュリー》
大野和士指揮ブリュッセル王立モネ劇場管弦楽団、マギー（Br）、エルンマン（Ms）、アヴェーモ（S）［シプレ　2005年10月］

説く個人主義的価値観、人間自立の理想も、しょせんはきれいごとにすぎないと信じていたようである。そんな彼は、一八八八年に戯曲『令嬢ジュリー』を仕上げた。そこでは、主人公の女が家を出そこねる。まるで『人形の家』の裏ヴァージョンだ。上流階級の令嬢ジュリーが、自分の屋敷の下男ジャンと肉体関係を結んでしまい、手に手を取って駆け落ちしようとするのだが、土壇場で立ちすくみ、破滅に向かう。そういう物語なのである。

その『令嬢ジュリー』を、一九三六年生まれのフィリップ・ブースマンスが、オペラにした。それは二〇〇五年に初演され、そのときのライヴ録音が早くもCDになった。文学に造詣《ぞうけい》の深いこのベルギーの作曲家は、著名な戯曲のオペラ化でみごとな成果をあげてきた。シュニッツラーによる《輪舞》は、マーラーやベルクの流儀による、このうえなく世紀末的な官能と退廃の舞曲の調べにあふれかえり、世紀末ウィーン文学の音楽化の模範例を示している。シェイクスピアによる《冬物語》は、冬の凍《い》てつきのように根深い憎悪が大いなる和解へと溶けてゆくという、優しく気持ちのよい筋立てを、交響管弦楽にアコーディオンやサックスの心なごむ音色を加え、とても睦《むつ》まじく表している。晩期シェイクスピアのロマンス劇に特有な和気といったものを、これほど適切に音にしたオペラは、なかなかないだろう。

そんなブースマンスの《令嬢ジュリー》は、やはり並大抵ではなかった。作曲家は原作を深く読み解き、新解釈をほどこした。戯曲の第三の登場人物、下女クリスティンを、びっくりするほどクローズ・アップしてみせたのである。

クリスティンは、たんなる脇役として日陰に追いやられがちな存在だ。私は、イングマール・ベルイマン演出によるスウェーデン王立劇場のものとか、若村麻由美主演ものとか、『令嬢ジュリー』の舞台を何とおりかは観てきたけれど、それらの焦点は、あくまで令嬢と下男の愛憎にあって、下女はやはりいつも軽めに扱われていたように覚えている。ところが、ブースマンスのオペラでは、下女の存在がめだつ。

といっても、リュック・ボンディとマリ＝ルイーズ・ビショフベルジェによる台本は、原作戯曲に忠実で、勝手に下女の出番を増やしたりはしていない。にもかかわらず、このオペラで、下女がこれまでになく強く鮮やかな印象を与えるのは、やはり作曲のせいだろう。

《令嬢ジュリー》の音楽は、たとえばストラヴィンスキーのオペラ《うぐいす》や、交響詩《うぐいすの歌》を、いくらか想起させる。鳥の鳴き声のような諸々の音型が印象的にキラキラとちりばめられているところが、ちょっと似ているのだ。そして、それらの音型はたいがい、下女のパートと結びつけられている。彼女は、「タタタ」とか「ラララ」とか「アー、アー、アー」とか、意味のない言葉をしばしば歌う。そこに充《あ》てられる音型は決まって鳥のさえずり風で、それらは、あとに続く歌やオーケストラのパートに反復され敷衍《ふえん》され、しばしばだいじなモティーフとなる。下女は出番からいえば、このオペラでも脇役にはちがいない。が、彼女は鳥音型の担い手であることによって、オペラをリードし、音楽の全体に目を光らせるのである。

世界は鳥籠、人類は籠の鳥

はて、下女は人間なのに、なぜ鳥のように歌うのか。ひとつには、世界中の神話のなかで、鳥がよく告げ口をすることと関係がありそうだ。鳥はおしゃべりだし、高みから下界を見渡せるから、さまざまな秘密を知ってしまう。だから鳥はスパイや告発者の象徴になる。そして『令嬢ジュリー』では、令嬢と下男が道ならぬ関係に陥るわけだが、それに気づき、二人を追いつめるのが下女なのである。まさに鳥の役ではないか。

なら、なぜ下女は告発者となるのか。目こぼししてやってもよいではないか。いや、そうはいかない。鳥には鳥の理屈がある。鳥というものは、告げ口するだけでなく、花嫁でもあるのだ。英語だと、鳥は bird、花嫁は bride である。両者は語源的につながるともいわれる。日本にも、木下順二の戯曲による團伊玖磨のオペラ《夕鶴》でおなじみの「鶴女房」の話がある。花嫁は、隣近所だけでなく遠くからも貰《もら》われてくるから、遠くから渡ってくる鳥が女房を連想させることになったのかもしれない。

では、下女は誰の女房なのか。下女と対になるのは下男である。じつは下女クリスティンは、下男ジャンの正式な妻にはまだなっていないが、すでに許婚《いいなずけ》どうしではあるのだ。ブースマンスは、下女と鳥音型をつなげることで、下女に告発者のみならず、女房的性格も付しているといえるだろう。オペラの冒頭で、下女は「タタタタ」と鳥のように歌い、下男も「タタタタ」と応《こた》える。いきなり、両者の夫婦善哉《ぜんざい》ぶりが、強く印象づけられる。このオペラが人間の幸せの喜びを感じさせるのは、この部分だけといってもいい。そこに夜更《よふ》け、屋敷内の不自由な日々の暮らしに鬱屈した令嬢が乱入し、動物的欲望を赤裸々にして、下男を誘惑し、肌を合わせてしまうのだ。下女はふたりを許せはしない。

すると、このオペラは、鳥音型の強調によって、その担い手の下女をひそかな主役にみたて、『令嬢ジュリー』という戯曲を、未来の亭主たる下男を寝取られた下女の、令嬢にたいする復讐譚《たん》として読み解こうとしているのか。そうではないだろう。なぜなら、下女のみならず令嬢も、じつは鳥の仲間だったと、すぐ明らかになるから。

　女が嫁入りするとどうなるか。「籠《かご》の鳥」になるのだ。下男と肉の契《ちぎ》りを交わし、女房同然となった令嬢は、いざ駆け落ちとなると、大きな鳥籠を携えて登場する。原作戯曲でもオペラでも、このくだりが最後の見せ場、聴かせ場だ。

　そこまで来ると、このオペラでは、令嬢の持つ鳥籠と、下女のになってきた鳥音型とが、いやでも結びつくことになるだろう。そして、ふたりの女は、どちらも似た者どうしの哀れな鳥だったとわかる。令嬢は男の奴隷となり、いかなる奔放《ほんぽう》さも失い、鳥籠を持ち歩くしかなくなった、正真の「籠の鳥」であり、下女は、「籠の鳥」にさえしてもらえず、告発者に落ちるしかなかった、みじめなもう一羽の鳥というわけだ。

　おまけに、下女を捨て、令嬢の主人となるべき男は、『人形の家』のノラの亭主のような偉そうな家父長ではなく、あくまで人に使われることしかできない下男ときている。そんな下男と「籠の鳥」のカップルでは、下女に告発されずとも、駆け落ちして立派な新生活がつかみとれるはずもない。彼らは、自由に独立した個人という近代の理想的人間像とはもともと無縁なのだ。

　となれば、このオペラのさし示す『令嬢ジュリー』の解釈が、イプセン好みの賢女ノラは家を出られたけれど、ストリンドベリ好みの馬鹿娘ジュリーは出られなかったといった、単純な次元にとどまらないことは明白だろう。このオペラは、女も男も人間誰もが、けっきょくはこの世の桎梏《しっこく》から解放されないだろうと、告げているのだ。現世には、みずからの主人にすらなれない哀れな男と、そんな男に翼をもがれてのたうつ女しかいない。そう、このオペラには、令嬢と下男と下女しか出てこない。令嬢の父で、下男下女の主人になる、おそらくそれなりに自信ありげな家父長は、原作戯曲でも舞台上にはけっして現れない。自立した個人だと威張れる者はどこまでも不在である。情けない三人組だけで、世界は完結する。ほかには誰もいない。

あと付け加えれば、三人の登場人物の名は、Julie と Jean と Kristin だった。ふたつのＪは Jesus のＪに、クリスティンはキリストに、おそらく重ねられているだろう。この芝居は一種の受難劇かもしれない。ただし『令嬢ジュリー』は、もはや復活や救済とは無縁である。その世界は、いつまでも十字架に打ちつけられていて、どこにも行けないのだ。

引きこもりばやりの当世に、そんな閉塞《へいそく》した光景のなんと似つかわしいことか。ストリンドベリこそわれらの隣人！　このオペラはそう教える。

［二〇〇六年二月号］

45　ボリバル主義とオーケストラ

ボリバルはスペインを懲らしめる

シモン・ボリバルは、一七八三年に、南米大陸の北端の、当時はスペインの植民地、ベネズエラのカラカスに生まれた。ボリバル家はクリオーリョ。スペイン系の白人ではあるけれど、何代か前にラテン・アメリカに移住した一族だ。そういうクリオーリョたちは、いわば準土着民として、本国から来たスペイン人に差別された。シモンはとうぜん、それが気に食わなかった。

一七九九年、一六歳のシモンは渡欧した。ちょうどフランス革命とナポレオンの時代だ。シモンはすでにベネズエラでフランスの啓蒙《けいもう》思想に親しんでいた。大革命の自由と平等と友愛のスローガンに熱狂した。ナポレオンが古いヨーロッパを打倒するさまに喝《かっ》采《さい》を送った。

そんなシモン・ボリバルはとうぜん、スペインからの祖国の独立を夢見るようになる。

いや、ボリバルだけではない。中南米の心ある者たちは、フランス革命に続かずにはいられなかった。一八〇七年、ハイチが独立した。アルゼンチンやメキシコでも独立の狼煙《のろし》が上がった。ベネズエラも負けられない。一八一〇年、自治制移行のための議会が開設され、翌年にはその議会が一方的に独立を宣した。スペインも黙っていない。武力鎮圧が始まり、独立派はあっさり降伏した。

しかし、武器を捨てない者がいた。ボリバルである。彼は、やはりスペインから独立宣言をしていた西隣のコロンビアに落ち延び、その地で解放軍を組織した。このときからボリバルが独立運動の指導者になった。彼はスペイン軍と戦い、ときに勝ち、ときに負け、ときに亡命して政治文書を執筆し、また戻っては戦った。

そして、ついに一八一九年、ボリバルは、大コロンビアの建国を宣言する。コロンビ

マーラー／交響曲第五番嬰ハ短調
ドゥダメル指揮シモン・ボリバル・ユース・オーケストラ・オヴ・ベネズエラ［グラモフォン 2007年8月］

ア、ベネズエラ、エクアドル、パナマを、一国にまとめるというのである。ボリバルは、けっして民族や地域の自決主義者ではなかった。

そもそも、フランス革命はフランスだけを自由と平等と友愛の国にしたかったのではない。全世界をそうしたかったのだ。ベートーヴェンの「歓喜の歌」の精神である。ボリバルはその時代の子だった。ゆえにつねに広域の連帯を考えた。彼は大コロンビアから始め、できればラテン・アメリカをひとつの連合体にしたかった。

が、現実はなお厳しい。大コロンビア建国宣言のときには、ベネズエラにもエクアドルにも、スペイン軍がまだまだ跋扈《ばっこ》していた。ボリバルはなおも独立戦争に明け暮れた。ようやく一八二二年、大コロンビアは解放された。

とはいえ、ペルーあたりではまだスペイン軍が勢力を保っていたし、大コロンビアには揉《も》めごとが絶えなかった。内憂外患である。ボリバルはしだいにからだを壊し、指導力も失った。一八三〇年、彼は逝《ゆ》き、同年、大コロンビアも分裂した。ボリバルの大団結の夢は、未完で残された。

チャベスは米国を懲らしめる

それから長い時間が経った。一九五四年、ベネズエラにウゴ・チャベスが生まれた。スペイン白人とアフリカ黒人と先住民の血が混じっている。彼は軍人となり、革命を企む左翼ゲリラと戦った。一九七〇年代の話である。

そのころのベネズエラは事実上、米国のいいなりだった。政治は、米国の押しつけた二大政党制で行われていた。主義主張の近いキリスト教社会党と民主行動党が、党利党略だけでいがみあい、政権をたらい回しにしていた。どちらの政党も富裕層に支えられ、民衆は置き去りだった。経済は、外資に支配され、それと結託する特権階級ばかりが甘い汁を吸えるようにできていた。世界有数の産油国だというのに、利益は米国資本が吸い上げ、ベネズエラの民衆にはろくに還元されない。貧民は増殖するいっぽうだ。

こういうときは、軍人の出番になりがちである。米国発の世界恐慌に巻きこまれて以来、なかなか暗雲の晴れない昭和初期の日本もそうだった。民政党と政友会の二大政党が財閥と癒着《ゆちやく》しながら中傷合戦を繰り広げ、民衆は貧困に喘《あえ》ぐばかり。そこで青年将校が、まず五・一五事件を、ついで二・二六事件を起こした。自由と市場原理と競争をたてまえに、金持ちばかりが肥《こ》え太る状態だから、自由と平等と友愛という近代の三つの理想のうち、発動するのは社会主義的な後二者になる。とくに二・二六事件のほうに影響を与えた北一輝《いつき》の革命思想は、私有財産の制限や大企業の国営化をうたうものだった。

チャベス中佐も、かつての日本の軍人たちと似たようなことを考えた。一九九二年、ついに蹶起《けつき》した。けれども、しくじり、捕まった。青年将校の野心もそれまでかと思われた。

が、チャベス元中佐が娑婆《しゃば》に戻ったとき、ベネズエラの状況はますます悪化していた。一九九〇年代、これまた米国の外圧で推進された市場開放路線の経済政策が、貧富の差をいっそう押し広げ、深刻すぎる格差社会が現出していた。

ベネズエラの貧しき多数派は、革命家チャベスへの新たな期待を高めた。一九九九年、かつて武力で政権を獲りそこねた男は、こんどは選挙で合法的に大統領になった。

さて、チャベスは何をやったか。独立の英雄、シモン・ボリバルにならえと叫び、ボリバル主義を掲げ、国の名までベネズエラ共和国からベネズエラ・ボリバル共和国に変えてしまった。

ボリバル主義とは、まず第一には、反米主義である。米国は、中南米を長く経済力と軍事力で威圧し、冷戦構造崩壊後は世界一極支配さえもくろみ、それよりもなによりも、ベネズエラの石油利権を支配してきた。まさに、シモン・ボリバルが対決したスペインの現代版だ。したがって、これを叩かねばならない。具体的には、米国資本や、米国につながる国内既成政党や財閥の勢力を弱め、石油利権を回収する。

するととうぜん、米国は反発するだろう。が、ベネズエラを混乱させ、破滅させるほどの大胆な策略はとりにくい。なぜなら、米国はベネズエラの石油を輸入しないとやっていけないから。

そうやって米国の首根っこを押さえておきながら、反米のキューバやイランと積極外交し、米国を挑発する。それでも、石油のせいで手を出せないとなれば、米国の存在感は低下せざるをえない。チャベスの望む展開だ。なぜならボリバル主義の理想は、世界に覇《は》を唱えたがる帝国主義的国家を牽制《けんせい》し、痛めつけ、おとなしくさせ、諸国間の力関係を均《なら》して少しでも対等に近づけ、対立や支配・被支配よりも連帯、もしくは相互不干渉にもってゆくことにあるのだから。

シモン・ボリバルはそのための第一歩のつもりで大コロンビアを建国したが、チャベスもその理念を継承し、ブラジルやアルゼンチンやエクアドルやコロンビアと組み、「南米諸国共同体」を作ろうと画策中である。その政治的・経済的しくみのモデルは、やはりEUだ。EUは、ヨーロッパ諸国が連帯することで、米国に遠慮ばかりせずともやっていけそうだという実を示し、米国一極支配から世界の多極化・対等化への流れを作り出している。ベネズエラにとっては、大きな模範だ。もしも将来、EUと「南米諸国共同体」が厚誼《こうぎ》を結べば、米国はいよいよ南米にちょっかいを出せなくなり、南米諸国と米国は対等に向きあえるかもしれない。

ベネズエラは、そんな大切なEUに、みずからのよいイメージを植えつけようと、今から必死になっている。そのための強力なプロパガンダ装置が、シモン・ボリバル・ユース・オーケストラ・オヴ・ベネズエラなのである。

この青少年オーケストラの育成の元手は、ベネズエラがアメリカ資本から奪還したオイル・マネーだ。チャベス政権は、その潤沢《じゅんたく》な資金で、派手な国内政策を遂行している。厖大《ぼうだい》な貧困層に土地や住宅を与え、教育や医療をタダ同然で提供し、中間搾取《さくしゅ》のない食料品供給網を国営企業に構築させて価格を引き下げている。そうやって社会を底上げし、シモン・ボリバルがフランス革命に学んだ平等や友愛の理想を、あらためて実現しようとしている。

そのうち、教育プログラムに取りこまれているのが、青少年オーケストラ運動だ。もとは一九八〇年前後から民間の財団が始めたことだが、今では国家が絶大な援助を与えている。貧困層の児童に楽器を与え、練習させ、合奏させる。それは人格陶冶《とうや》に役立ち、民衆の品位を高める。そして、とくに上手な者は、たとえばシモン・ボリバルの名を冠した楽団に入れ、ボリバル主義の対外宣伝に役立てようというのである。

その実は、すでにかなり上がっているのではないか。なにしろ、かのドイツ・グラモフォンが、ベネズエラの若者たちの演奏するベートーヴェンやマーラーを世界発売するところまで、歴史は進んでいるのだ。そこには、EUと「南米諸国共同体」の連帯の芽が、まだほんの小さなものだけれど、出かかってはいるのだろう。

芽はすぐ萎《しぼ》むのか、それとも成長を続けるのか。その行方《ゆくえ》を眺めていれば、米国の覇権の今後、国際政治の未来さえ、見さだめられそうだ。たいへんなオーケストラが現れたものである。

［二〇〇七年一〇月号］

参考音盤ガイド

1　バッハの罪?

①　バッハ／《マルコ受難曲》(コープマン版)

コープマン指揮アムステルダム・バロック管、同合唱団他［エラート］

オルフの《ルカ》は偽作の編曲だが、こちらはテキストしか現存せぬバッハの《マルコ》のそのテキストにコープマンがバッハの現存する諸曲から適当なものをあてはめ、一部は自分で作曲して作ったという仮構バッハ作品。

②　カーゲル／聖バッハ受難曲

アンネ・ゾフィー・フォン・オッター(Ms)、カーゲル指揮シュトゥットガルト放送響、同合唱団他［輪・Naive］

奇想家カーゲルがバッハの受難曲のフォルムを借りつつキリストでなくバッハの楽でなかった生涯を苦みたっぷりの音楽でつづった一〇〇分かかる大受難曲。バッハ・イヤーの二〇〇〇年は国内盤化のいい機会だったがされなかった。

③　オルフ／《ベルナウアーの女》の語り物版と歌劇版のそれぞれ一部分他

カール・オルフ(語り)、ヴィルフリート・ヒラー(Perc)他［輪・RCA］

『ドイツの音楽1950－2000』シリーズの一枚。徹底的に土俗的なものにこだわったオルフがついにたどり着いたバイエルン方言による語り物の自演がほんの一部分だが入っている。

④　ヤン・イラーセク／《ミサ・プロプリア》《カタルシス》他

ボニ・プエリ児童合唱団他［輪・CataLyst］

オルフ版《ルカ》の復元・再編曲者イラーセク(一九五五年生)の合唱曲と室内楽が入っている。ペルトとヒルデガルト・フォン・ビンゲンとのカップリングということからわかるとおり、作風は癒し系。

⑤　ヴィルフリート・ヒラー／独唱、合唱、管弦楽のための愛の歌と舞曲《シュラミット》

ツェベレイ指揮ミュンヘン・レジデンツ管、ミュンヘン打楽器合奏団他［輪・Wergo］

一九六〇年代からオルフの助手を務め、二枚前に紹介しているオルフ自演の語り物でも伴奏の打楽器

をやっているヒラー。彼は《ルカ》復活の仕掛け人でもある。その《シュラミット》は打楽器ガンガンのオルフ風。

2　ご先祖様はモーツァルト？

①『シンフォニー』一九五五年一〇月号

テーマ・ディスク収録のバレエ組曲《マルシア》は一九五五年一〇月一三日、上田仁指揮する東響定期で日本初演されたが、これはそのときのプログラム。表紙はダラピッコラの似顔絵。柴田南雄による作曲家論を掲載。併演曲は清水脩、ドラージュなど。

②**ダラピッコラ／《囚われの歌》他**

ハンス・ツェンダー指揮アンサンブル・アンテルコンタンポラン他［輪・Erato］

ダラピッコラは、いわゆるイタリア的な自由な歌ごころと、二つの大戦での捕囚の経験に由来する不安の意識や不自由な感じとに、引き裂かれていた。モーツァルトに惹かれ、自由に十二音を応用する表現主義者になるのも自然のなりゆきだった。

③**ダラピッコラ／歌劇《ウリッセ》**

エルネスト・ブール指揮フランス国立管弦楽団他［輪・Naive］

ダラピッコラの音楽は地中海的明澄さと不可分で、晩年には、この「オデュッセウスもの」の大作を仕上げた。地中海へのこだわりは、シェーンベルクの重さにあきたらず、モーツァルトの軽さへ思いをつのらせた一因でもあろう。

3　踊れ、ベートーヴェン！

①**ベルリオーズ／《キリストの幼時》他**

クリスティアーネ・エルツェ（S）他、ノリントン指揮シュトゥットガルト放送交響楽団、シュトゥットガルト放送ヴォーカル・アンサンブル［輪・Hanssler Classic］

ベルリオーズの大規模声楽作品をロマンティックな思い入れでやられると食傷するし、ドライにやられても退屈きわまるのだが、このディスクは踊り歌の連なりみたいに聴いていられて、おもしろい。

②**ヘルムート・エーダー／ピアノ協奏曲《エピソーデン》他**

メルヴィン・タン（p）、ノリントン指揮カメラータ・ザルツブルク他［輪・Orf］

オーストリアの長老エーダーの三作品を収めているが、ノリントンはうちひとつだけ、一九九八年にヴェーグの追憶に捧げられたピアノ協奏曲を振っている。終楽章のきついアレグロでの獰猛《どうもう》な指揮ぶりが聴きもの。

③ 太陽王ルイ14世の宮廷とオペラ座の舞曲

クリストフ・ルセ指揮レ・タラン・リリック、ユゴ・レーヌ指揮ラ・サンフォニー・デュ・マレ
[輸・Erato]

バロック音楽は身体を悦ばせるためのいびつな踊りと歌の集積であるということのうち、踊りのほうを引き受け、実際に踊れる音楽としてもろもろ演奏してみせたのが、ルセとレーヌのこのアルバム。踊れない演奏はもういらない。

4 フランク沈没

①『音楽』

諸井三郎著［目黒書店、一九五一］(書籍)

「現代人のための芸術入門叢書《そうしょ》」の一冊。今回引用した諸井の文章は、本書収録の「浪漫《ろうまん》主義音楽における神と人間——セザール・フランク」から。諸井の評論文として珍しく真情あふれるもの。他にドビュッシー論など。

②『セザール・フランク』

ヴァンサン・ダンディ著／佐藤浩訳［音楽之友社、一九五三］(書籍)

ベートーヴェンが《ミサ・ソレムニス》を完成した日に生まれたフランクこそ、この巨匠の真の後継者であると、愛《まな》弟子が情熱的かつ論理的に位置づけようとした名著。「音楽文庫」第六九冊。大中寅二《とらじ》の肝《きも》いりで佐藤浩が訳した。

③ ピッツェッティ／ヴァイオリンとピアノのための作品全集

ジャンルーカ・トゥルコーニ(vn)、マルコ・サーラ(p)［輸・Ducale］

本文とは関係ないのだけれど、いっとき、二〇世紀の傑作のひとつと謳《うた》われながら、やがて日陰の曲になり現在にいたる、旋法的でヒューマニスティックなこのソナタにも、フランクとても似た経過を感じてしまう。

5 シェーンベルクと編曲の夢

① ブルックナー(シュタイン、アイスラー、ランクル編)／交響曲第七番ホ長調

リノス・アンサンブル［輸・Capriccio］

リノス・アンサンブルによる二枚目がこれ。ブル

ックナーの第七をクラリネット、ホルン、弦楽五重奏、ピアノ、ハーモニウムの九人編成にまで切りつめている。これに先んじる一枚目はシュタイン編曲のマーラーの第四。

② **マーラー（シュタイン編）／交響曲第四番ト長調**

ダニエル・ヘルマン（S）ハワード・グリフィス指揮ノーザン・シンフォニア［輪・Novalis］

リノス・アンサンブルよりも早くスイスのレーベルから出てきたマーラーの第四がこれ。なかなか雰囲気のある枠でインティメートなサロン音楽風演奏で、こちらも大いにけっこう。

③ **マーラー（カゼッラ編）／交響曲第七番**

ジルフィア・ツェンカー、エフェリンデ・トレンクナー（p）［輪・MDG］

一九一八年一二月二九日の私的演奏協会第一回演奏会でシュトイアーマンとバッハリヒが演奏したのがこのマーラーの四手版。編曲は「非新ウィーン楽派」のカゼッラだが彼はマーラー、シェーンベルクと交際があった。

④ **シェーンベルク（シュトイアーマン編）／《浄夜》他**

ラヴィニア・トリオ［輪・Divox］

シェーンベルクの作品の編曲もの、その一例としてシュトイアーマンによる弦楽六重奏曲《浄夜》のピアノ三重奏版を。これはもう、曲の輪郭を原曲よりはるかにくっきりとさせ、原曲を超えたかというくらいの名編曲。

⑤ **シューベルト－ベリオ／《レンダリング》他**

クリストフ・エッシェンバッハ指揮ヒューストン響［輪・Koch］

二〇世紀の作曲家としてシェーンベルク同様、編曲にこだわった人としてベリオが挙げられる。もっとも前者がしたのが曲の本質の把握のための編曲なら、後者は曲の解釈・異化のための編曲であったわけだけれど。

6 さよなら、クライスラー

① **ベートーヴェン／ヴァイオリン協奏曲他**

フリッツ・クライスラー（vn）、レオ・ブレッヒ指揮ベルリン国立歌劇場管弦楽団［輪・Naxos］

クライスラーの大曲。しかしやはり彼のヴァイオリンは、表現にむらや起伏のあったほうが劇的になってよい結果を出しやすい大物よりも、むらなく一様に精密に細かく音の粒を揃え、高価な装身具のように凝りに凝ってなんぼという種類の小曲でこそ、真価を発揮したように思う。

②**ホラ・スタッカート　ハイフェッツ・アンコール！**
ヤッシャ・ハイフェッツ（vn）他［RCA］
クライスラー流のヴィブラートを強い手首でよりゴージャスでリッチにする。運弓も小指をたくみにもちいて、弓を長く遣いながらまるでぶれないという神業を達成。そうやって、オーストリアの小金持ち風のクライスラーを米国大富豪風に高めたのがハイフェッツ。

③**オール・アメリカン・ショーケース**
マントヴァーニ・オーケストラ［輸・Vocalion］
クライスラーの延長線上にはハイフェッツのみならずマントヴァーニ楽団だっているだろう。SP時代のヴィブラートたっぷりの弦楽サウンドの記憶をLP時代に極大化してなぞろうとするとヴィブラートとエコーかけまくりのストリングス・ムード音楽になるのだ。

7　火男《フォイアマン》、がんばる

①**ドヴォルザーク／チェロ協奏曲ロ短調他**
フォイアマン（vc）、タウベ指揮ベルリン国立歌劇場管弦楽団他［日本パーロフォン］（SP）
今回のテーマ・ディスクの録音は、日本では一九三〇年六月にSPレコードとして発売された。五枚組で、九面に全曲が収まり、残る一面には、堀内敬三の楽曲説明と、笈田《おいだ》光吉のピアノによる各楽章の主題の演奏が入っている。

②**ベートーヴェン／セレナードニ長調作品八他**
シモン・ゴールドベルク（vn）、パウル・ヒンデミット（va）、エマヌエル・フォイアマン（vc）他［Pearl］
四半世紀ほど前、はじめてフォイアマンの録音を聴いた。ヒンデミットのヴィオラを聴きたくて、この《セレナード》のワルター協会盤のLPを買ったら、たまたま共演者だったのだ。今はPearlやオーパス蔵からCDになっている。

③**ドヴォルザーク／チェロ協奏曲ロ短調他**
パブロ・カザルス（vc）、ジョージ・セル指揮チェコ・フィルハーモニー管弦楽団他［輸・Allegro］
フォイアマンより一〇年弱あとの録音。やはりカザルスは、同じ曲の演奏でも、フォイアマンと違って、フレーズに細かく句読点をつけ、よく分節し、表情の変化に富む。つまりは、でこぼこの多くて濃い解釈である。

8 「ミャス六」の謎

① ミャスコフスキー／交響曲第六番

キリル・コンドラシン指揮ソヴィエト国立響、ユルロフ合唱団［輪・Russian Disc］

一九五九年録音。第六番のベスト演奏だろう。指揮者の切りこみの鋭さとオケのじゅうぶんな技量がマッチして文句なし。音質はやや古びてくすんでいるが、ミャスコフスキーの音楽はかなりモノクロームなので、かえって効果的？

② ミャスコフスキー／交響曲第六番、《悲愴的序曲》

エフゲニ・スヴェトラーノフ指揮ロシア連邦アカデミー響［輪・Olympia］

スヴェトラーノフ不滅の大業！ 世界初のミャスコフスキー交響曲全集からの分売。第六番は衝迫力でコンドラシンにやや劣るもすみずみまで血の通った名演。ただし終楽章にオプションでロシア民謡を歌う合唱を使っていない。

③ ミャスコフスキー／交響曲第六番

ヴェロニカ・ドゥダロヴァ指揮ロシア響、アニマ、モスクワ室内合唱団［輪・Olympia］

女性指揮者ドゥダロヴァによる一九九二年録音。ややたるいが力演には違いない。なおヤルヴィもがんばっているが、オケの地力がやや弱いのと乱暴すぎたり素っ気なさすぎたりする箇所が散見され、まあまあというくらい。

④ ミャスコフスキー／交響曲第七番、同二六番

エウゲニ・スヴェトラーノフ指揮ロシア連邦アカデミー響［輪・Olympia］

全集分売の一枚。《ラ・ヴァルス》が下敷きの第七番は濃密な名演。世界初録音になる第二六番は「ジダーノフ批判」直後の老作曲家が「名誉回復」をかけ、しゃかりきになって平明かつ賑々しく書いた四五分の「大力作」

⑤ ミャスコフスキー／交響曲第五番、同一一番

コンスタンチン・イワーノフ指揮モスクワ放送響、ヴェロニカ・ドゥダロヴァ指揮ロシア響［輪・Olympia］

イワーノフによる第五番。同曲はスクリャービン、タネーエフらの影響を受けロシア的ということにこ

だわりの少なかったこの作曲家の「ソ連人民回帰」の試験的一作。民謡旋律を豊富に用い、「革命賛美?」の第六番につながる。

9　グルジェフ式ラジオ修繕法

①　グルジェフ-ハルトマン／《偉大なる寺院への賛歌》他

ヘルベルト・ヘンク（p）［輪・Wergo］

グルジェフ-ハルトマンのピアノ音楽は、オランダやフランスなどのレーベルからいろいろ出ているが、古典的・先駆的録音としては脱俗的ピアニスト、ヘンクの一九八一年録音、八八年CD化、いまだ現役のこの二枚組を挙げたい。

②　アレクサンドル・チェレプニン／《大地母神》他

ラン・シュイ指揮シンガポール交響楽団［輪・BIS］

一九二七年の管弦楽曲《大地母神》では九音音階が使われている。ハルトマンはアレクサンドルの父、ニコライと面識があり、その縁で、チェレプニン一家の仮の落ち延び先、グルジアでアレクサンドルを教えた。

③　諸井三郎／交響曲第三番他

湯浅卓雄指揮アイルランド国立交響楽団［ナクソス］

諸井の学生期の友人に今日出海《こんひでみ》がおり、その父、武平は神智学の傾倒者で、諸井もかなり影響された。だから後に交響曲第三番などで展開された諸井独特の一元的主題構成法には神智学の一元論趣味もかかわっているのでは？

10　ドビュッシーの前にひざまずくヒンデミット

①　エサ＝ペッカ・サロネン／《フォーリン・ボディーズ》《インソムニア》他

サロネン指揮フィンランド放送交響楽団他［グラモフォン］

作曲家サロネンの近作を集める。そこに垣間見えるのは、ドビュッシー、マーラー、ベルク、ストラヴィンスキー、バルトークといった人たちの手管《てくだ》であり、そのへんがおそらく音楽家サロネンの基礎教養でもあるのだろう。

②　マグヌス・リンドベルイ／《カンティガス》《パラーダ》他

サロネン指揮フィルハーモニア管弦楽団他［ソニー・クラシカル］

サロネンは一九七〇年代に母国フィンランドで現代音楽グループ「korvat auki!（耳あけろ!）」のメンバーとなり、そこから頭角を現したが、そのときの同僚のひとりがリンドベルイ。彼はストラヴィンスキアンといっていい。

③ カイヤ・サーリアホ／《魂の城》他

ギドン・クレーメル（vn）、サロネン指揮BBC交響楽団他［ソニー・クラシカル］

サーリアホも「korvat auki!」の仲間のひとり。ドビュッシーやベルクへの傾倒が著しい。けっきょく、この三人組は、ブーレーズの定めた二〇世紀音楽のスタンダードの地平に生きている。そこにヒンデミットはいないようだ。

11 鉄道の落魄

① Enclosure Two（歴史的録音によるハリー・パーチ作品集 スピーチ・ミュージック篇）

ウィリアム・ウェンドラント（歌）、ハリー・パーチ（創作楽器）他［輪・Innova］（四枚組）

《U・S・ハイボール》には三つの版がある。当盤は改造ギターとキタラとクロメロデオンとダブル・カノンのための第二版を一九四六年の録音で収める。クロノスが録音したのはこの第二版からのベン・ジョンストンの編曲。

② ハリー・パーチ作品集第二巻

ジャック・マッケンジー指揮ゲート・ファイヴ・アンサンブル・オブ・ザ・ワールド他［輪・CRI］

《U・S・ハイボール》の第一版、すなわち初稿は声と改造ギターだけで、版を重ねるごとに編成が拡大した。当盤は声と器楽の計九人による第三版を一九五八年の録音で収録。パーチは一九〇一年に生まれ七四年に没した。

③ イーゴリ・マルケヴィッチ／ギャロップ、《結婚》、セレナード、《イカロスの飛行》

クリストファー・リンドン＝ギー、コリヤ・レッシング（p）、フリッツ・ラング打楽器合奏団他［輪・Largo］

《イカロスの飛行》は一九三二年に管弦楽用バレエ曲として作曲され、四三年に二台ピアノと打楽器用にリダクションされた。前者はMarco PoloにL・＝ギー指揮の録音があり、当盤は後者をやはりL・＝ギーらの演奏で収める。

12 ショスタコーヴィチと日本の恋愛

①　映画『日本の夜と霧』［松竹］（DVD）

真鍋理一郎は、大島渚が東映京都で大川橋蔵主演により撮った『天草《あまくさ》四郎時貞《ときさだ》』でもショスタコーヴィチ風に作曲している。『若い川の流れ』はBSやCSの裕次郎特集での定番。二〇〇九年にDVD化された。

②　ショスタコーヴィチ／交響曲第四番他

芥川也寸志指揮新交響楽団［フォンテック］

日本でのショスタコーヴィチ紹介というと、戦前には山田耕筰が交響曲第一番を指揮し、戦後は上田仁《まさし》、山田一雄、芥川也寸志などが、熱心にとりくんだ。当盤は一九八六年、ようやくの第四番日本初演ライヴを収める。芥川は第五番や第一一番もよかった。

③　ショスタコーヴィチ／チェロ協奏曲第一番、チェロ・ソナタ

ハンナ・チャン（vc）、アントニオ・パッパーノ（指揮、p）、ロンドン交響楽団［EMI］

最近の屈託なくのびのびと突き進む『若い川の流れ』的演奏の一例。あと余談だが、日本の映画でショスタコーヴィチの音楽が流れる最初はニュース映画を除くと一九四二年の水木荘也監督『或る保姆《ほぼ》の記録』ではあるまいか。

13　ニーノ・ロータにはまだ名盤がない

①　ニーノ・ロータ／ピアノ協奏曲ホ短調、同ハ長調

マッシモ・パルンボ（p）、マルコ・ボニ指揮イ・ヴィルトゥオージ・イタリアーニ［輸・Chandos］

シャンドス盤の協奏曲集。トータルの演奏時間は六四分半。EMI盤より六分長い。ちなみにハ調のほうの協奏曲の第一楽章はアレグロ・カンタービレで、アレグロ・トランクイロ同様、ロータの志向性をよく示す。

②　ニーノ・ロータ／バレエ組曲《道》、弦楽のための協奏曲、映画『山猫』からの舞曲

リッカルド・ムーティ指揮スカラ座フィル［ソニー・クラシカル］

ムーティのロータはこんどのピアノ協奏曲集が三枚目。前の二枚はソニーからで、これはその最初のほう。もう一枚（SRCR2151）は完全な映画音楽集で、とくに《オーケストラ・リハーサル》が作品、演奏とも上出来。

③ **ニーノ・ロータ／交響曲第一番ト長調、同第二番へ長調**

オーレ・クリスチャン・ルード指揮ノールショピング響［輪・BIS］

ロータには番号付きの交響曲が三つある。うち第二番の第一楽章がこれまたアレグロ・トランクイロだ。ルードの演奏はやはりもっとトランクイロであってほしい。

④ **イルデブランド・ピッツェッティ／弦楽四重奏曲イ長調、同ニ長調**

ライタ弦楽四重奏団［輪・Marco Polo］

歌ごころの作曲家ピッツェッティを味わうのに適切な一枚。イ長調のほうの第三楽章のスケルツォはアレグレット・トランクイロ。遅いときはもちろん、速めになってもけっして激さず穏やかに、さすがロータ音楽の一祖型なり。

⑤ **アルフレード・カゼッラ／ピアノとヴァイオリンとチェロと管弦楽のための三重協奏曲、ピアノとティンパニと打楽器と弦楽のための協奏曲他**

［輪・Dynamic］

クッキリカッキリ押してゆく新古典主義者カゼッラを堪能するための一枚。アレグロ・ヴィヴァーチェ、プレスト・ヴィヴァチッシモ……。カゼッラは元気に邁進《まいしん》する！

14 ヴァントと大聖堂

① **シェーンベルク／《五つの管弦楽曲》、ヴェーベルン／カンタータ第一番、ストラヴィンスキー／《ダンバートン・オークス協奏曲》**

アニタ・ヴェストホフ（S）、ギュンター・ヴァント指揮ケルン・ギュルツェニヒ管、同合唱団、コンセール・ラムルー管のメンバー［輪・Nonesuch］（LP）

ギュルツェニヒ時代の代表的名盤。とくに後期ヴェーベルンの基本音列諸変化型の淡々たる並列音楽ともよべるカンタータは、磨きぬかれた職人仕事。これでブルックナーとヴェーベルンの近さについて考えるのもおつ。

② **フォルトナー／歌劇《血の婚礼》抜粋他**

アニー・シュレム（S）、ギュンター・ヴァント指揮ケルン・ギュルツェニヒ管他［輪・Deutsche Harmonia Mundi］（LP）

ヴァントはフォルトナーやB・A・ツィンマーマンの擁護者としても知られた。このスペイン風コワモテ歌劇《血の婚礼》はとてつもない名演。しかし第一幕第三場と第四場の一七分ぶんしか入っていない。じつに残念。

③ **ショスタコーヴィチ／ピアノ協奏曲第一番他**
マルゴット・ピンター（p）、クルト・バウアー（tp）、ギュンター・ヴァント指揮ベルリン放送響他
［輪・Urania］（LP）

戦後初期のドイツは戦勝国である米ソの音楽に満たされ、ヴァントもこんな録音をしているわけだが、これは音楽も彼の芸風に合ってカッチリした名演。裏のケンペのハチャトゥリアンは異様に律義でこれは芸風に合わず。

④ **ショスタコーヴィチ／交響曲第一番他**
ユーリ・アーロノヴィチ指揮モスクワ放送響他
［輪・Melodia／Angel］（LP）

ヴァントのショスタコーヴィチを紹介したから、今回の脇役、アーロノヴィチのそれも。亡命前の録音だけれど亡命後の同じ作曲家やヴァインベルクの録音と比べるとこっちのほうが余裕がある。亡命後はイライラしたのか？

15　レイボヴィッツと悪魔

① **リーダーズ・ダイジェスト特選家庭名曲集**
ルネ・レイボヴィッツ指揮パリ交響楽演奏協会管他［リーダーズ・ダイジェスト］（LP）

十二枚のうち三枚をレイボヴィッツが指揮。彼の作曲の弟子のひとり、グロボカールがトロンボーンを受け持つ《ボレロ》は聴きもの。ちなみにレイボヴィッツはラヴェル、それからモントゥーにも習っている。

② **リーダーズ・ダイジェスト特選ベートーヴェン九大交響曲集**
ルネ・レイボヴィッツ指揮ロイヤル・フィル他
［リーダーズ・ダイジェスト］（LP）

名盤とよぶほかなし。CheskyでCD化。ここで本文に入らなかった話をひとつ。レイボヴィッツは一九三〇年代、パリで出た「チェレプニン楽譜」を批評し、伊福部昭や江文也の才能をまっさきに買った批評家でもある。

③ **シェーンベルク／月に憑かれたピエロ**
エレン・アドラー（声）、ルネ・レイボヴィッツ指揮アンサンブル［輪・Dial Records］（LP）

レイボヴィッツがシェーンベルクに傾倒し、その門を叩いたきっかけは《ピエロ・リュネール》の自

作自演を聴いたことだった。これはピアノにエルフェ、フルートにランパルら豪華布陣で、弟子が師に贈る名盤。

④ シェーンベルク／ピアノ協奏曲他
クロード・エルフェ（p）、ルネ・レイボヴィッツ指揮パリ放送響他［輸・Period Records］（LP）

レイボヴィッツによる新ウィーン楽派のレコード録音には、他にシェーンベルクの《グレの歌》《ナポレオンへのオード》、ベルクの室内協奏曲、ヴェーベルンの交響曲など。放送録音もかなりINAにあるはず。ぜひ復刻を！

⑤ レイボヴィッツ室内楽曲集
アンサンブル・アイステシス［輸・Divox］

新ウィーン楽派の大物三人に傾倒しっぱなしだったといってもいい作曲家レイボヴィッツを知るための必携の一枚。バタイユやツェランによる歌曲も入る。オペラやオーケストラ作品も録音されたらいいのだけれど。

16 ルトスワフスキのドラマツルギー

① ルトスワフスキ／交響曲第一番他
ヴィト指揮ポーランド国立放送響［輸・Naxos］

一九四七年の第一番はルトスワフスキ唯一の伝統的四楽章の交響曲。他にクレンツや自作自演の録音もある。

② ルトスワフスキ／交響曲第二番、室内オーケストラのための《ヴェネツィアン・ゲーム》
ルトスワフスキ指揮ワルシャワ国立フィル他［輸・muza］

一九六八年、ワルシャワで録音された自作自演の第二番だ。他にブール、サロネン、ヴィトらの録音もある。

③ ルトスワフスキ／交響曲第三番、同第四番
サロネン指揮ロスアンジェルス・フィル［輸・Sony］

第四番の「ためらい」の部分は、第二番や第三番のように現代的にいらついた響きでなく、かなり後期ロマン派的な憂愁のトーンに支配されている。晩年様式？

④ ルトスワフスキ／《プレリュードとフーガ》《ノヴェレッテ》他
ルトスワフスキ指揮ポーランド放送響、ワルシャワ国立室内管［輸・muza］

二楽章形式の音楽史的モデルを探すなら、それはバロック時代の「前奏曲とフーガ」や「トッカータとフーガ」だろう。ルトスワフスキはそんな曲種もちゃんと作っている。

⑤**K・A・ハルトマン／交響曲全集**

メッツマッハー指揮バンベルク響［輸・EMI］

ルトスワフスキの先駆として考慮されるべき交響曲作家がハルトマン。ナチに抑圧された彼の全八曲のうち半分が二楽章だ。すべての抑圧は二楽章に通じる？

17　翁になったフルネ

①**フルネ－都響名演集**

ジャン・フルネ指揮東京都交響楽団［コロムビア］

フルネはアンゲルブレシュトの弟子。が、指揮は似ていない。ドビュッシーはできたが、師のようにいちばん得意というわけではなかった。師の曖昧さへの反発がこの人の道を決めたのではないか。これは一九八〇年代の録音。いいときだ。

②**オネゲル／作品集**

ジャン・フルネ指揮オランダ放送フィルハーモニー管弦楽団［デンオン］

フルネの明瞭で画然とした秩序への思考は、印象派などの感覚的なものより、フランスのなかのドイツ的なものと相性がよかった。つまり、フランク、ダンディ、ショーソン、ポール・デュカス、ルーセル、オネゲルなどである。

③**ジャン・フルネ指揮オランダ放送フィルの歴史的録音集**

［Q Disc］

フランスは自国指揮者に冷たい。フルネもオランダや日本に活路を求めた。このCD八枚＋DVD一枚の箱ものは、長年の手兵だったオケとの、おもに一九六〇年代の放送録音を集める。バディングスやヘンケマンスが入っているのがうれしい。

19　クセナキス・確率論・戦争

①**クセナキス／《シナファイ》《アロウラ》《アンティクトン》**

ジョフリー・ダグラス・マッジ（p）、エルガー・ハワース指揮ニュー・フィルハーモニア管［輸・Decca］

大井の録音が出るまで《シナファイ》を聴くとなると、やはりこの懐かしいデッカ・ヘッドライン・

シリーズのマッジ盤を取り出すことになっていたわけだが、やはりマッジは下手なのだ。いくら近似値で可といっても……。

② クセナキス／《ペルセポリス》
作曲者制作の磁気テープ［輪・RZ］
クセナキスの暴力ノイズ音楽は誰が聴いてもいいというものでもない。私は学生時代、脈のありそうな友人を見つけると部屋に連れこんではフル・ヴォリュームでこの一枚をかけてみた。一〇秒で適性の有無がわかる。

③クセナキス／《ジョンシェ》《サンドレ》他
ミシェル・タバシュニク指揮フランス国立管、グルベンキアン合唱団他［輪・RVC］（LP）
そして《ペルセポリス》の星雲大爆発的響きの放射に歓喜できた仲間と次に堪能したのが、後にカルト教団幹部として有名になってしまったタバシュニクの名演による原始人の荒んだ吠えあいのような《ジョンシェ》だった。

④ クセナキス／《フレグラ》《ジャロン》《タレイン》他
ピエール・ブーレーズ、ミシェル・タバシュニク指揮アンサンブル・アンテルコンタンポラン他［輪・Apex］
一九九二年に出たクセナキス古希記念盤。ブーレーズはしかたなく（?）、《ジャロン》だけ振っているが、そのあまりに研ぎ澄まされたさばきぶりはクセナキスのグジャグジャのまさに対極。

⑤ UPICシステムから生まれた音楽（クセナキス、エストラーダ、嶋津武仁らの作品）
コンピューター音楽［輪・Mode］
騒乱の光景が音楽の原点のクセナキスはやはり「視覚の人」だった。そんな彼がなにか図形を描くとそれが音に化けてしまうUPICシステムを作ったのももっとも。そしてそれが作り出すザラザラギシギシした音ときたら！

20 ノーノと革命

① ノーノ／歌劇《不寛容》
ベルンハルト・コンタルスキー指揮シュトゥットガルト州立歌劇場管他［輪・Teldec］
《愛に満ちた……》に先んずるノーノの最初のオペラ。難民や被植民地人にのしかかる「帝国主義国家の暴力」を音で描き、聴く者にこの社会のひずみを暴露する「陣地戦遂行音楽」の一篇である。

②　**ノーノ／《プロメテオ》**

インゴ・メッツマッハー指揮アンサンブル・モデルン他［輪・Col Legno］

ノーノが逝く六年前の一九八四年に発表したオペラ的大作。人間を自由に導くプロメテウスへの憧れはベートーヴェンのそれにつながる。これを聴き、本当の自由について考えだしたとき、あなたの心の中に革命は始まっている！

③　**ノーノ／《シェーンベルクの作品四一の一二音列によるカノン風変奏曲》他**

ミヒャエル・ギーレン指揮南西ドイツ放送響［輪・Astree］

シェーンベルクの義理の息子でもあるノーノの技法的バックボーンはもちろん十二音技法。十二の音程が平等に扱われる音の共産主義で、未来の理想的共産主義社会を示唆しつづけたところにノーノの味がある。

④　**ダルムシュタット夏季現代音楽講習会の50年**

ヘルマン・シェルヘン指揮ダルムシュタット州立劇場管のメンバー他［輪・Col Legno］

ノーノの師匠、シェルヘンの指揮による《ポリフォニカ－モノディア－リトミカ》の一九五一年の世界初演録音が聴ける。シェルヘンの前進的パッションがどれほどノーノの革命的音楽に影響を与えたことか！

⑤　**ドナウエッシンゲン音楽祭の75年**

ハンス・ロスバウト指揮南西ドイツ放送響他［輪・Col Legno］

ロスバウトの研ぎぬかれた名演でノーノの《二つの表現》が聴ける。他にベルリン・クラシックスのケーゲル指揮による《力と光の波のように》やイタリア盤にあったマデルナ指揮の《断ち切られた歌》あたりもぜひ。

21　ベリオのデタント

①　**ベリオ／《シンフォニア》**

ルチアーノ・ベリオ指揮ニューヨーク・フィル、スウィングル・シンガーズ［輪・CBS SONY］

第三部にマーラーなどの厖大な引用を含む《シンフォニア》の初演二日後（一九六八年一〇月一二日）の自作自演録音。が、ベリオは第四部までだった当曲に後に第五部を書き足したため、この記念すべき音盤は日陰の身に。

②　**ベリオ／《レンダリング》**

クリストフ・エッシェンバッハ指揮ヒューストン響［輪・Koch］

《レンダリング》はベリオの注釈的作曲のひとつの典型。ここでベリオはシューベルトの遺した交響曲第一〇番のためのスケッチを慎ましくほとんどシューベルト的に、しかし一部はちょっとベリオらしく再作曲している。

③ベリオ／《フォーク・ソングズ》

キャシー・バーベリアン（Ms）、ルチアーノ・ベリオ指揮ジュリアード・アンサンブル［輪・BMG］

ベリオが黒人霊歌やシチリア民謡など十一曲をアレンジし、最初の妻で名歌手のバーベリアンに捧げたのが《フォーク・ソングズ》。ここでの民謡の扱い方は《ナトゥラーレ》の「そのものずばり」までまだだいぶ距離があるけれど。

④間宮芳生・林光／《日本民謡集》

伊藤叔（S）、築地利三郎（BsBr）、三浦洋一（p）［ビクター］（LP）

ベリオの《フォーク・ソングズ》に相当する間宮の作品が《日本民謡集》になるだろう。当盤はこの曲集が初めてまとまった数、録音されたLP。

⑤シチェドリン／《ポエトリア》

リュドミラ・ジキーナ（歌）、I・グスマン指揮モスクワ放送響他［輪・Melodia］（LP）

シチェドリンはベリオや間宮とはまた違ったやり方で民謡・民俗芸能の力を生のまま作品に持ちこもうとした。すなわち《ポエトリア》では民謡歌手がオーケストラと共演してしまうのである。

22 ブーレーズの〝スピード〟

①ブーレーズ／ピアノ・ソナタ第二番他

ヘルベルト・ヘンク（p）［輪・Wergo］

ブーレーズはいつのまにか知的とか醒《さ》めたとかいう言葉で語られることが多くなったが、壮年期までは激しく怒り、どぎつく爆走する男というのが定評だった。ピアノ・ソナタ第二番の第一楽章は「極端に速く」。

②ブーレーズ／《リテュエル》他

ハンス・ツェンダー指揮ザールブリュッケン放送響［輪・cpo］

もちろんブーレーズには遅さが売りの曲だってある。その代表がこの《リテュエル》。なお、ブーレーズを語るには「スピード」の他に「分身」「増殖」なる概念が重要なのだが、その話はまたにしよう。

③ シュトックハウゼン／《金曜日のカップル》
カティンカ・パスフェーア、カールハインツ・シュトックハウゼン（声）他［輪・Stockhausen Verlag］

男女がユートピア的歌い交わしを一時間以上やる。そんな曲のCDを自分で勝手に作るシュトックハウゼンと、現代資本主義世界のただなかに生き、メジャー・レーベルでCDを作りつづけるブーレーズ。この対照的生き様。

④ ノーノ／《森は若々しく生命に満ちている》他
エリザベス・グラード（S）他［輪・Mode］

「帝国主義」と戦うヴェトコンやアンゴラのゲリラやファノンやヨーロッパの労働者やバークレーの大学生やカストロの言葉をテキストに、ノーノが革命的テンションを追求する一九六六年作の最新録音。戦慄的！

⑤ ノーノ／《未来のユートピアのノスタルジックな遠景》
アーヴィン・アルディッティ（vn）［輪・Auvidis/Montagne］

ノーノ晩年の大作。今もなお未来に来たるべきユートピアをはるか遠くにでも寡黙《かもく》に見つめんとする、でもそんな精神は未来的というよりもはやノスタルジックかレトロかもしれんという曲。

23 博徒ブーレーズ？

① シュトックハウゼン／ピアノ曲第一一番他
エリザベス・クレイン（p）［輪・Classico］

一九一一年にブダペストで生まれ、バルトークに師事したのち、コペンハーゲンに移った近現代もの弾きの女性が、なんと八七歳にしてシュトックハウゼン・アルバムを録音し、中で《ピアノ曲第一一番》を二通り、やっている。

② ブクレシュリエフ／《群島》全集
クロード・エルフェ（p）、イザイ弦楽四重奏団他［輪・Radio France］

ソフィアに生まれ、戦後パリに定住した、このブルガリア人、ブクレシュリエフは、一九六〇年代から七〇年代にかけ、群島の周囲をめぐるようにいろいろなコースでいける「管理された偶然性」の音楽を連作した。どんな順番でやってもキラキラした音楽。

③ カウエル／弦楽四重奏曲第一－三番他
コロラド弦楽四重奏団他［輪・Mode］

「管理された偶然性」は、戦後前衛音楽運動の流れのなかから、大きな傾向としては現れたが、先例がないわけではない。たとえば米国のカウエルは一九三五年に弦楽四重奏曲第二番を、演奏順序入れ替え可能な断片集として書いている。

24 「近眼派」音楽序説

① フェルドマン／《トライアディック・メモリーズ》

高橋アキ（p）［コジマ録音］

フェルドマン（一九二六－八七）の、切れ目なしで六〇分とか三六〇分とかを要し、しかも弱音ばかりで針音さえ邪魔になるような長時間音楽は、LPになじまず、その音盤化はほとんどCD以後。当盤はその最初期のもの。一九八三年録音、八九年初出。

② フェルドマン／《ジョン・ケージのために》

豊島泰嗣《とよしまやすし》（vn）、高橋アキ（p）［コジマ録音］

ケージはつねに予想不能な音楽の擁護者であったから、弟子の、決まったパターンをのろのろと静かにいじり、ためつすがめつするばかりの長時間音楽に辟易《へきえき》していた。そういう師に弟子が捧げたのがこれ。約一〇〇分のデュオ。一九九一年録音、九三年初出。

③ 高橋アキ、フェルドマンを弾く

高橋アキ（p）［輪・Mode］

一九九五年録音。作曲家は高橋のピアノを「完全な静止」と評した。当盤に多く入る点描的な曲では、いちいちの音が、サラッと切り分けられた水菓子のようで、前後の音とベタベタしない。前後の音との関係づけから音楽が有機的に動いている感じがしてくるとすれば、ここでは音がバラバラに散るだけで動きはない。

25 シュトックハウゼンの世界新秩序

① シュトックハウゼン／三つの歌曲、ヴァイオリン・ソナチネ他

シルヴィア・アンダーソン（A）、サシュコ・ガヴリロフ（vn）、アロイス・コンタルスキー（p）、カールハインツ・シュトックハウゼン指揮南西ドイツ放送交響楽団他［輪・Stockhausen Verlag］

シュトックハウゼンがホイヴェルツの導きでヴェーベルンを「発見」するのは一九五一年。その前はマルタンに習ったりしながら、シェーンベルクやベルクに近い、表現主義っぽい曲を書いていた。当盤は初期作品集。

②　シュトックハウゼン／ピアノ曲一-八、および一一

ディヴィッド・チューダー（p）［輪・Hat ART］

シュトックハウゼンが「群」ということを言い出す最初期の作品のひとつ《ピアノ曲一》の出だしの三つの「群」は、順にポジティヴ、ネガティヴ、停滞という性格を示す。《光》までの基本形がそこに表れている。

③　シュトックハウゼン／歌劇《月曜日》

アネット・メリウェザー（S）、ピエール＝ローラン・エマール（p）、カールハインツ・シュトックハウゼン、ペーター・エートヴェシュ（指揮）他［輪・Stockhausen Verlag］

一九八八年に完成した《月曜日》の全曲盤。一四人の歌手、六人の器楽、合唱、児童合唱、シンセサイザーなどによる四時間半の長丁場。この日はエヴァが中心。子供たちも重要。母性的なものがひとつの主題ではあるのだろう。

26　小指の思い出

①　シチェドリン／ピアノ協奏曲第四番他

ニコライ・ペトロフ（p）、ミハイル・プレトニョフ指揮ロシア・ナショナル管弦楽団［トリトン］

一九九四年によくぞ出たという国内盤。第五番もムストネンが九九年に、第六番はエカテリーナ・メチェティーナが二〇〇三年に初演している。ちなみに第二番は作曲家自身のピアノで二度録音され、第一番と第三番も作曲家やペトロフなどが入れている。

②　シチェドリン／歌劇《死せる魂》

ユーリ・テミルカーノフ指揮ボリショイ劇場管弦楽団他［輪・Melodiya］

旧ソ連時代のシチェドリンの代表的オペラ。一九九〇年代以後には《ロリータ》と《魔法をかけられた放浪者》という二つのオペラが、八八年には東京で《森は生きている》にもとづくミュージカルが初演されたが、どれもまだ未録音。

③　シチェドリン／交響曲第二番他

ワシリー・シナイスキー指揮BBCフィルハーモニー管弦楽団［シャンドス］

ピアノ協奏曲第二番もその前年に初演されたこの交響曲も一種の多様式主義といえる。が、シュニトケのそれが自分の正体を見つけられぬ苦悩の産物とすれば、シチェドリンのそれは自分の正体を隠すための変装なのだ。

③『新音楽の哲学』
アドルノ著／龍村あや子訳［平凡社、二〇〇七］（書籍）
シェーンベルクを進歩的前衛、ストラヴィンスキーを復古的反動とし、後者をナチスになぞらえて排撃した、この戦闘的古典（一九四九年初版）は、いまやロシア的なものとは何かを考えなおすために、新たに読みなおされるべきだろう。

27 ポスト・ポスト・モダン時代のベートーヴェン

① シチェドリン／《カルメン組曲》、管弦楽のための協奏曲第一番《お茶目なチャストゥーシュカ》、同第二番《鐘》
ミハイル・プレトニョフ指揮ロシア・ナショナル管弦楽団［グラモフォン］
プレトニョフとシチェドリンの友情の証というべき名盤。《鐘》は一九六七年のニューヨーク・フィル創立一二五周年委嘱作で、バーンスタインが初演。同じ機会に武満徹も《ノヴェンバー・ステップス》を発表し、このときの縁が八九年の《輪舞》につながった。

② シチェドリン／管弦楽のための協奏曲第三番《古いロシアのサーカス音楽》、交響曲第二番
ワシリー・シナイスキー指揮BBCフィルハーモニー管弦楽団［輪・Chandos］
《輪舞（ホロヴォディ）》は《古いロシアのサーカス音楽》についで書かれ、のちに「管弦楽のための協奏曲第四番」と題されたが、まだCDはないと思う。《一二カ月のニーナ》もおそらく売りものになってはいないだろう。

28 キラールとコピペ魔

① キラール／《ジェネリック》他
カロル・ストリーヤ指揮シレジア・フィル［輪・muza］（LP）
一九六三年のワルシャワの秋音楽祭のライヴ。キラールの六〇年代の代表的管弦楽曲でトーン・クラスターを使った《ジェネリック》のほか、ジェフスキの弾くセロツキ《ア・ピアチェレ》、コトニスキの電子音楽などを収録。

② キラール／《コルベ神父へのレクイエム》
カジミエーシュ・コルト指揮ポーランド国立・フィル他［輪・Jade］
キラールの管弦楽曲集。彼は一九三二年生まれの

ポーランドの作曲家。ヴォイトヴィチとN・ブーランジェに師事し、五〇年代は新古典主義、六〇年代は点描やクラスター、七〇年代以後は調性回帰とグレツキ同様の変遷。

③ キラール／《エクソドゥス》《アンジェルス》他

アントニ・ヴィト指揮ポーランド国立（カトヴィツェ）放送響、ヴィトルド・ロヴィツキ指揮ワルシャワ国立フィル［輪・Olympia］

ヴィトが一九八五年に録った《エクソドゥス》。これが同曲の初録音だろう。よって今回の新盤はヴィトによる二度目の録音になる。他にカルウォヴィチが雪崩《なだれ》にのまれる情景を描いた交響詩などが入る。

④ キラール／《閃光》他

ヴィトルド・ロヴィツキ指揮ジュネス・ミュジカル・ワールド管［輪・KOS］

一九八六年録音。故ロヴィツキはキラールを振らせたら最高。この《閃光》もヴィト以上のパワーで押しまくる。他に《新世界から》と《ティル・オイレンシュピーゲルの愉快な悪戯《いたずら》》をいずれもワルシャワでのライヴで。

⑤ キラール／アンジェイ・ワイダのための映画音楽集

オリジナル・サウンドトラック［輪・Milan］

キラールの名が西側に知れたのはワイダやザヌーシの映画のための音楽によって。じつは《エクソドゥス》もザヌーシの『巨人と青年』で巨匠音楽家役のマックス・フォン・シドーが自作自演する音楽として使われている。

29 ラッヘンマンの疎外とさび

① ラッヘンマン／弦楽四重奏曲第二番《精霊の踊り》、《ドイツ国歌を伴う舞踏組曲》

アルディッティ弦楽四重奏団、オラフ・ヘンツォルト指揮ベルリン・ドイツ放送交響楽団［輪・Montaigne］

《マッチ売りの少女》ではマッチ売りにドイツ赤軍派の女闘士を重ね合わせる工夫にこの作曲家の政治性の片鱗がうかがわれるが、《ドイツ国歌》はもっと露骨で、国歌の旋律の引用が権力を象徴し、その上で疎外者たちが踊る。

② ラッヘンマン／《コントラカデンツ》《響影》《ファッサード》

ミヒャエル・ギーレン指揮南西ドイツ放送交響楽団、シュトゥットガルト放送交響楽団、北ドイツ放

送交響楽団［輪・Kairos］

　ラッヘンマンはテープ音楽に刺激されヘンな音にこだわりだした。ただし彼はヘンな音を生楽器で出す。テープ音楽ならヘンな音があたりまえだが、生楽器ではそうでない。そこが大事。当盤はまださびに遠い一九七〇年代の曲を集める。

③ ラッヘンマン／《今》《ノットゥルノ》

　ジョナサン・ノット指揮西ドイツ放送交響楽団、シュトゥットガルト・ノイエ・ヴォーカルゾリステン他［輪・Kairos］

　ラッヘンマンは禅や西田哲学に傾斜し、イライラと無縁でおれぬ疎外の音楽からさびた音楽へ変化してきた。一九九九年の《今》ではついにテキストに西田幾多郎を用い、彼の「永遠の今」の時間哲学を音楽化しようとする。

30　もうひとりの「音階の音楽家」

① **カンチェリ映画音楽集**

　ジャンスグ・カヒッゼ指揮グルジア国立交響楽団他［輪・Olympia］

　『キン・ザ・ザ』（一九八六年製作）の音楽をはじめ、ダネリヤとのコンビの仕事が楽しめる一枚。が、オリンピア倒産にともない廃盤。『キン・ザ・ザ』のDVDは二〇〇二年にキングから出ている。『キン・ザ・ザ』だけのサントラ盤もかつてあった。

② **カンチェリ／《悲しみに染まった国》《ドゥドゥキに寄せて》**

　デニス・ラッセル・デイヴィス指揮ウィーン放送交響楽団［輪・ECM］

　アルメニアの伝統的管楽器で、けたたましい音のするドゥドゥキにインスパイアされた管弦楽曲《ドゥドゥキに寄せて》は、ダネリヤに献呈されている。冒頭の順次進行的音型群から跳躍のある主題が導かれるしかけだ。

③ **ル・シネマ**

　ギドン・クレーメル（vn）他［テルデック］

　クレーメルによるドゥナエフスキーなどの映画音楽アルバムだが、ここに入るカンチェリの《ラグ・ギドン・タイム》は、例外的に映画ではなく劇付随音楽からの編曲。カンチェリはソ連時代、芝居の音楽も約三〇本やった。

32　アンドリーセンと礼楽思想

① **アンドリーセン／二台ピアノ版の《国家》他**

ボーウフィス（p）、ゼーラント（p）［輪・Attacca］

ルイ・アンドリーセンのCDは『レコード芸術』誌二〇〇〇年四月号の沼野雄司氏執筆による「ルイ・アンドリーセンとは何者だ？」に一一点紹介されている。そこでここではそれとダブらぬようにしておこう。当盤は《国歌》、二台ピアノ版を収録。

② **アンドリーセン／歌劇《再構築》抜粋、《アンファング》《エンデ》《みてくれの幸せ》他**

アンドリーセン指揮器楽アンサンブル他［輪・Globe］

「抵抗の季節」としての一九六〇年代をオランダにおいて象徴する集団創作反体制オペラ《再構築》の初演録音から約一五分を収録。作曲に参加したのはアンドリーセンの他、R・デ・レーウ、M・メンゲルベルクなど。

③ **アンドリーセン／《ジミー・ヤンシーにもとづいて》《ヴェトナムで起きていること》他**

オルケスト・デ・フォルハーディング［輪・Nm Classics］

ジャズ・オケ風アンサンブルのための二曲を収録。《ジミー・ヤンシー……》（一九七三）は一九二〇年代ジャズのダブ風コラージュ。《ヴェトナム……》（一九七二）はむろん、ヴェトナム戦争がらみの反米音楽。

④ **アンドリーセン／《オルフェウスへの序曲》他**

ヴィヴィエンヌ・スピトリ（cemb）［輪・Sne］

《オルフェウスへの序曲》は一九八二年のチェンバロ曲。一二分ほどのもの。日本の箏曲《そうきょく》風のフィギュレーションなど頻出して、なかなか古めかしく雅やか。弾いているのはカナダの奏者。

⑤ **ヘンドリク・アンドリーセン／チェロ小協奏曲、オーボエ小協奏曲、ヴァイオリン協奏曲、《カンツォーナ》**

ティエリー・フィッシャー指揮オランダ放送室内管他［輪・Nm Classics］

ルイの父ヘンドリク（一八九二－一九八一）の晩年期の作品集。ロマン派、印象派、新古典派などを遍歴した末にここで彼は旋律的で叙情的で淡泊な境地に到達している。彼の曲は他にフルネ、コンドラシンらの録音で聴ける。

33 多重人格者エッシェンバッハ

① **ルーセル／交響曲第二番、バレエ音楽《バッカスとアリアーヌ》**

クリストフ・エッシェンバッハ指揮パリ管弦楽団［輪・Ondine］

エッシェンバッハの猫の目の変わるような容易にとらえがたい指揮は、ルーセルの第二番のようなフランク派だか印象派だかなんだかわからない交響曲と相性がよいように思われる。狐と狸の熱烈な化かしあいのような感じだ。

②ピンチャー／《出発》他

クリストフ・エッシェンバッハ指揮北ドイツ放送交響楽団他［ワーナークラシックス］

エッシェンバッハの、微に入り細をうがち、手を替え品を替えという行き方は、新ウィーン楽派以後にとても合っている。そんな彼が肩入れしている現役作曲家のひとりがピンチャー。ポスト・ベルク的に濃い音楽だ。

③メシアン／《世の終わりのための四重奏曲》

ヒューストン・シンフォニー・チェンバー・プレイヤーズ［輪・Koch］

エッシェンバッハはピアノを辞めたのではない。こんどのマーラー《悲劇的》の付録でもピアノ四重奏を入れているし、一九八八－九九年に音楽監督を務めたヒューストン響では、メンバーと室内楽団を組み、メシアンなどを録音した。

34 バレンボイムの複数の故郷

①『バレンボイム／サイード　音楽と社会』

A・グゼリミアン編／中野真紀子訳［みすず書房、二〇〇四］（書籍）

バレンボイムがパレスチナ人のサイードと行った連続対談の翻訳。今は亡きサイード晩年の発言の記録としても貴重だが、内容としてはもっぱらバレンボイムが喋りまくって、自信満々にその思想を披瀝《ひれき》している。

②フルトヴェングラー／交響曲第二番

ダニエル・バレンボイム指揮シカゴ交響楽団［ワーナークラシックス］

フルトヴェングラーはみずからの音楽の生成のヴィジョンを表明するのに指揮より作曲が有効と考えていた。その代表作にして、まさにとめどなき生成を幻視させる長大な交響曲を、バレンボイムが思い入れたっぷりにやる。

③カーター／パルティータ他

ダニエル・バレンボイム指揮シカゴ交響楽団［ワーナークラシックス］

バレンボイムは根に発し根に戻る旅の劇として音楽を考えたがり、その流儀で解しやすいのはまず調性音楽になるが、無調系でも、カーターのごとくある音から出発し錯綜《さくそう》しまた戻る型を強く意識した劇性の強い音楽には共感している。

36 アメリカの田舎者とオーストリアの田舎者

① **フィリップ・グラス／交響曲第八番**
デニス・ラッセル・デイヴィス指揮リンツ・ブルックナー管弦楽団［輪・Orange Mountain Music］

デイヴィスは、手兵のオーケストラとグラスの作品も着々と録音している。グラスとブルックナーを並行してやっているわけだ。そこに意味があるだろう。グラスの個人レーベルのオレンジ・マウンテン・ミュージックから二〇〇六年発売。

② **フィリップ・グラス／歌劇《航海／宇宙旅行》**
デニス・ラッセル・デイヴィス指揮リンツ・ブルックナー管弦楽団、リンツ州立劇場の独唱者と合唱団［輪・Orange Mountain Music］

コロンブスの「新大陸発見」五〇〇年を記念し、一九九二年にメト初演の大作。なかなかCDにならなかったが、ついにデイヴィス指揮するリンツ州立劇場の録音が二〇〇六年に出た。そういえば、この劇場は、黛敏郎《古事記》を委嘱初演している。

③ **ルー・ハリソン／交響曲第三番、大二重奏曲**
デニス・ラッセル・デイヴィス指揮カブリロ音楽祭管弦楽団他［輪・Music Masters］

デイヴィスのブルックナー演奏を考えるうえで、グラスのほか、もうひとり大切な作曲家がハリソン。この人の悠々としたマルチ・エスニック舞曲調の作風がデイヴィスにおよぼしたものが、とくにスケルツォの解釈に反映していると思う。

37 ソ連への挽歌

① **ノルドグレン／チェロ協奏曲第三番、アルト・サクソフォーン協奏曲、ホルン協奏曲**
ユロネン（vc）、カンガス指揮オストロボスニア室内管他［輪・Finlandia］

一九九二年、すなわちソ連解体の翌年に初演されたチェロ協奏曲第三番は、ショスタコーヴィチが革命とレーニンに捧げた交響曲第一二番の冒頭を引用し、革命を葬送する。だからこれも「ソ連崩壊もの」に属する作品だ。

② **ノルドグレン／《小泉八雲の怪談によるバラー**

ド》

舘野泉（p）［輪・Finlandia］

スラヴへ、東方へと憧れたノルドグレンは、ついにソ連を飛び越え、一九七〇－七三年、日本に留学し、長谷川良夫に師事、間宮芳生《みちお》に親炙《しんしゃ》した。《怪談》はその留学の記念碑。ピアノによる日本的おどろおどろしさの探究。

③ **ノルドグレン／《弦楽のための交響曲》《憎悪と愛情》《トランス・コラール》**

カンガス指揮オストロボスニア室内管［輪・Ondine］

ノルドグレンの作品はBISやオンディーヌから出ている。当盤の弦のシンフォニーはなかなかショスタコーヴィチ的な沈思黙考音楽で、《トランス・コラール》には読経《どきょう》の雰囲気がある。ソ連と日本という彼の二つの音楽的出自を確認するのにいい。

④ **グバイドゥーリナ／チェロ協奏曲《祭りは真っ盛り》、チャイコフスキー／交響曲第四番**

ゲリンガス（vc）、大野和士指揮バーデン州立劇場管［輪・Antes］

《祭りは真っ盛り》（一九九三）は、ソ連なる抑圧的国家のもとで生きた人間の絶望と、その崩壊の後で生きる人間のこれまた絶望の二重写し音楽。「ソ連崩壊もの」の一例。

⑤ **カンチェリ／《悲しみに染まった国》《ドゥドゥキに寄せて》**

D・R・デイヴィス指揮ウィーン放送響［輪・ECM New Series］

《喪章を掲げた国》（一九九四）は、グルジア出身のカンチェリが祖国を含む旧ソ連の悲惨な精神的・物質的情況を大管弦楽上にデッサンした音楽。虚脱、祈り、暴発……のくりかえし。これも「ソ連崩壊もの」の一例。

38 能とソヴィエト

① **バック・トゥ・ザ・USSR**

アファナシエフ（p、語り）［コロムビア］

アファナシエフは人と喋るのは嫌という。相手の速度に攪乱《かくらん》され、自分の守りたい緩やかな時間が侵されるから。ゆえに彼は会話より手紙を愛する。遠くを思いつつ好きなペースで字を書く。詩も書く。当盤には自作詩の朗読が入る。

② **カンチェリ／《亡命》他**

マーハ・ドイプナー（S）、ユロフスキ指揮他

[ECM]

現代の作曲家では誰が好きか。アファナシエフに訊《たず》ねたら、答えはまずクラムだった。その《マクロコスモス》はピアノの延ばした響きを多用するからもっとも。そしてカンチェリも。こちらも静かに音を延ばしたがる人だ。

③ **ブリテン／《戦争レクイエム》**

ブリテン指揮ロンドン交響楽団他［デッカ］

西洋音楽への能の影響というとブリテンも忘れちゃいけない。能に依拠した歌劇もあるが、《戦争レクイエム》だって、生者の祈りに第一次大戦の戦死者の声が割って入る構図が、生者の世界に死霊が立ち現れる修羅能のなぞりだ。

39 譚盾と中華幻想

① **譚盾作品集／《オン・タオイズム》**

オーケストラル・シアター、秋山和慶指揮東京響

［フォンテック］

一九九〇年の衝撃の東京ライヴを収録。なお、同曲はもともと《男声と三つの低音管楽器と管弦楽のための音楽》という味もそっけもないタイトルだった。

② **譚盾／歌劇《マルコ・ポーロ》**

タン・ドゥン指揮オランダ放送室内管、カペラ・アムステルダム他［ソニー・クラシカル］

現代オペラの登竜門、ミュンヘン・ビエンナーレで初演された。マーラーの《大地の歌》の引用もあり。

③ **譚盾／交響曲1997《天地人》**

タン・ドゥン指揮香港フィル、ヨーヨー・マ(VC)、中国古代編鐘アンサンブル他［ソニー・クラシカル］

ソニーの誇る二人の東洋人アーティスト、ヨーヨー・マとタン・ドゥンの今のところ唯一の共演盤でもある。

④ **シュトックハウゼン／《諸国歌》**

［輪・Stockhausen Verlag］

日本、アメリカ、ドイツにソ連……。世界中の国歌が飛び交う異常作品。三つのヴァージョンがあるが、これはテープとオーケストラ版。

⑤ **スティーヴンソン／ピアノ協奏曲第二番《諸大陸》**

［輪・Olympia］

スティーヴンソンは一九二八年生まれのスコット

ランド人。この他、〝世界音楽〟の作例はミョーやタンスマンにもあり。

40 アムラン・超絶技巧・学歴社会

① エックハルト＝グラマッテ／ピアノ・ソナタ全集（全六曲）

アムラン（p）［輪・Altarus］

一九九一年発売。エックハルト＝グラマッテはパリやベルリンに学び、最後はカナダに落ち着いた。ヴァイオリニストでもある。

② ソラブジ／ピアノ・ソナタ第一番

アムラン（p）［輪・Altarus］

ブゾーニ、ゴドフスキー、ラフマニノフ、メトネルらを崇拝する超絶技巧の鬼、ソラブジの稠密《ちゅうみつ》至極なソナタは、まさにアムランのためにある。

③ ラフマニノフ／ピアノ・ソナタ第二番、ショパン／ピアノ・ソナタ第二番他

アムラン（p）［輪・ISBA Classic］

二つのヴィルトゥオーゾ・ソナタの他に、典型的超絶技巧誇示曲、シュルツ＝エヴレルの《ヨハン・シュトラウスの主題によるアラベスク》を収録。

④ メトネル／ピアノ・ソナタ全集

アムラン（p）［輪・Hyperion］

「メロディのないラフマニノフ」「旋律作りの下手さを複雑なパッセージで補う男」と陰口を叩かれてきたメトネルがここまで復権をはたすとは！

⑤ ゴドフスキー／ショパンのエチュードによるエチュード

アムラン（p）［輪・Hyperion］

ショパンのエチュードに音符を書き足して超絶技巧度をアップした異常作品。昔流にいえばショパン作品のグロテスクな改悪、今ふうにいえば進化したショパン。

41 答えのある質問

① アメリカン・エレジー

ジョン・アダムズ指揮セント・ルークス管弦楽団他［輪・Nonesuch］

一九八九年NY録音。アダムズ指揮の《答えのない質問》で始まり、ドーン・アップショウがアイヴズの歌曲をアダムズ編曲の管弦楽伴奏版で独唱し、武満のスペシャリストでもあるクロスリー独奏の《エロス・ピアノ》が続く。

② アイヴズ／ピアノ・ソナタ第二番他

ピエール＝ローラン・エマール（p）他［輪・Erato］

副題は、エマーソンの本拠地の名を冠して《コンコード・ソナタ》。第一楽章が〈エマーソン〉で、終楽章は、エマーソンの弟子にして極端個人主義者で森の生活を愛した〈ソロー〉。アメリカを知るのに欠かせぬ一曲。

③ **アイヴズ／オーケストラ・セット第二番他**

クリストフ・フォン・ドホナーニ指揮クリーヴランド管弦楽団［輪・Decca］

《答えのない質問》は米国音楽の名品として録音も多いが、セットの第二番は大編成に舞台裏の合唱まで必要なせいか、ストコフスキーなどディスクは数えるほど。当盤は《ニュー・イングランドの三つの場所》を併録。

42 偉そうなチェロ

① **ジェミニアーニ／チェロと通奏低音のための六つのソナタ作品五**

鈴木秀美（vc）、リチェルカール・コンソート［輪・Ricercar］

鈴木の初期チェロ音楽探求ものの一枚。バッハの無伴奏組曲より四半世紀ほどくだった音楽。独奏楽器として酸《す》いも甘いも嚙み分け、大人の落ち着きを披露するチェロがここにいる。チェロが偉くなる歴史を知るのにぜひ！

② **サント＝コロンブ・ル・フィス／サント＝コロンブ・ル・ペールのためのトンボーを伴う六つの無伴奏バス・ヴィオール組曲**

ジョルディ・サヴァール（バス・ヴィオール）［輪・Alia Vox］

高校生のころ、はじめて生でヴィオールを聴き、だらけきった音に呆然《ぼうぜん》とし音楽以前と思った。「鳴りの悪い楽器は駄目楽器」というロストロポーヴィチ流近代主義に毒されていたのだなあ。「コロンブの息子《コロンブ・ル・フィス》」はマラン・マレの同時代人。

③ **伊福部昭／《琵琶行》他**

野坂惠子（二十五絃箏）［カメラータ］

伊福部が八〇代で書いた箏のための二篇の大型独奏曲など収める。若き日には北大オーケストラのコンマスもしていた人が、老境にいたってヴァイオリンやチェロでなく箏に向かっていったというのはやはり意味深長だ。

43 エジプトの王女と日本の王子

① 林光／オペラ《セロ弾きのゴーシュ》
オペラシアターこんにゃく座［日本コロムビア］

二元論的対立を音楽が調停するということでは、宮澤賢治の『セロ弾きのゴーシュ』も思い浮かぶ。そこではチェロが自然と文明を架橋する。こんにゃく座はそれによるオペラと《魔笛》の両方をレパートリーにしている。

② 林光／オーケストラのための童話《セロ弾きのゴーシュ》他
藤原真理（vc）、田中良和指揮東京都交響楽団他［日本コロムビア］

林光は賢治とモーツァルトにこだわる人で、とくに《魔笛》と『セロ弾きのゴーシュ』には思いが深いようだ。『ゴーシュ』にはあと、清水脩《おさむ》のオペラもあって、これは彼の作品中、屈指のもの。しかし未録音である。

③ 尹伊桑《ユンイサン》／《礼楽》《小陰陽》他
アントワネット・ヴィシェ（cemb）他［輪・Wergo］

韓国人の尹は一九六六年、陰の気と陽の気の均衡や角逐をイメージしつつ、チェンバロ独奏曲《小陰陽》を書いた。韓国といえば、その国旗のデザインが、陰と陽の調和するさまを表しているとは、あらためていうまでもないだろう。

44 夕鶴のように飛んでいけなかった令嬢の話

① ブースマンス／歌劇《輪舞》
シルヴァン・カンブルラン指揮モネ劇場管弦楽団他［輪・Ricercar］

モネ劇場の委嘱作で、一九九三年初演。一〇人の歌手と大管弦楽による二時間半。当盤は初演のライヴ。パリ、ウィーン、フランクフルトなどでも上演されている。ベルク風の耽美《たんび》な響きの延長線上に、じつに饒舌豪奢豊饒《じょうぜつごうしゃほうじょう》に推移する。

② ブースマンス／歌劇《冬物語》
アントニオ・パッパーノ指揮モネ劇場管弦楽団他［輪・DG］

これもモネ劇場の委嘱作で、一九九九年初演。約二〇人の歌手と合唱と大管弦楽にシンセなどによる二時間。当盤も初演のライヴ。ベルクよりもシュトラウスに近い雰囲気で、ロックやジャズの要素もとりこまれる。極上のメルヘン。

③ ブースマンス／弦楽四重奏曲第二番《夏の夢》、

歌曲集《恋歌と踊り歌》他

アルディッティ弦楽四重奏団他［輸・Ricercar］

ブースマンスは鍵盤奏者として活動しながら、プッスールに私淑《ししゅく》しつつ、作曲を独学した人。その音楽は、多様式的で、過剰で、夢幻的で、とりとめなく自由連想的で、プッスールのごとくユートピア的にキラキラしている。

45 ボリバル主義とオーケストラ

① アントニオ・エステベス／カンタータ《悪魔と一緒に歌った彼奴《きゃつ》》他

エドゥアルド・マータ指揮シモン・ボリバル交響楽団他［輸・Dorian Discovery］

当盤のシモン・ボリバル響は現在ドゥダメルの率いるオケと同団体。一九九〇年録音。九二年に米国のレーベルから発売。ベネズエラの重要な作曲家、エステベス（一九一六－八八）の大作カンタータを収録。グレゴリオ聖歌「怒りの日」の旋律がラテンのリズムに乗る。

② モイセス・モレイロ／平原の映像　ピアノ作品集

クララ・ロドリゲス（p）［輸・ASV］

ベネズエラの独学の作曲家、モレイロ（一九〇四－七九）のピアノ曲は、バッハやスカルラッティやモーツァルトと聴き間違えそうな音の作りが、ごくごく自然にベネズエラの酒場の音楽のふしなどと混じりあい、戯《たわむ》れあう。一九九四年発売。

③ アルフレド・ルヘレス／《タンゴ》他

マーサ・マルチェーナ（p）［輸・Albany］

南米諸国のピアノ曲を集めたなかに、一九四八年に生まれ、デュッセルドルフでギュンター・ベッカーに学んだベネズエラの作曲家、ルヘレスの《タンゴ》が入る。タンゴは狂おしい愛と死の音楽ということか、ワーグナー《トリスタン》からの引用がある。

解説　もうひとつの片山杜秀論

三浦雅士

あまり大きな声では言えないが、ほんとうは、いわゆるクラシック音楽なるものはあと何年もつか、というのが、稀代の天才軽業師・片山杜秀の潜在的な主題である。ほとんど華麗とも言うべき身のこなしで、あるときは音の細部を、あるときは文化史を、あるときは作曲家、演奏家のゴシップを語りながら、少しでも延命させようとしているように見えもすれば、ああ、これはクラシック音楽なるものの最後の瞬間を生きているようなものだぜと、なかば長嘆息の風情で身を投げ出しているように見えもするのだが、結局は余命を計っていることに違いはない。音楽の座標が失われ、音楽の主体なるものが希薄になってしまっているからだけではない。音楽享受のありようそのもの（たとえばユーチューブ！）が劇的なまでに変化してしまっているからである。この天才にとってさえも、先は見えないのだ！

周知のように、と、つい言ってしまうのだが、一九六〇年代一世を風靡したモダン・

ジャズがいまや常磐津《ときわず》・清元《きよもと》と同じ境遇に入ったのと同じように、十九世紀から二十世紀にかけて世界を制覇したドイツ観念論（カント、ヘーゲルからマルクス観念論！　まで）ならぬドイツ・クラシック音楽（主流がロマン派だから紛らわしいのだが）もまた、常磐津・清元と同じ境遇に入ってしまったのである。そのことは、いまはもう十年前、街から消えてしまった大型ＣＤショップの棚の並びを思い出してみるだけで実感できる。当時すでに、ジャズもクラシックも好事家（！）の対象として店のわずかな一隅を占めるにすぎなくなっていたのだ。あるいは、オペラはむろんのこと、コンサート・ホールの客層を見るだけで分かる。老齢化（平均年齢七〇歳！）にマニア化（その道の若き「通」つまり「オタク」たちだけ！）が凄い速度で進行している。例外は音楽学校の演奏家志願者（若い！）と教師（比較的若い！）だけで、彼らだけがドイツ音楽の栄光は未来永劫に続くと全身で思っているのである。彼らに限っては、いわゆる現代音楽と称される先端部分がひねくれればひねくれるほど（たとえば35「ヘラーが丸く収めます」に描かれた状況のなかで片山がどこに立っているのかよく考えること！）、有難みが増すようにさえ見えているらしいのだ。

ああ、昔は文学全集も音楽全集も刊行され、これら必須の教養は、眼にも見えれば手でもさわれていたのに！

常磐津・清元を蔑んでいるのではまったくない。常磐津の晴朗、清元の繊細をこころから愛している。同じようにドイツ・クラシックを蔑んでいるのではまったくない。シューベルトもシューマンも嫌いではない。もっとも、ワグナーがメンデルスゾーンを抹殺して、ハンブルクのユダヤ資本とイギリス産業革命の緊密な結びつきもろとも歴史上存在しないかのように装ってついにはナチスにまでいたった経緯をいまなおそのままなぞっているとしか思えない音楽史家の存在にはいささか辟易しなくもないが（大批評家・吉田秀和の音楽家論集にはメンデルスゾーンだけがなかった！）、ドイツ・クラシックの消滅の方が先行しているのだから、これまた問題の外である。ヘンデルにとってもハイドンにとってもロンドンなる都市はよい顧客だったが、その伝統もメンデルスゾーンまでといったことが、文化史上かなり面白い現象としてあると思いはしても、それさえもいまや些事にすぎない。音楽文化史そのものが些事になりつつあるのだから。

冒頭の言を繰り返せば、クラシック音楽業界のこのような惨状を一手に引き受けて、どのようなかたちででも打破してみせようと八面六臂の活躍をしているのが、片山杜秀なのだということである。私の印象では、ほとんど片山杜秀ただ一人と思えるのは、この巨大なタイタニック号が沈没しかかっていることをつねに意識しながら丁々発止を展開していると思えるのは彼一人だからである。他は大学教授か業界人なのだから、話題にすること自体がはばかられるのだ。片山も大学教授ではないかと言われそうだが、音楽学部ではない。法学部政治学科で専攻は政治思想史、日本近代右翼思想研究が専門である。片山はいわば楕円の思想家であって、それが巨船沈没を意識できる理由なのだ。冒頭の言を繰り返すのは、その話芸のあまりの見事さに眼が眩んで、片山が抱え込んだ重大問題がしばしば霞んでしまうようにも思えるからである。実際、その話題の豊かさ、眼の付けどころの奇想天外にはただ驚くほかない。人の文章を読むようになって半世紀をはるかに超えるが、片山ほどの才人を私は見たことがない。一九五〇年の黒澤明の映画『羅生門』はいまや古典中の古典だから当然としても、一九五八年、五九年の石坂洋次郎原作・田坂具隆監督の映画『陽のあたる坂道』『若い川の流れ』まで、ほとんど常識といった感じで見ているのには恐れ入る。断っておくが、映画批評家の友人の言では、石坂映画は当時でさえすでに仲間内では馬鹿にされていたのだ(私自身は原作も映画も熟考に値すると思っているのだが)。しかも、片山は一九六三年生まれである。当時はまだ生まれてさえいないのだ。もちろん、片山の名を一般に広めるに力のあった伊福部昭音楽のかの『ゴジラ』にしても一九五四年の封切り。六〇年代に続篇が作られたにせよ、片山は当時、よちよち歩きの幼児である。東映ヤクザ映画にしても同じ。だがそれを片山は、現場にいたように当時の雰囲気を漂わせながら語ることができるのである。手品というか魔術というか、それこそ、ホントかよ、の驚きの世界である。一九八〇年前後の高校時代のコンサート体験談などにいたっては、その理解力たるやさながら恐るべき子供、信じられない父っちゃん坊やを見る思いだ。聴覚の美的洗練には、管見では、手間暇がかかるはずなのに！

しかもその補助線の引き方が水際立っている。石坂洋次郎とは何ものか？　片山はさすがにそこまでは披露していないが、ほんとうは終始一貫して人類の基本は女系制にあるということを主張した小説家として傑出しているのだ。文壇登場作『若い人』から最後の作品『女そして男』にいたるまで、すべて女性が主人公であって、基本主題はつねに女が男を選ぶということなのだ。この論理を底で支えていたのが、石坂が慶応仏文から国文に移ったその年に慶応の教壇に立つことになった折口信夫の思想であったことは私には疑いないと思えるのだが、むろんその背後には東北一帯に根強く見られた女系制、場合によっては婿取り制とさえ思える潮流があったに違いないと私は睨んでいるのである。石坂の小説にもっとも近いのは、だからたとえば宮本常一の民俗学なのであって、谷川健一の企画になる『日本残酷物語』でさえ石坂洋次郎の『石中先生行状記』の延長上にあるのであり、宮本が足で歩いて実感した西日本と東日本の民俗学的な差異を歴史に置き換えて二重国家日本を構想した網野善彦の思想も同じ流れのなかにあると私は見ているほどなのだ。つまり、石坂を基軸に考えれば、日本は太平洋戦争に負けたことで（民主主義国家になったというよりむしろ）明治以前に一挙に戻ったのであって、その事実を象徴的に宣言したのが『若い人』の焼き直し『青い山脈』だったということになるのである。むろん女が男を選ぶ話だ。戦後強くなったのは女と靴下とよく言われたが、冗談ではない、日本ではもともと女が強かったということなのだ。網野が『中世の非人と遊女』で似たようなことを述べているのは偶然ではない。

石坂は太平洋戦争が始まると同時に陸軍報道班員として徴用されフィリピンに運ばれて、そこから「マヨンの煙」なる連載を『主婦の友』に書き送っている。石坂が認知症になって実質引退する直前の一九七七年になって初めて刊行されたが、石坂には長くはばかる気持があったのかもしれないが、戦争協力でも何でもない。書かれているのは、ひたすらフィリピンの女、ひいては東南アジアの女は男よりも強いということだけなのである。そしてその事実は、アンソニー・リードの力作『大航海時代の東南アジア』（一九八八、邦訳は『江戸の想像力』で知られる田中優子他で一九九七―二〇〇二）の描き出すところと少しも違っていないのである。

片山が石坂の例を出したのは『若い川の流れ』にショスタコーヴィチのLPが登場するからだが、この12「ショスタコーヴィチと日本の恋愛」の展開自体の見事さは措いて、本書全体、片山の仕事全体のなかで考えるならば、ショスタコーヴィチはもちろん、ロシア音楽の全体が、つねにアジアとの絡みにおいて登場することのほうが、はるかに重大であることに要注意なのである。ショスタコーヴィチがユダヤの音楽すなわちクレズマー、そしてむろんジプシー音楽にこだわっていたことは指摘するまでもない。十年ほど前、グルジアの首都トビリシの小さなCDショップで一人の青年に声をかけられ、グルジアはアジアと思うかヨーロッパと思うかと尋ねられ、アジアと即答していたく喜ばれたことがあったが、ジョージアはむろんのことコーカサスの全体（南下すればすぐにイラン）がアジアと目されていたことは、ロシア人には明白な事実である。片山がその関連で折に触れてチェレプニンの名を出すのは当然なのだ。だが、それ以上に、ロシアそのものが（北アフリカの出先とも言うべきスペインと同じように）、ヨーロッパにとっては半ばアジアと見なされていたことに注意すべきだろう。そして、この『音楽放浪記 世界之巻』においてその比重が、ロシアとユダヤにかなり傾いていることにも注意すべきだろう。9「グルジェフ式ラジオ修繕法」など露わすぎるほどの例なのである。片山はそういうアジアが嫌いではないのだ。いや、反語で語りはしても、ほんとはアジアこそが重大なのだ！

石坂洋次郎が派遣されたのはルソン島だが、南方のミンダナオ島には楽器クリンタンがあり、さらに南のスラウェシ、ジャワ、バリへといたれば、むろん楽器ガムランがある。石坂が派遣されるはるか以前にマーガレット・ミードやグレゴリー・ベイトソンたちがサモア、ニューギニア、そしてバリといった島々に滞在していたことは言うまでもない。ベイトソンが『精神の生態学』に仲間とも言うべき作曲家コリン・マクフィーの言を引いて、ガムランの音楽にはクライマックスがないと記し、クラシックだけが音楽ではないことに注意を促しているが、このガムランがやがて合衆国西部を席巻し、ミニマル・ミュージックの（そしていわゆる環境音楽の）淵源となったことは縷言するまでもない。これこそ音楽享受の変化の端緒だったのだ。大げさに言えば、いまやガムランはコンピュータ同様、合衆国の国民楽器に変容しつつある。

片山にはそれでもやはり他の学者の手前、多少の遠慮があるのだろう、中国の孔子とギリシアのプラトンだけは別格扱いしている。だが、本音を言えば、逆にそこから突き崩そうとしているのである。あえていえば、そうでもしなければ西洋クラシック音楽はもはや立ち行かないところまで来ているからなのだ。

つまり、32「アンドリーセンと礼楽思想」で披歴した考えは、じつは正確に逆なのであり、いずれ逆転されるものとして孔子とプラトンの秩序が提示されているのである。すなわち、孔子の古代礼楽思想が南方に渡ってガムランになったのではない、逆にガムランの祖型が北方へと向かったのを孔子が悪用して礼楽思想として君臨させたのだというこことだ。プラトンにしても同じ。ピタゴラスの思想は東方すなわち東南アジアから来たのである。片山が、手を替え品を替えして、アジアに眼を向けさせようとしているそれが本音であると、少なくとも私は睨んでいる。なにしろ、ポパーではないが、孔子もプラトンも善よりは悪をなしてきたと考えている節が、片山には明白にあるのである。

スティーヴン・オッペンハイマーという分子生物学者がいて『東のエデン』という本を書いている。『アウト・オヴ・エデン』という本が『人類の足跡10万年全史』という題で邦訳されているが、面白さでいえば『東のエデン』のほうがやや上回る。いまでは、現生人類なるものはほぼ二十万年前の東アフリカに誕生し、八万年ほど前にそこを出てアフリカの角を辿ってインドに達し、おそらく東南アジアにしばらく滞留した後に北上し、遊牧という支配技術（モーゼも孔子もプラトンも！）を獲得したうえで、全世界に拡散したという見方が一般的なようだが、オッペンハイマーは、その構図をもとに大胆な推理を展開し、言われてみれば確かに科学的根拠がありえないわけではないと思わせる説を提示しているのである。すなわちオッペンハイマーによれば、現生人類がしばらく滞留したその東南アジアこそがエデンのモデルだというのだ。氷河期が終わって海水面が上昇したため水没した広大なスンダランドこそが失われたエデンなのであり、このエデンすなわち東南アジアを経由した現生人類はすべて起源に洪水神話を持つのであり、だからこそアフリカには洪水神話がないというのである。

補助線を引くなら大胆な方がいい、と私は思っている。

この説によれば、四大文明のそのまたはるか前に東南アジア文明があったのであり、言語、神話、音楽の淵源はそこにこそ求められるべきなのだということになる。音楽に即して言えば、哀しくも優しく懐かしい母の旋律の起源はそこにあるのであり、いまなお流行り歌というかたちで、南欧から東欧（たとえばブルガリアのソフィ・マリノヴァ！）、北アフリカから中東、インド、東南アジア、そして東アジアまでを覆っているのだということになるわけだ。チャイコフスキーからショスタコーヴィチまで、ロシアの作曲家が話題になり続けるのは、それらの旋律に敏感に接触し続けてきたからなのだ、と。

むろん、これを合理的なひとつの思想にまで高めるのは至難だろう。けれど、片山杜秀はそういうことを成し遂げるだろうと、私は勝手に思っている。つまり、音楽および音楽史の全面的な書き変え、すなわち再生である。

ちくま文庫

音楽放浪記《おんがくほうろうき》　世界之巻《せかいのまき》

二〇一九年一月十日　第一刷発行
二〇一九年二月五日　第二刷発行

著者　片山杜秀（かたやま・もりひで）
発行者　喜入冬子
発行所　株式会社　筑摩書房
東京都台東区蔵前二―五―三　〒一一一―八七五五
電話番号　〇三―五六八七―二六〇一（代表）
装幀者　安野光雅
印刷所　株式会社精興社
製本所　株式会社積信堂

ISBN978-4-480-43569-9 C0173